극장,
정치를
꿈꾸다

극장, 정치를 꿈꾸다

식민지, 전쟁, 분단시대의 극장예술

이상우 지음

책머리에

'극장정치'라는 말이 있다. 정치적 목적을 위해 극적인 이벤트 효과를 활용하는 정치를 의미하는 말이다. 북한의 정치 및 통치행위를 극장정치라고 표현하는 경우도 있다. 이 책의 제목을 보고어떤 이는 극장정치라는 말을 떠올릴지도 모르겠다. 그러나 극장정치는 극장처럼 극적 효과를 추구하는 정치를 의미한다. 그러니까, 극장보다 정치가 주어인 셈이다.

이 책에서 저자가 말하고 싶은 것은, 정치보다 극장이 주어가되는, 극장의 문화정치에 관한 것이다. 식민지, 제국주의 전쟁, 분단시대를 겪으며 관객들과 희로애락을 함께 해온 우리 극장은 과연 어떠한 방식으로 정치적 욕망을 표현했을까? 극장은 자기 시대의 공기를 어떠한 표상을 통해 연극이나 영화에 담아내고자 했을까? 그리고 극장이라는 표상 공간에서 같은 시간에 같은 공기를 마시며 같은 표상기호를 소비, 향유하는 관객들은 저마다 무엇을 느끼고 생각했을까?

극장은 정치를 말한다. 극장은 표상작용을 통해 정치를 말한다. 그러한 표상작용의 문화사적 의미를 분석하고자 한 것이 저자의 의도다. 이 책에서 극장의 문화정치는 크게 연극과 영화 두 가지 예술장르를 대상으로 다루었다. 그리고 문화정치의 양상을 역사, 젠더, 민족주의, 영화 정치의 관점에서 살펴보았다. 문화정치의 양상이 그 이외에도 더 많이 있을 터이지만 지난 수년간 저자가 관심을 가졌던 주제와 쟁점이 대체로 이러한 영역이었다.

극장에서 많은 관객을 사로잡는 대중적 장르 가운데 하나가 역사극이 아닐까 싶다. 관객이 역사극에 큰 관심을 갖는 이유 중의 하나가 극장에서 표상되는 과거(역사)가 관객이 살고 있는 현재와 맺는 긴장관계 때문일 것이다. 과거가 극장에서 다루어질 때마다 언제나 기억의 정치학이 개입한다. 식민지시대에 김옥균 이야기는 다양하게 기억되고, 재현되었다. 거기에 나타난 기억의 정치학은 무엇일까 하는 점을 다루어 보았다. 또 군국주의시대에 민족사 이야기는 식민지 극장에서 어떤 방식으로 기억, 재현되고 있는가에 대해서 살펴보았다. 고대사 이야기와 조선시대('이조') 이야기가 어떻게 다르게 재현되고 있는지를 분석하였다.

극장에서 여성, 젠더는 어떻게 다루어졌을까. 식민지시대 여배우의 성립과정과 그에 대한 인식을 여배우와 스캔들이라는 주제를 통해 관찰해보았다. 또 한국 최초의 여성소설가로 평가되는 김명순의 '조선의 노라'되기와 희곡 쓰기를 통해 1920년대 신여성의 삶과 예술의 궤적을 추적해보았다.

식민지, 혹은 식민지 이후의 극장은 민족주의를 어떻게 드러내고자 했을까. 릿쿄대학 유학시절에 민족적 저항의 한 방식으로 아나키즘에 탐닉했던 유치진의 정치적 연극 활동에 대해 살펴보았다. 그리고 민족주의자 오영진이 왜 일본어 글쓰기를 통해 민족주의 정치를 꿈꾸어야 했을지 그의 소설, 시나리오, 영화를 통해 분석해보았다.

이광수의 소설 〈꿈〉을 두 차례나 영화로 만들고자 했던 영화감독 신상옥의 영화적 욕망의 배후에는 무엇이 있었을까. 그러한 점을 분석해보는 것이 저자의 관심사였다. 그리고 남북한에서 모두 최고 정치권력자의 지원을 받으며 영화를 만들었던 영화인 신상옥 감독의 삶과 영화가 분단시대 영화와 정치의 관계를 압축적으로 말해주는 단적인 사례임을 마지막 글에서 살펴보았다.

내성적이고, 혼자 놀기를 좋아하던 저자에게 책과 극장은 세상으로 통하는 창구였다. 삼중당 문고를 읽으면서 문학과 지식의 거대한 보물창고가 지닌 깊고 신비한 매력에 빠져들었을 때 종로서적, 양우당 서점은 황홀한 성채와 같아 보였다. 그러나 서점보다 더 황홀한 공간은 극장이었다. 영화 벤허, 타워링, 로미오와 줄리엣, 사망유희를 보면서 스크린의 마력에 빨려들었을 때 대한극장, 허리우드극장은 마치 범접할 수 없는 신들이 사는 우람한 신전처럼 느껴졌다. 연극 신의 아그네스, 빠알간 피터의 고백, 한씨연대기를 보았을 때 그 작고 누추한 실험소극장, 삼일로 창고극장, 연우소극장은 성聖과 속俗이 하나 되는 짜릿한 전율의 공간이었다.

그러나 불온한 감각, 음탕한 욕망, 허황된 꿈이 재현되는 금기와 불온의 공간으로 취급되었던 것이 근대의 극장이었다. 식민지, 전쟁, 분단의 시대적 풍파를 온몸으로 맞으면서 근대의 극장은 과연 무엇을 욕망했을까. 그리고 극장은 관객과 함께 호흡하며 시대의 공기를 어떻게 표상하고자 꿈꾸었을까. 이러한 의문에 대한 고민이 이 책을 낳게 했다. 식민지, 전쟁, 분단이라는 역사적 소용돌이를 겪으며 우리 근대 극장이 끈질기게 담아내고자 했던 시대정신의 양상들을 아홉 편의 글을 통해 책에 담고 싶었다.

극장의 꿈, 극장의 감각, 극장의 욕망, 그리고 극장의 아우라를 책 속에 얼마나 잘 담을 수 있을까. 그것이 가능하기나 한 것일까. 또 한 번의 불가능한 꿈을 시도하는 것은 아닐까. 불가능한 줄 알면서도 꿈꾸기를 시도하는 것이 살아있음의 알리바이가 아닐지 모르겠다.

아홉 편의 글이 한 권의 책으로 빛을 보게 될 때까지 세심하게 정성을 다해준 테오리아 출판사에 감사의 인사를 드린다.

2017년 늦가을에   이상우

차례

1

극장,
역사를 말하다

김옥균이야기는
극장에서
어떻게 기억되는가

식민지시대 김옥균이야기와 기억의 정치학

김옥균을 둘러싼 기억의 정치학

김옥균金玉均(1851-1894)은 한국 최초의 근대 개혁운동으로 평가되는 갑신정변(1884)의 주역으로서 정변 실패 후 일본으로 망명하였다가 1894년 상하이에서 홍종우에게 암살당한 '비운의 혁명가'이다. 그의 시신은 조선으로 이송되어 한강 양화진에서 '모반대역謀叛大逆부도죄인不道罪人'이라는 이름으로 능지처참에 처해졌다. 그의 사망 직후 조선에서는 동학혁명과 청일전쟁이 일어났다. 그는 1895년 김홍집 내각에 의해 반역죄가 사면되었고, 한일병합 직전인 1910년 7월에 홍영식, 어윤중과 함께 정일품正一品을 하사받으면서 정식 복권되었고,[1] 충달공忠達公이라는 시호가 내려졌다.[2]

양화진에서 능지처참에 처해진 김옥균 시신

　김옥균은 독립과 개혁을 주장하면서 정변을 일으켰기에 근대
개혁운동의 혁명가로 기억되는가 하면, 일본의 힘을 빌려 정변을
꾀하였고 실패한 뒤 일본으로 망명하였기에 대역죄인大逆罪人, 혹
은 친일파의 원조로 기억되기도 한다. 그렇다면, 김옥균은 후대의
문헌에서 어떻게 기억되고 재현되는가. 먼저, 주목할 만한 초기
문헌은 이인직李人稙의 신소설 〈은세계〉(1908)의 한 대목에서 찾아
볼 수 있다.

최병도는 강릉 바닥에서 재사로 유명하던 사람이라. 갑신년 변란 나던 해에
나이 스물두 살이 되었는데 그해 봄에 서울로 올라가서 **개화당의 유명한 김**

옥균을 찾아보니, 본래 김옥균은 어떠한 사람을 보든지 옛날 육국 시절에 신릉군이 손 대접하듯이 너그러운 풍도가 있는 사람이라. 최병도가 김 씨를 보고 심복이 되어서 김 씨를 대단히 사모하는 모양이 있거늘, 김 씨가 또한 최병도를 사랑하고 기이하게 여겨서 천하 형세도 말한 일이 있고, 우리나라 정치 득실도 말한 일이 많이 있으나 **우리나라를 개혁할 경륜**은 최병도에게 말하지 아니하였더라. 갑신년 시월에 변란이 나고 김 씨가 일본으로 도망한 후에 최 씨가 시골로 내려가서 재물을 모으기 시작하였는데, 그 경영인즉 재물을 모아 가지고 그 부인과 옥순이를 데리고 문명한 나라에 가서 공부를 하여 지식이 넉넉한 후에 우리나라를 붙들고 백성을 건지려는 경륜이라.[3]

구한말 부패관료인 원주 감사에 맞서 저항하다가 매 맞아 죽는 강릉의 평민 부호 최병도는 개화당 김옥균의 추종자로 묘파되어 있다. 그는 김옥균의 개화, 개혁사상에 감화를 받아 스스로 문명국가에 유학을 하여 선진지식을 습득한 뒤 귀국해 나라를 개혁할 포부를 갖고 있다. 〈은세계〉에서 김옥균은 문명개화와 근대개혁 운동의 선구자로 묘사되고 있다.

한편, 1910년대에 쓰인 것으로 추정되는 한 기록에는 이와 상반된 기억도 존재한다. 정교鄭喬의 『대한계년사大韓季年史』[4]에는 김옥균에 관해 다음과 같이 기록하고 있다.

1883년 여름 4월
○김옥균을 포경사捕鯨使로 임명하다.

동남 연해 등 지역에 가서 고래잡이에 관한 일을 다스렸는데, **김옥균은 울릉도鬱陵島의 삼림을 일본인에게 몰래 팔아먹었다.**[5]

1884년 겨울 10월

○김옥균, 홍영식, 서광범, 서재필 등이 대군주大君主를 위협하여 경우궁景祐宮으로 옮기고, 거짓 조서로 일본 공사를 불러 병사를 이끌고 들어와 지키게 하다.

이에 앞서 **김옥균**, 박영효, 홍영식, 서광범, 서재필 등은 **일본을 두루 돌아본 다음, 우리나라를 깔보고 인륜을 업신여기게 되었다. 재물을 물 쓰듯 하면서 일벌이기를 좋아했고, 사치가 지나쳐 분수를 넘었다.** 임금(고종)은 그들이 얄팍한 재주와 말솜씨를 지니고 외국의 사정을 약간이나마 안다 하여, 높은 벼슬을 주어 아끼고 두터운 신의로 대우했다.[6]

정교의 『대한계년사』에 나타난 "김옥균은 울릉도의 삼림을 일본인에게 몰래 팔아먹었다."든가, "일본을 두루 돌아본 다음, 우리나라를 깔보고 인륜을 업신여기게 되었다."라고 하는 표현은 김옥균의 개인적 탐욕과 경박, 경솔함을 비난하면서 동시에 국토를 일본인에게 팔아먹은 '김옥균＝매국노賣國奴'라는 암유가 은연중에 내재되어 있다. 즉, 정교는 객관적 서술태도를 취하려 하였음에도 불구하고 김옥균을 친일적 인물로 재단하여 부정적으로 평가하는 관점을 드러내고 있는 것이다. 이인직은 〈은세계〉를 쓸 무렵 친일 신문사인 『대한신문大韓新聞』의 사장을 맡았고 이완용의 측근인사였던 데 비해, 정교는 『대한계년사』 집필 전에 독립협회, 대한자강회, 대동학회 등 민족자강운동 그룹에 가담하여 활동하였던 경력을 갖고 있었던 점이 이러한 결과를 낳았을 것이다. 서로 다른 개인적 이력이 김옥균에 대한 다른 정치적 입장을 갖게 하였을 것이고, 그것이 문헌 기록에 표현되고 있는 것이다.

역사적 서술까지 포함하자면 김옥균에 관한 문헌 기록은 그 양이 매우 다양하고 방대하다. 때문에 여기에서는 관심의 초점을 김옥균에 관한 기억을 재현시킨 문화텍스트로 한정하고자 한다. 그럼에도 불구하고 이러한 텍스트도 매우 다양하다. 흥미롭게도 김옥균에 관한 문학적 재현은 1880~90년대에 이미 일본에서 먼저 나타난다. 한국의 경우만 국한해 보면, 1920년대 김진구의 희곡 〈대무대의 붕괴〉(1929)에서 시작하여 1930년대에는 나운규의 영화 〈개화당이문開化黨異聞〉(1932), 김기진의 장편소설 〈청년 김옥균〉(1934), 유성기 음반 〈김옥균전〉, 1940년대에는 극단 아랑의 연극 〈김옥균〉(임선규, 송영 작, 1940), 조용만의 일본어 단편소설 〈배 안에서船の中〉(1942)와 , 박영호의 희곡 〈김옥균의 사死〉(1944) 등이 주목되는 작품들로 꼽힌다. 물론 해방 이후에도 오영진의 희곡 〈동천홍〉(1973), 신상옥의 영화 〈삼일천하〉(1973), 오태석의 희곡 〈도라지〉(1994) 등 김옥균을 재현하는 문화텍스트는 끊임없이 이어지고 있다.

역사를 재현한 텍스트(역사극, 역사소설 등)는 특정한 역사적 사건과 인물에 대한 해석을 둘러싸고 벌어지는 기억 담론투쟁 장의

조선의 김옥균(좌),
일본 망명 후의 김옥균(우)

하나라고 할 수 있다. 이러한 맥락에서 역사극이나 역사소설은 이인직과 정교의 경우에서와 마찬가지로 기억의 정치학the politics of memory이라는 형태를 갖는다고 볼 수 있다. 따라서 역사극, 역사소설에 나타난 기억의 담론투쟁 장에는 기억하는 개인 주체와 그 시대의 대중적 욕망, 그리고 그 기억 욕망을 둘러싸고 빚어지는 권력관계를 비롯한 기억담론의 미시정치학이 존재한다. 이 글에서는 식민지 시대의 연극, 영화, 소설, 유성기 음반 등 문화텍스트에서 김옥균이 어떻게 기억되고 재현되는지, 그리고 그것은 어떠한 기억 욕망과 연관되어있는지, 그리고 재현의 욕망과 기억의 정치학은 어떻게 교섭하는지를 살펴보고자 한다.

식민지시대 김옥균의 문화적 재현은 대체로 세 가지 양상으로 나타난다고 볼 수 있다. 첫째, 아시아주의자들에 의한 김옥균의 전유appropriation. 이는 갑신정변 직후 김옥균과 동지적 관계를 맺었던 도야마 미츠루頭山滿, 오오이 켄타로大井憲太郎로 대표되는 현양사玄洋社, 흑룡회黑龍會 계열의 일본 아시아주의 지식인들로부터 영향을 받은 한국 지식인에 의한 김옥균의 문화적 재현을 일컫는다. 1920~30년대 민태원, 김진구 등이 이에 해당한다.

둘째, 민족주의 지식인, 그리고 대중 미디어에 의한 김옥균의 전유. 이는 1920년대 『개벽』, 『동아일보』가 주축이 된 김옥균 추앙운동의 연장선상에서 비롯된 것으로서 1930년대 김기진의 소설, 나운규의 영화, 유성기 음반 등을 이 범주에 포함할 수 있다. 이때 김옥균 추앙은 일종의 민족주의운동의 성격을 가지면서 신문, 영화, 레코드 음반 등 대중 미디어를 통한 김옥균 서사의 대중적 소비와 연관된다고 볼 수 있다. 셋째, 대동아공영권 담론에 의한 김옥균의 전유. 1940년대에 김옥균의 삼화주의三和主義사상을 동양주의 담론에 포섭하려는 의도로 기획된 김옥균의 재전유가 나타난다. 조용만의 소설, 박영호의 희곡이 그러한 사례에 속한다.

이 글에서는 이러한 세 가지 계열을 중심으로 식민지 시대에 나타난 김옥균의 문화적 재현 양상을 비교, 고찰해보고자 한다.

아시아주의자의 전유: 민태원, 김진구, 고균회

민태원의 『김옥균 전기』에 따르면, 김옥균은 이미 1881년부터 도일渡日을 시작하여 여러 차례 일본을 드나들며 후쿠자와 유키치福

澤諭吉 등 일본 조야의 거물들을 만나 한국 개혁의 대책과 동양 정세의 계책에 대해 논의한 것으로 되어 있다.[7] 또 갑신정변이 실패한 뒤 일본에 망명해서 도야마 미츠루頭山滿, 미야자키 토오텐宮崎稻天, 후쿠자와 유키치 등의 비호를 받았다. 특히 김옥균과 도야마 미츠루와의 관계는 각별했다. 동양 정세에 대한 입장에서 두 사람이 서로 의기투합하는 면이 있었기에 가능한 일이었다. 도야마는 동양연대론, 아시아주의를 표방한 결사체인 현양사玄洋社(1881)의 대표적 정객이었기에 한중일 삼국의 협력을 통해 서양 제국주의의 침략을 막자는 삼화주의를 주장한 김옥균과 이념적 입장에서 일치할 수 있었다. 또 김옥균은 주변국에서 들어온 일본의 첫 번째 망명객이었기 때문에 당시 일본에서 그는 커다란 호기심의 대상이었다. 더욱이 그가 1894년 상하이에서 자객 홍종우에게 비참하게 암살당하자 그에 대한 일본인의 관심은 더욱 커졌다. 나카라이 도스이半井桃水의 소설〈조선에 부는 모래바람胡砂吹く風〉은 1891년『도쿄아사히신문東京朝日新聞』에 연재된 소설로서 갑신정변을 연상시키는 조선의 개혁운동에 관한 작품이었다. 김옥균이 암살당한 뒤 그에 대한 동정 여론이 확산되자 속편〈속 조선에 부는 모래바람續胡砂吹く風〉(1895. 1.-1896. 4)이 다시 같은 신문에 연재되었다.[8] 김옥균에 관한 재현은 조루리淨瑠璃,[9] 희곡 등 공연예술 장르에까지 확산되었다. 다자와 이나부네田澤稻舟가 쓴 조루리〈소잔형견자회焇殘形見姿會〉(1895), 아키타 우자쿠秋田雨雀의 희곡〈김옥균의 죽음金玉均の死〉(1920), 오사나이 가오루小山內薰의 희곡

〈김옥균金玉均〉(1926) 등이 있다.

이와 같은 일련의 김옥균 소재 작품들이 일본에서 쏟아져 나오게 된 것, 즉 김옥균이야기가 독자, 또는 관객의 호기심과 관심을 얻게 된 배경에는 일본의 현양사, 흑룡회 계열의 아시아주의사상이 자리하고 있다. 본래 일본 메이지시대에 자유민권운동파로 시작된 현양사는 1887년(메이지20년)경에 들어서면 민권民權론을 버리고 국권國權론의 방향으로 전향하기 시작하여 점차 아시아 연대론을 기반으로 한 대륙침략주의의 방향으로 나가게 된다. 민권운동파 시절의 아시아 연대론이 점차 수그러들고 대륙침략론을 주축으로 하는 아시아주의가 현양사의 지도이념이 된다. 현양사를 계승하는 흑룡회(1900)는 여기서 더 나아가 만주, 몽골의 탈취를 기도하여 일본의 생명선生命線을 확보하자는 대아시아주의로 발전하게 되는 것이다.[10] 즉, 일본인에게 현양사=흑룡회의 아시아주의사상은 일본의 대외 발전, 해외 웅비雄飛의 사상으로 비쳤던 것이었기에 일본 사회에서 큰 반향을 불러일으켰던 것이다. 일본 내에서 김옥균 서사는 일본의 영향력을 조선, 더 나아가 중국, 만주, 몽골로 확장해나가는 해외 웅비 사상을 반영하는 표상으로서 읽혔던 것이다. 근대에 들어 일본으로 처음 유입된 해외 망명객 1호 김옥균에 대한 일본 내의 호기심이 컸던 것은 확장하는 제국 일본에 대한 일본 국민의 기대와 열망이 반영된 것이라고도 할 수 있다.

일본에서 1890년대에서 1920년대까지 이어지는 김옥균의 재현양상 중에서 주목을 끄는 것은 아키타 우자쿠의 희곡 〈김옥균의 죽음〉과 오사나이 가오루의 희곡 〈김옥균〉이다. 특히 아키타의 희곡은 조선에서 번역, 게재되었기에 더욱 주목된다. 아키타의 희곡은 〈김옥균의 죽음〉이라는 제명으로 1920년 7월에 백악白岳 김환이 번역하여 『창조』에 게재되었다. 일본에서 1920년 1월 잡지 『닌겐人間』에 발표된 지 불과 6개월 만에 신속하게 조선에서 번역, 소개되었다는 점은 보기 드문 사례라고 할 수 있다. 중국 상하이를 배경으로 김옥균의 최후 순간을 그린 이 희곡은 발표 시점이나 소재, 내용을 볼 때 매우 독특하다. 일본인 극작가가 조선의 역사인물 김옥균의 최후 순간을 구체적으로 극화한 사실적 희곡이라는 점이 흥미롭다. 더욱이 아키타는 일본의 유명한 신극운동가이기에 그가 왜 김옥균을 극화했으며, 어떠한 점에 초점을 맞추었는가 하는 점에 궁금증을 갖게 한다. 이러한 점은 오사나이 가오루의 〈김옥균〉도 마찬가지라 할 수 있다.

아키타의 번역희곡 〈김옥균의 죽음〉은 이광수의 〈규한〉(1917), 윤백남의 〈국경〉(1919), 최승만의 〈황혼〉(1919) 등 한국 근대 초창기 희곡들과 어깨를 나란히 하는 지면 발표 희곡이라는 점에서 희곡사적인 의미가 크다. 이는 1920년 무렵 조선에서 김옥균 추앙운동이 일기 시작한다는 사실과 연관이 있어 보인다. 『개벽』지는 김옥균을 '조선의 10대 위인'으로 선정하고 「충달공忠達公 김옥균 선생」(1920.8.25.), 「충달공 실기實記의 거듭」(1920.9.25) 등 연달아 김옥균 관련 기사를 실어 김옥균 등 개화파 위인의 추앙 분위기를 북돋웠다. 『개벽』지는 김옥균을 일러 "조선 근대의 최대 산물産物", "세계적 위인"이라고 추켜세웠다.[11] 이러한 김옥균 추앙 정서는 3.1운동 직후의 사회 분위기가 반영된 것으로 보인다. 아키타의 희곡이 신속하게 조선에 번역된 것도 이러한 시기의 김옥균 추앙 정서가 반영된 것으로 보인다.

아키타의 〈김옥균의 죽음〉은 단막극으로서 주요 등장인물은 김옥균, 홍종우, 오다 노부지로太田延次郎[12]에 불과하다. 1894년 상하이의 어느 여관방에서 최후의 순간을 맞는 김옥균의 이야기를 구체적이고 섬세하게 묘파한 작품이다. 특히 혁명에 실패한 풍운아 김옥균의 최후를 평범한 범부凡夫의 모습으로 묘사한 점이 특이하다. 혁명에의 열정은 사라지고, 절망과 체념, 우울함에 사로잡힌 범부의 모습이 강조되고 있다. 돈을 벌기 위해 미국에 가길 희망하고, 술과 기생에 탐닉하는 김옥균의 모습에 대해 홍종우와 오다는 모두 비판적 태도를 보인다. 이에 대해 김옥균은 오랜 망명생활과 일본 정부의 무성의한 태도를 문제 삼으면서 자신의 상하이행이 변화에 대한 갈망이었음을 말한다. 그리고 혁명이 겉으로는 나라와 민족을 위한 것이라고 표현되지만 실제로는 사욕과 명예를 위한 것이라면서 정치에 대한 냉소적이고 허무주의적인 입장을 보여준다.

아키타의 희곡은 김옥균을 영웅화하려는 데 의도가 있었던 것으로 보기 어렵다. 오히려 아키타는 이 작품에서 조선의 혁명가 김옥균의 쓸쓸한 말로末路를 통해 정치적 영웅이란 없으며 범부

와 같은 인간 김옥균의 죽음이 있을 뿐이라는 정치 허무주의의 관점을 드러내고 있는 것이다. 아키타 우자쿠가 일본 신극운동계의 극작가이며, 1920~30년대에는 프롤레타리아연극운동에도 관여한 진보적 성향의 연극인이라는 점에서 볼 때,[13] 도야마 미츠루류의 아시아주의에 현혹되었으리라 보기 어렵다. 아키타는 이후에 〈아이누족의 멸망アイヌ族の滅亡〉(1925)이라는 작품을 썼을 만큼 약소민족과 사회적 약자에 대한 관심이 많은 작가이기 때문이다.[14] 그렇게 볼 때, 아키타의 김옥균에 대한 극적 재현의 욕망에는 일본에 망명한 동아시아 정객의 비극적 죽음에 대한 관심과 호기심, 정치적 허무주의 그 이상은 없었다고 보인다.

그에 비하면 1920년대 후반에 김옥균의 문화적 재현에 철저하게 몰두했던 김진구의 경우는 한국인이지만 아키타에 비해 훨씬 더 일본 아시아주의사상을 내면화한 인물이라고 할 수 있다. 1910년대 말부터 1920년대 중반까지 일본에서 유학했던 김진구는 일본에서 도야마 미츠루를 비롯한 현양사, 흑룡회 계열의 우익 인사들과 교유하였는데, 도야마는 그에게 김옥균을 "동양정국의 제1인자"이며 동서고금을 통해 탁월한 인격자라고 찬양하였다.[15] 김진구의 김옥균 연구는 도야마 미츠루, 미야자키 토오텐 등 현양사, 흑룡회 계열의 일본 낭인浪人의 영향으로 시작되었다.[16] 이때부터 그는 김옥균에 관한 책을 집필할 목적으로 "구주九州, 관서關西, 동북東北, 북해도北海島, 소립원도小笠原島까지 일본 전국을 골고루 편답遍踏하면서 재료수집에" 몰두하였는데,[17] 민태원이 김옥균 전기를 출간한다는 소식을 듣고 집필을 포기하고 수집한 자료를 민태원에게 제공하였다.

민태원은 김진구, 김철호 등이 제공한 자료를 토대로 1926년에 『김옥균 전기』를 출간하였다. 『김옥균 전기』에서 민태원 자신의 아시아주의사상에 대한 경도는 잘 드러나지 않

우보 민태원, 수필 〈청춘예찬〉의 작가로 널리 알려져 있다.

는다. 이 책에서 그는 민족 선각자로서의 김옥균 이미지 만들기에 충실한 내용을 담고 있을 뿐이다. 그런데, 문제적인 대목은 부록에 실린 가다 나오지賀田直治의 「한국유신韓國維新의 선각자 김옥균」이라는 글이다. 여기에 이러한 대목이 있다.

김옥균의 표창에 관해서는 1916년 5월에 도야마頭山滿, 이누가이犬養毅, 도모후쿠朝吹英二 등 세 사람과 그밖의 김옥균의 친구들이 서명해서 오쿠마大隈 내각총리 대신과 테라우치寺內 조선 총독에 건의하고 이듬해 1월 귀족원과 중의원에 건의했는데 그 표창문은 다음과 같다. (……) 일본제국은 유신이라는 큰일을 완성하고 나라의 빛이 중외中外에 선양되고 타이완臺灣을 점령, 사할린樺太을 회복, 다시 한국을 합병하는 국운의 발전에는 여러 가지 원인이 있지만, 이 모두 청일淸日, 노일露日전쟁의 결과에 힘입은 것이 많다. 그러나 청일전쟁의 대승리는 노일전쟁의 전초전으로서 확신한다. 전자 없이 후자의 승리는 있을 수 없기 때문이다. 그 당시 온 나라가 힘을 합하여 적을 무찌를 정신을 고무하여 우리가 승리함으로써 동양 평화의 기초를 확립할 기

회를 얻은 것은 김옥균의 비참한 학살의 피가 드디어 도화선이 되었던 사실을 의심할 수 없다.[18]

이 글의 논지는 다음과 같은 것이다. 대만, 사할린, 조선을 합병한 오늘날 일본제국의 영광이 가능할 수 있었던 것은 청일전쟁, 러일전쟁의 승리 때문이고, 청일전쟁의 도화선 역할을 한 것은 김옥균 암살사건이었다는 사실이다. 비록 민태원이 부록이라는 지면을 통해 소개의 방식을 취하고는 있지만 다른 이의 입을 빌려 결국 '김옥균 → 청일전쟁 → 러일전쟁 → 한일합병 → 현재의 일본제국'이라는 공식을 내면화하여 수용하고 있음을 보여주는 것이라 할 수 있다. 근대는 그것을 합리화하고 설명할 수 있는 유용한 과거, 혹은 족보를 요구한다. 1920~30년대 일본에서도 이른바 근대성의 족보pedigree of modernity가 존재하였는데, 그것은 근대적 서사의 구성으로서 1868년 이후에 일본이 수행한 근대 전쟁이 일본의 근대성 확립에 어떻게 기여했는지에 관해 서술하는 것이다. 이러한 근대성의 족보를 통해 국민의 공식적 기억을 창안하고 일본 국민 만들기nation building를 수행하는 역할을 했던 바 김옥균 서사는 이러한 제국 일본의 근대성 족보에서 중요한 한 지점을 차지하는 것으로서 의미화될 수 있었던 것이다.[19] 민태원이 일본 우익의 아시아주의로 수렴될 수 있는 것은 바로 이러한 지점에 있는 것이다.

김옥균 전기 간행사업의 몫을 민태원에게 양보한 김진구는 김옥균 추앙운동을 야담野談 분야에서 전개하여 여러 편의 김옥균 관련 야담을 창작하는 한편 시대극時代劇의 필요성을 절감하여 1928년 조선시대극연구회朝鮮時代劇研究會를 창립하고 희곡 〈대무대의 붕괴〉(『학생』, 1929.5)를 직접 써서 공연하였다. 물론 김진구의 시대극운동은 연극운동의 차원에서라기보다는 야담운동의 대중화 방안으로서 추진된 측면이 강하다. 따라서 〈대무대의 붕괴〉는 연극성이 매우 취약하고 김옥균의 위인 만들기에 치중한 작품이다. 김옥균 자신은 물론 그의 동지들, 그리고 김옥균광狂이라는 가공인물까지 김옥균의 위인됨을 치켜세우는 데 열중한다. 김옥균광이라는 작가 자신의 분신으로 여겨지는 김옥균 숭배 인물의 설정은 부자연스럽게 느껴지며, 인물의 대사에 장광설이나 불필요한 휴지가 많다는 점 등은 극작술의 결핍을 알게 해준다.[20] 극작술의 미흡함에도 불구하고 야담 공연의 대성공에 고무된 김진구는 연극을 통한 위인 교육, 역사 교육을 목적으로 대중계몽운동에 뛰어든 것이다.

주목해야 할 점은 〈대무대의 붕괴〉의 연극적 성취보다는 그것을 통해 그가 대중에게 계몽하고자 한 내용이 무엇이었는가 하는 점이다.

김: 내가 무슨? 네가 생각하는 바와 같은 그런 갸륵한 인격자이겠니마는 **동양 대세로 보아서 중국을 얼른 깨우쳐 놓아야 하지** …… 일본이 지금 상하 일치해서 조금 눈을 뜬 셈이나 그까짓 손바닥만 한 일본만 가지고

서는 도저히 어찌할 수 없는 것이다. 그러기에 **전 동양을 살리고 죽이는 것이 모두 청국의 흥망에 좌우되는 것이다. 조선 문제도, 안남 문제도, 또한 인도 문제까지라도 이 근본 문제로부터 해야 해결될 것**이다.

화: 그 말씀을 하시니 말이지요, 일본에 있을 때 저는 외국사람 중에서도 영국 사람이 제일 미워 못 견디겠어요.

김 그건 무엇을 보고서 그렇게 생각했던고?

화: 저—횡빈橫濱(요코하마)을 갈 적마다 눈 꼬리 틀리는 꼴을 봤지요. 영국 사람의 앞에서는 일본 관리들이 벌벌 떠는 꼴요. 그리고요 제일 분한 것은 일본 경관이 도적을 추적하다가도 그 도적놈이 영국 놈의 집으로 들어가기만 하면 닭 쫓던 개 울 쳐다보는 격으로 그만 꿈쩍도 못합니다그려. 그것을 보고서 정말 어찌나 의분이 일어나는지 (주먹을 쥐면서) **이 조그만 주먹이지만 그놈의 서양 놈들을 죄다 두드려 쫓고 싶어서 못 견디겠어요.**

김 흠, 너는 옳은 피와 용맹스런 담이 꽉 찬 정말 **동양남아**로구나.[21]

상하이의 여관에서 김옥균과 와다和田가 주고받는 이 대화 장면에서 김옥균이 위험을 무릅쓰고 중국에 온 이유가 밝혀지고 있다. 중국의 실권자 이홍장을 만나 중국과 일본, 조선의 협력을 통해 서양에 맞서는 아시아 연대론을 주장하기 위한 것임을 알 수 있다. 이른바 김옥균의 삼화주의사상의 단면이 드러나는 대목이라 할 수 있다. 그런데, 문제 되는 점은 김진구에 의해 재현된 김옥균의 삼화주의라는 것이 삼국협력에 의해 동양 평화를 지키기 위한 방어적 차원이 아니라 서양(영국)에 무력으로 공세를 취하는 인종주의적 침략주의 사상으로 포장되고 있는 것이다. 와다의 인종주의, 반反서양주의 발언에 대해 김옥균이 "동양남아東洋男兒"다운 기개를 보여주는 것이라고 칭찬하고 있다는 점은 이러한 해석을 뒷받침해주는 것이다.

김진구의 이러한 김옥균 전유는 도야마 미츠루와 같은 일본 아시아주의자들로부터 받은 영향과 무관하지 않을 것이다. 그는 「김옥균 선생의 뱃노리」(『별건곤』, 1926.11), 「김옥균 선생의 죽든 날, 3월 28일의 상해 부두」(『별건곤』, 1927.3), 「김옥균 선생의 삼일천하가 성공했드면」(『별건곤』, 1927.7), 「김옥균과 박영호」(『삼천리』, 1931.5), 「이규완의 김옥균, 박영호 평」(『삼천리』, 1931.12) 등 김옥균 추앙을 위한 다수의 글을 썼을 뿐만 아니라 1934년 3월 김옥균 타계 40주년을 맞아 도쿄에서 김옥균을 기념하는 '고균회古筠會'[22]를 설립했을 만큼 김옥균에 대한 집요한 숭배를 보여주었는데, 이러한 행동의 표면은 민족주의로 포장되어 있지만 실제로는 제국 일본으로의 편입 욕망의 접점을 김옥균이라는 지점에서 발견한 것이라는 해석이 더 정확할 것으로 보인다. 현양사, 흑룡회 계열의 일본 아시아주의자들과의 직접적 교분, 그리고 그들을 통해 역逆으로 김옥균을 발견하게 되었다는 사실이 그 같은 점을 말해준다. 그는 1936년에 출판된 『국암절개國癌切開』라는 책에서 "일본 민족과 조선 민족을 반죽하여 한 덩어리로 만들"어야 한다고 주장했던 선구적인 내선일체주의자였다.[23] 김진구의 김옥균 재현, 전유 욕망은 민족주의에서 비롯되었다기보다는 식민지인이 제국 주체로 편입되기 위한 입장권으로서의 성격이 강했다고 보는 근거가 여기에 있다.

민족주의, 혹은 대중 미디어의 전유: 유성기 음반, 나운규, 김기진

1930년대에 들어서 김옥균은 민족주의자들과 대중 미디어의 재현 욕망에 의해 다시 전유된다. 나운규의 영화 〈개화당이문〉 (1932)과 김기진의 소설 〈청년 김옥균〉(1934), 유성기 음반 〈김옥균전〉, 극단 아랑의 연극 〈김옥균〉(임선규, 송영 작, 1940), 청춘좌의 연극 〈김옥균전〉(김건 작, 1940) 등이 이에 해당한다. 1930년대에 들어오면 김옥균의 재현 욕망은 이전과 다른 복잡한 국면을 맞게 된다. 즉, 김옥균 서사가 단순한 이념지향의 재현 욕망에서 벗어나 대중적 소비를 위한 재현 욕망으로 전화한다는 것이다. 김옥균이야기의 유통, 소비는 표면적으로는 민족주의적 욕망에서 발원하지만 그러한 욕망을 대중적으로 소비하도록 부추기는 미디어의 상업적 욕망도 크게 작용하고 있는 것이다. 이는 1930년대에 들어 영화, 라디오, 유성기 음반, 대중극, 신문, 잡지 등 근대 시청각 문화를 적극적으로 소비하는 대중 소비 계층의 출현과 깊은 연관을 갖는다.

　이 같은 현상은 1920년대 일본에서 먼저 나타나기 시작했다.

이미 1910년대에 등장한 종합지『중앙공론』,『개조』는 1920년대 중반에 이르면 10만부가 넘는 유력 종합잡지가 되었고, 1920년대에 등장한『문예춘추』,『캉』은 100만부를 넘어서는 대기록을 달성했다. 1920년대에 도쿄에서 활자매체는 급속한 속도로 대중화되었다.[24] 김옥균이야기를 흥미로운 독서물로 즐겨 다루는 잡지는 주로『별건곤』,『삼천리』등이었다.『개벽』이 정론지라면 그 자매지인『별건곤』은『삼천리』와 더불어 민중적 오락으로서의 읽을거리, 즉 '취미독물趣味讀物'을 다수 취급하는 대중잡지였다. 당시 취미독물로서 대중잡지의 인기는 독자투고란을 통해 잘 알 수가 있다.『별건곤』의 독자구락부란에서 어느 독자의 투고내용을 보면, "『별건곤』맛을 알아노니까 그야말로 미치고 반해서 밥은 한 끼쯤 굶고 살 수 있을지언정 이『별건곤』만은 한 달 치를 못 보면 속이 텅 빈 거 같아서 견딜 수가 없습니다."[25]라고 고백할 만큼 뜨거운 인기를 누리고 있었다. 그리고『동아일보』,『조선일보』와 같은 신문들도 1920년대 후반부터 영화, 스포츠, 연예, 부인란 등의 오락 지면을 증면하면서 대중잡지들과 경쟁하기 시작했다.[26] 대중잡지와 신문에서 김옥균이야기를 소재로 즐겨 다루었다는 것은 김옥균 서사에 단지 민족 이야기nation narrative의 기능뿐만 아니라 대중적 취미독물로 소비될 만한 오락 요소가 있었다고 봐야 한다. 그런데, 이 시기에 대중적 취미독물들과 경합하던 대중 미디어로 라디오, 유성기 음반, 영화, 대중극 등이 있었는데, 이러한 미디어 역시 김옥균이야기를 즐겨 다루었다. 유성기 음반 〈김옥

빅터레코드 광고

균전〉(이서구 편), 나운규의 영화 〈개화당이문〉(1932), 극단 아랑의
연극 〈김옥균〉(1940) 등이 그것이다.

한 장에 1원 가량 하던 유성기 음반은 1930년대 초, 중반에 이
미 연평균 100만장이 팔릴 정도로 엄청난 대중적 인기를 누리던
미디어였다.[27] 이러한 인기 미디어에서도 김옥균이야기를 놓치지
않았다. 나운규의 영화 〈아리랑〉, 〈사랑을 찾아서〉, 〈풍운아〉 등과
더불어 〈김옥균전〉은 유성기 음반의 인기 장르의 하나였던 민족
의 수난 서사에 속하는 것이었다. 사랑에 빠진 남매가 알고 보니
이복남매였다는 기구한 남매 이야기를 그린 최독견의 〈승방비곡〉
이나 이수일과 심순애의 사랑 이야기인 〈장한몽〉과 같은 애절한

애정 서사가 하나의 인기 장르였다면, 민족 수난의 서사 역시 대중들의 애호를 받았던 인기 장르의 하나였던 것이다.

청병을 이끌고 쳐들어오는 수구당 일파에게 여지없이 쫓긴 몸이 되니 가슴에 품었던 큰 뜻은 이제 어디다 풀어보며 점점이 간직했던 개화의 글발은 다시 어디 가 뒷풀이를 하겠는가? 장부가 세상에 나서 뜻을 세우고 이름을 날림이 그 얼마나 떳떳하리요마는……

한번 쫓긴 몸이 되는 날에는 센트헤레나로 실려가는 대영웅 나폴레옹의 피눈물이 옷깃을 적실 뿐이로구나.

"김옥균을 잡아라!"

"김옥균을 잡아라!"

수구당의 피에 주린 아우성 소리! 가엾다! 고국에서 뜻을 잃은 그는 오 척 단신의 둘 곳조차 없어서 기어코 이제는 동경으로 목숨을 도모해 망명의 손이 되고 말았다. 사랑하는 부모처자는 모조리 청병에게 살육 당했건만 오히려 한 목숨을 도모키 위해서 인천서 배에 오른 김옥균의 가슴은 과연 어떠했겠는가!

아! 해 떨어지는 팔미도 돛대 그늘에 정 많고 한 많은 조국을 바라보고 눈물짓는 김옥균의 가슴을 아는 이가 누구였던가?[28]

당시 라디오, 유성기 음반과 같이 소리를 매개로 하는 청각 미디어는 식민지 근대 대중의 감성을 사로잡는 인기 미디어였다. 이러한 미디어에 김옥균이야기가 하나의 레퍼토리를 장식했다.

삼일천하, 실패한 혁명의 이야기가 본질적으로 드라마틱한 서사인 데다가 일본 망명, 상하이에서의 암살이라는 비극적 결말까지 겹쳐지면서 김옥균의 삶 자체가 한 편의 드라마가 되기에 충분했다. 게다가 "삼일천하가 성공했더라면"이라는 역사의 가정까지 작용하여 식민지 망국민으로 전락한 조선 대중에게 김옥균은 "센트헤레나로 실려 가는 대영웅 나폴레온"에 비유되는 좌절한 민족영웅의 표상으로 승화되었던 것이다. 즉, 김옥균이야기는 식민지 대중에게 감정이입이 되어 김옥균의 좌절과 수난이 민족 수난사로 재구축될 수 있었던 것이다. 또 김옥균은 민족 스스로의 손에 의해 거세된 민족 영웅이었기에 김옥균 서사는 아기장수 전설과 같은 애절한 민중 서사가 될 수 있었다. 이렇듯 식민지 상황에서 민족의 수난 서사는 대중 미디어를 통해 그 상업적 가능성을 발견하게 된 것이다. 유성기 음반이라는 당대의 대중적 미디어를 통해 김옥균 서사가 제작, 유통될 수 있었던 배경은 이러한 지점에 있었던 것으로 보인다.

나운규의 민족영화 역시 비슷한 맥락에서 해석할 수 있다. 나운규의 대표적 민족영화 〈아리랑〉(1926)의 엔딩 부분에서 주인공 영진이 일본 순사의 포승줄에 묶여 아리랑 고개를 넘어가는 장면에서 아리랑 주제가가 울려 퍼지는데, 당시 여주인공 영희 역을 맡았던 배우 신월선은 이에 대해 "영화가 끝나자 관객 속에서는 감동한 나머지 우는 사람, '아리랑'을 합창하는 사람, 심지어 조선독립만세를 외치는 사람까지 있어 그야말로 감동의 도가니였다."

춘사 나운규. 제공: 한국영상자료원

라고 회고하였다.[29] 이영일은 〈아리랑〉을 가리켜 "하나의 거대한 민족영화이며 민족저항의 '피의 예술'"이라고 규정하였다.[30] 물론 함경북도 회령 출신인 나운규는 독립운동에 뜻을 두고 만주를 전전하였고, 독립운동에 연루되어 청주교도소에서 2년간 복역했던 경력을 갖고 있지만, 그가 만든 모든 영화를 민족주의의 관점에 얽매여 해석하는 것은 한계가 있다. 〈개화당이문〉을 만들 당시 나운규는 몇 차례의 영화 실패로 실의에 빠져있을 때였다. 〈개화당이문〉의 원래 기획자는 유신키네마의 대표 강정원이었다. 그는 〈개화당이문〉이라는 영화를 제작할 계획을 갖고 있었지만 영화의 성공에 자신하지 못해 차일피일 미루다가 명예 회복을 위해 재기

〈개화당이문〉 제작진과 배우들. 제공: 한국영상자료원

〈개화당이문〉(1932)은 갑신정변을 배경으로 이른바 김옥균의 삼일천하를 소재로 만든 나운규 각본,
감독의 무성영화다.

의 기회를 노리는 나운규에게 감독을 맡겼다.[31]

〈개화당이문〉의 연출을 맡은 나운규는 갑신정변에 관한 기록과 사료를 수집하고 당시 관련자들을 면담하면서, 민간에 급진 개화파가 친일파라는 상당한 오해가 있는데 이를 바로잡고 위기에 처한 민족의 현실을 타개할 개혁자로서 제2, 제3의 김옥균을 만들어내는 데 일조하는 것이 영화 제작의 목적이라고 말했다.[32] 즉, 그는 위인교육을 통한 민족계몽운동으로서 〈개화당이문〉을 연출하게 되었다고 진술한 셈이다. 영화의 연출 의도가 김옥균의 재현을 통한 민족주의적 욕망에 있었다는 것이다. 그러나 실제 영화는 나운규의 의도와 달리 김옥균보다는 정변 당시 사관생도였던 청년 이규완李圭完에 초점을 맞춘 사랑과 혁명 이야기가 되고 말았다. 정변의 주역 김옥균은 주변 인물로 물러나고 정변의 선봉대 역할을 한 청년 생도 이규완을 내세워 그를 개화파 기생 춘외춘春外春과 연인 사이로 설정하여 활극과 애정 멜로드라마를 접목한 대중적 드라마로 만들었다. 이러한 각색에 대해 나운규 자신도 부끄러움을 느꼈던지 제목을 〈개화당〉이라고 하지 못하고 이본異本이라는 의미로 〈개화당이문異聞〉이라고 붙였다.

〈개화당이문〉의 시나리오는 현재 전하지 않는데『삼천리』(1932.7)에 실린 영화소설 형태의 축약 대본을 통해 작품의 내용을 알 수 있다. 이를 살펴보면, 갑신정변 당시 혁명의 선봉에 서서 수구파를 처단한 청년 사관생도 이규완의 혁명과 사랑 이야기가 중심 서사로 전개되는 전형적인 대중적 영화의 플롯을 갖고 있다는 사실이 드러난다. 여기에 김옥균의 삼일천하 이야기가 지닌 애절한 민족 수난의 서사가 결합하면서 민족영화의 이미지가 창출될 수 있었다. 실제로 나운규는 이 영화를 제작하면서 철저하게 민족영화 만들기를 기획했던 것으로 보인다.

그다음 우정국 앞 개천에 숨어 있다가 **제일 먼저 칼을 뺀 것이 일본인 塚戶**[33]**이라고 되어 있는 것을 규완圭完으로 고쳤고 그날에 쓴 칼이 박영효가 가져온 일본도日本刀였으나 김옥균이가 준비한 조선칼로 고쳤고** (중략) 일본 검법劍法 그대로 하는 것이 보이면 일본 구극舊劇 숭내를 낸다고 관객이 그대로 보아줄 리가 없다. (중략) **사실과 좀 틀리더라도 순 조선식 검법을 써보려고** 각 방면으로 찾아보았으나 우리들에게 검법을 가르쳐줄 만한 사람은 찾아낼 수가 없었다. (중략) 또 한 가지는 **규완이가 광주廣州에서 마馬를 타고 오는 장면이 있는데 물론 조선마朝鮮馬라야 되겠기에** 여러 곳으로 구하여 보았더니 …… 말이라면 서부극에 나오는 백은白銀 같은 명마 등에 눈이 익은 관객에게 탈 사람보담도 더 적은 말이 거북처럼 엉기엉기 기어가는 것을 보면 요절대소腰絶大笑를 면할 수 없다.[34]

나운규는 고증한 사실과 다른 것을 감수하고라도 군이 주인공이 '조선마'를 타고 나타나 '조선칼'을 들고 '조선 검법'으로 수구파와 싸우도록 설정했다. 이처럼 나운규가 자신의 영화에 '조선적인 것'인 것을 강조하려고 했던 까닭이 무엇일까. 개화당이 친일파라는 세간의 오해를 풀고 그들을 민족의 위인으로 재정립하고자 하는 민족주의적 욕망이 작용하였을 가능성이 있다. 그러나 이것이 전부일까. 조선칼, 조선마, 조선 검법이라는 시각적 종족 정체성ethnic identity이 지닌 대중성의 중요성을 '민족영화'의 거장 나운규가 이미 감각적으로 체득하고 있었던 것은 아니었을까. 그에게 있어 김옥균의 민족 수난 서사는 민족주의적 욕망과 대중적 성취를 공존시킬 수 있는 양날의 서사였던 것이다. 그 점에서 그것은 〈아리랑〉과 크게 다를 바 없는 이야기였던 것이다.[35]

갑신정변 50주년, 김옥균 암살 40주년이 되던 1934년에는 신문 미디어를 중심으로 김옥균 추모 분위기가 고양되었는데, 활자 미디어 가운데 민족지를 표방하던 『동아일보』의 움직임이 가장 두드러졌다. 특히 눈에 띄는 것이 김기진의 장편소설 〈청년 김옥균〉(1934)이었다. 〈청년 김옥균〉은 1934년 5월 3일부터 9월 19일까지 〈심야의 태양〉이라는 제목으로 『동아일보』에 연재되었다. 김기진은 〈청년 김옥균〉을 쓰는 데 김옥균의 회고록 『갑신일록』에 크게 의존했다고 회고했다. 그는 〈청년 김옥균〉이 "7년 동안 감옥살이를 하고서 만기 출옥하는 형님의 의복과 이부자리를 장만하기 위해서 벼락같이 20여 일 만에 써가지고서 동아일보사에 맡겼던 원고"[36]라고 말하였는데, 이는 이 책의 집필 동기가 경제적인 데 있었다는 사실을 말해준다. 이 진술을 근거로 볼 때, 그가 이 소설을 쓰게 된 이유가 김옥균에 대해 큰 관심이 있어서라기보다 대중 미디어를 중심으로 김옥균 추모 분위기가 일던 때에 돈벌이가 될 만한 소설의 소재로 김옥균이야기를 착안하고 집필하게 되었던 것으로 보인다.

고하 사장은 '원고를 미리 사달라는 것이라면 소설 원고를 가지고 와서 보여줘야지, 보고 나서 사고 싶어야 돈을 내는 것이지 …… 원고도 안 보이고서 덮어놓고 돈만 내라는 법이 어디 있느냐'고 대답하므로 (중략) 집으로 돌아와서 김옥균의 사자嗣子 영진英鎭형한테 가서 『갑신일록甲申日錄』과 명치明治 때의 일본 『시사신문時事新聞』 한보따리를 갖다 놓고 재료를 부랴부랴 정리해 가지고 문을 닫아걸고서 20여 일 동안 꼬박 엎드려서 원고를 썼다.[37]

김기진이 동아일보 사장 송진우宋鎭禹를 찾아가 김옥균에 관한 소설을 쓸 테니 원고료를 선불로 내놓으라고 말했다는 것으로 보아 김옥균이야기의 대중성에 김기진이 꽤 자신이 넘쳤다는 사실을 알 수 있다. 1930년대에 신문연재소설은 신문 미디어의 총아가 되어 있었다. 1934년경에 동아일보, 조선일보, 조선중앙일보, 매일신보 등 4대 일간지에 연재되는 소설만 15~16편에 이를 정도로 이른바 '신문소설의 올림픽 시대'였다. 1935년에 조선일보 편집국장은 "조선일보로 말하면 90%가 소설 애독자"라고 말할 만큼 신문 독자의 절대다수가 연재소설의 애독자였다.[38] 김기진이 신문사 사장에게 원고료를 선불로 요구할 수 있었던 자신감은 자신이 신문연재소설과 신문 미디어와의 관계에 관해 소상히 알고 있는 전문가였기 때문이다. 그는 신문연재소설에 대해 "작가는 독자들이 날마다 보면서 재미를 붙이도록 인물의 등장, 사건

의 운반, 전前 사실과 후後 사실의 조직 등
을 안배하고 나서는 묘사의 옷만 입혀버리
려고 한다. …… 대부분의 작가가 이런 구
상에만 열중하는 고로 거의 전부의 신문소
설이 동일형이 된다."[39]라고 날카롭게 분석
하였을 만큼 신문연재소설의 상업성을 간
파하고 있었다. 즉, 1930년대 신문소설은

팔봉 김기진

신문 미디어의 자본 논리에 종속되어 있는 상업적 문학양식으로
표준화, 규격화되었던 것이다. 1930년대 김옥균이야기의 신문연
재소설화 역시 이러한 상업적 욕망과 표면적 민족주의 욕망의 접
점에서 이루어졌던 것이다.

　그럼에도 불구하고 카프KAPF 출신 비평가답게 김기진은 〈청년
김옥균〉에서 갑신정변의 실패 원인이 혁명 주도층과 민중계층의
괴리에 있다는 예리한 지적을 하였다. 이 점이 김기진의 김옥균
재현방식의 독창성일 것이다. 〈청년 김옥균〉은 갑신정변 이전의
정세, 정변 모의에서 우정국 사건, 삼일천하, 실패 후 일본 망명까
지의 사건을 다루고 있다. 소설 후반부에 정변에 실패한 김옥균
일행이 천신만고 끝에 인천으로 탈출하여 일본 기선 천세환千歲丸
에 승선한 후 꿈에서 스승 유대치를 만나는 장면이 있다.

"선생님 말씀이 이같이 비통한 감회를 자아냅니다. 독립, 개혁, 일신한 민중
과 국가의 건설…… 이것이 우리들의 사업이요, 유일한 목적이요, 또 의무지

요……. 그렇건만 우리는 이렇게 실패했습니다. 다시 얼굴을 들고서 이 세상에 나갈 수 없습니다."

"그게 무슨 말이오! 실패한 사업인 고로 더욱 힘써 해야 하지 않소? 왜 실패했는지 아시오?"

"우리들이 고독했던 까닭이지요……. 우리들은 우리들의 힘만, 개인의 노력과 열성만 믿고 있었습니다. 천 명이나 만 명이나 십만 명은 가만히 있고 열 사람 스무 사람이 일을 하는 줄 알고 거대한 일을 시작했던 까닭이 아니오니까……."

"옳소! 과연 그러했소……."[40]

천세환 창고에서 꾼 꿈속에서 김옥균은 유대치를 만나 정변 실패의 원인에 대해 자각하게 된다. 정변 실패의 근본 원인이 민중의 지지를 획득하지 못하였다는 데 있다는 것을 자각하게 된다. 민중에 대한 강조는 김옥균 서사에 대한 김기진 특유의 전유라 할 수 있다. 이 시기에 비록 그는 신문 미디어의 상업 논리에 포획되어 김옥균에 관한 연재소설을 썼지만 카프 시절의 민중적 역사의식이 아직은 선명하게 남아있음을 알게 해준다.

김옥균이야기는 1930년대를 넘어서 1940년까지 대중적 인기가 지속하였다. 1940년에 극단 아랑과 청춘좌가 동시에 김옥균이야기를 연극으로 만들어 경합했던 사실은 그러한 점을 방증해 준다. 극단 아랑은 임선규, 송영 공동창작으로 〈김옥균〉을 금천대좌에서, 그리고 청춘좌는 김건 작 〈김옥균전〉을 동양극장에서

1940년 4월 30일에 동시 개막하였다.[41] 이러한 사태는 두 극단 경영자의 경쟁심, 당시에 부상하던 역사극 열풍으로 인한 것이었다. 당시 두 극단의 역사극은 고협의 〈춘향전〉, 조선무대의 〈김삿갓〉 등과 더불어 역사극 시대를 출범시키는 데 큰 역할을 했다는 평가를 받았다. 1940년 상반기에 공연된 역사극들 중에서 대중들에게 가장 인기를 얻은 연극은 극단 아랑의 〈김옥균〉이었다.[42] 그러나 대중극 극단에 의한 김옥균의 극적 재현은 흥미 본위에 무게가 실려 있었다. "김옥균의 개인적 고민상苦悶相을 그리는데 다만 동경 등지의 화류계花柳界에 가서 기생과 연애를 하는 것으로 사, 오십 분간을 끈다는 것은 좀 냉정히 생각할 문제"라는 당시 공연평을 참조할 때,[43] 당시 대중극에서 김옥균이야기가 흥미 위주로 소비되었다는 사실을 알 수 있다.

군국주의의 전유와 내적 균열: 조용만과 박영호

1937년 중일전쟁 이후 제국 일본이 대륙 침략에 돌입하고 동아시아에 일본 중심의 대동아공영권 질서를 확립하고자 획책하면서 김옥균이야기는 다시 소환되었다. 이 시점에서 김옥균의 전유는 민족주의적 욕망이나 영리적 목적보다는 정치적 목적에 의해 소환되기 시작했다. 특히 그가 주장한 삼화주의는 대동아공영권 건설과 반反서양주의라는 당시 일본 군국주의의 정치적 이데올로기와 잘 맞아떨어지는 유용한 소재가 될 수 있었다. 잡지 『조광』은 1941년 11월호에 '김옥균 특집' 지면을 할애하여 김기진의 「대아세아주의와 김옥균 선생」, 기쿠치 겐조菊池謙讓의 「갑신정변과 김옥균」, 이와타 가즈나리岩田和成(김진구의 창씨명)의 「고균선생의 일생」 등 김옥균 추앙의 글을 실었다. 특히 김기진은 1937년 중일전쟁에서 시작된 동아신질서 건설이라는 현재의 기원은 거슬러 올라가면 갑신정변에서 비롯된다고 주장한다. 그는 '갑신정변 → 동학란 → 청일전쟁 → 러일전쟁 → 중일전쟁 → 동아신질서'라는 일련의 근대 일본의 전쟁을 중심으로 한 근대성 서사의 구성에 갑신정변을 집어넣어 김옥균의 역사적 의미를 강조하고 있다. 이러한 근대성 서사의 구성방식은 일본에서 주장하는 근대성의 족보와 거의 합치되는 것으로서 일본 근대성의 족보에 갑신정변과 김옥균을 위치시키려는 식민지 지식인의 제국으로의 편입 욕망을 드러낸 것이라고 할 수 있다.

선생의 동양주의東洋主義─지금 말로 번역하면 동아신질서＝대동아공영권의 건설＝즉, 대아세아주의는 일명을 '삼화주의三和主義'라고 일컫는다. 삼화주의라 함은 무슨 뜻인가? (중략) 교육과 생활을 신장하고 동양 삼국이 서로 싸우지 말고 상호제휴 하여 구미열강의 침입을 방어함에 있어서 비로소 아세아는 융흥할 것이라는 정신인 것 같다.[44]

김옥균의 삼화주의 사상이 대동아담론으로서 견강부회되고 김

옥균과 갑신정변이 일본 근대 구성의 서사 속으로 미끄러져 들어
가고 있다. 1940년대 전반기에 조용만의 소설 〈배 안에서〉(1942)
와 박영호의 희곡 〈김옥균의 사〉(1944) 또한 이러한 맥락에서 김
옥균을 소환, 재현하고 있다.

　조용만의 일본어 단편소설 〈배 안에서〉는 갑신정변 실패 후 인
천항에 정박 중이던 천세환에 피신한 김옥균 일행을 뒤쫓아 온
청, 조선 추격대가 김옥균 일행의 하선을 요구하면서 벌어지는
긴박한 순간을 소상하게 묘파한 작품이다. 이 작품에서 특히 강
조된 것은 천세환의 선장 쓰지가쓰지로辻勝+郎의 남성다움이다.
묄렌도르프를 대표로 하는 청, 조선 추격대가 집요하게 김옥균
일파의 하선을 요구하자 일본 공사 다케조에는 외교적 문제를 이
유로 들어 김옥균 일행이 스스로 하선 결정을 해줄 것을 요청한
다. 궁지에 몰린 김옥균 일행은 배는 일본 영토이고, 배에서 결정
권은 선장에게 있다면서 선장을 찾아가 선처를 요구한다. 자초지
종을 들은 선장은 과단성 있게 김옥균 일행의 하선 거부 결정을
내린다.

선장은 커다란 얼굴을 새빨갛게 물들이며 강경하게 도리질을 쳤다. 테이블을
쾅하고 내리치지만 않았을 뿐이지 주먹을 꽉 움켜쥐고 있다.
"저는 찌도세마루의 선장으로서 명예를 걸고 그런 일은 절대로 용납하지 않
겠습니다. 그러니까 대감들의 말씀이라는 게, 저더러 대감들을 이 배에서 끌
어내지 못하게 해달라는 거지요? 좋습니다. 잘 알아들었습니다. **일본남아의**

명예를 걸고 제가 맡아서 처리하겠습니다."

(중략)

김옥균과 박영효는 감개무량해서 서로 얼굴을 마주봤다. 가와가미 통역관에게 눈짓을 해서 세 사람이 일어섰다.

"선생님의 덕택으로 저희 개혁당이 구원을 받았을 뿐만이 아니라 조선이 머지않아 구원받겠지요. 선장님은 **조선의 은인**입니다. 이 은혜는 결코 잊지 않겠습니다."

박영효는 자신도 모르게 손을 내밀어 선장의 손을 힘껏 쥐었다. 눈물이 나올 것 같았다.

"자아, 몸을 소중히 하시고 동경으로 가셔서 분발해주십시오. **조선은 일본과 손을 꽉 맞잡고 가지 않으면 안 됩니다.**"[45]

선장의 용단에 의해 김옥균 일행은 사지死地에 몰려있다가 구사일생으로 목숨을 건지게 된다. 조선의 혁명가 김옥균이 일개 일본 기선 선장에게 생사여탈권을 맡긴 채 관대한 처분만을 기다리는 상황에 직면한 것이다. '쾌남快男' 쓰지가쓰지로 선장의 '일본남아'다운 용단에 의해 김옥균 일행이 목숨을 건지고, 한일 양국의 우호협력이 가능해지게 된다. 이때 일본 선장의 남성성은 용기 있고 책임감 있는 제국 남성의 표상으로서 강조되는 것이다. 김옥균의 목숨을 구한 쓰지가쓰지로 선장 이야기는 내선일체의 선구적 미담美談으로써 대동아공영권 이념에 의해 전유되는 것이다.

그러나 명예를 중시하는 일본남아의 탄생 이면에는 신뢰할 수 없는 일본인이라는 이중구조가 양립한다. 김옥균 일행과 함께 정변을 도모하다가 태도를 돌변하여 천세환에서 내려줄 것을 요구하는 다케조에 일본 공사의 배신과 비겁함은 쓰지가쓰지로 선장의 남아男兒다움을 보다 돋보이게 만드는 요소가 된다. 그러니까 쓰지가쓰지로 선장의 남자다움을 과장하면 할수록 그에 비례해서 일본 정부를 대변하는 인물인 다케조에의 배신 이미지 역시 강조된다는 데 역설이 있다. 그런 점에서 쓰지가쓰지로의 내선일체 미담을 줄거리로 하는 이 소설이 역으로 갑신정변의 실패 원인이 일본(다케조에)의 배신에 있음을 은연중 드러내는 기능을 하고 있는 셈이다. 이러한 측면에는 대동아공영권 이데올로기라는 지배담론의 내파內波 기능도 내포되어 있음을 유념해야 한다.

갑신정변 60주년을 기념하여 창작된 박영호의 희곡 〈김옥균의 사〉(1944) 역시 김옥균이라는 역사인물의 기념을 군국주의의 요구에 맞게 전유한 작품에 해당한다. 갑신정변의 거사부터 삼일천하, 탈출, 일본에서의 망명생활, 상하이 암살에 이르기까지 김옥균을 중심으로 한 조선 개혁운동의 발발과 좌절의 거대한 파노라마를 5막의 구성 속에 응축시켰다. 등장인물도 김옥균, 박영효, 홍영식, 서광범, 유혁로, 정난교 등 개화파 인물들을 비롯해 홍종우, 지운영 등 자객들, 쓰지가쓰지로 선장, 다케조에 공사, 도야마 미츠루, 와다 등 수십 여 명에 달하는 대작이다. 식민지시대에 창작된 거의 모든 김옥균 재현물들이 총집결되었다고 할 만큼 이

희곡은 식민지시대 김옥균의 재현물로서 완결판이라고 할 수 있다. 특히 희곡의 개막 장면은 김기진의 〈청년 김옥균〉의 한 대목과 매우 흡사할 정도로 많은 영향을 받았다. 박영호는 이 작품을 쓰기 위해 김기진으로부터 사료를 제공받았고, 조용만의 〈배 안에서〉와 일본 측의 문헌(나카무라 기치조中村吉藏의 「도야마 미츠루頭山滿」, 시노부 준페이信夫淳平의 「한반도韓半島」, 마츠모토 마사즈미松本正純의 「김옥균상전金玉均詳傳」)을 참고했다고 한다.[46]

이렇게 방대한 규모의 대작 역사극은 박영호의 꾸준한 역사극 쓰기에 의해 가능할 수 있었다. 그는 〈김옥균의 사〉 이전에 〈신라의 달〉, 〈원앙〉, 〈목화〉, 〈단종애사 후일담〉, 〈홍길동전〉, 〈임꺽정전〉, 〈이차돈〉 등 이미 7편의 역사극을 썼다.[47] 그는 1930년대에 지방 극단에서 프롤레타리아 연극운동을 했던 진보적 연극인이었으나 일제 말기에는 〈등잔불〉(1940), 〈산돼지〉(1942), 〈물새〉(1943), 〈좁은 문〉(1943), 〈별들의 합창〉(1945) 등 친일극을 집필하였다. 특히 그는 〈산돼지〉, 〈물새〉, 〈별들의 합창〉으로 국민연극경연대회에 3회 연속 참가할 정도로 친일연극에 적극 가담하였다.

〈김옥균의 사〉가 김옥균 서사를 대동아공영권 담론 속으로 포획하는 친일극이라는 사실은 분명하다. 적극적인 친일극의 가담자 박영호가 군국주의 논리로 김옥균을 전유했다는 사실에도 이의를 제기하기 어렵다. 다만, 이 극에는 군데군데 지배담론을 은연중 비판하고 회의를 갖게 만드는 내적 균열의 목소리가 새 나오고 있다는 점을 눈여겨볼 필요가 있다.

김옥균: **도대체 일본은 나를 어떻게 할 생각이지?**

도야마: 그래서?

김옥균: 전적으로 의지하려고 달라붙으면 내팽개치고, 뒷발로 모래를 뿌리고 도망치려고 하면 뒷덜미를 잡는다. 불같이 뜨겁다고 생각하면 얼음처럼 차갑다. 차갑다고 생각하면 다시 뜨겁다. …… 사실 상대하기가 곤란하다네.

도야마: 하……. 악녀의 깊은 정인가?

(중략)

도야마: 내 충언을 듣고 상해 행을 그만두게나.

김옥균: 하지만 도야마군. **내가 살해당하고 일본과 지나 전쟁의 불씨가 되면 자네들이 수년 동안 바라던 게 달성되는 게 아닌가? 나 한 사람 희생되어 그것이 일본을 위한, 조선을 위한, 아니 동양 전체를 위한 것이 된다면, 보기 좋게 죽어주지.**[48]

김옥균이 도야마와의 대화 중에 일본 정부의 미적지근한 태도에 대해 불만을 표출하는 대목은 일본에 대한 불신을 은연중 드러내는 것이고, 자신이 죽음으로써 청일전쟁의 불쏘시개 역할을 하는 것이 일본이 원하는 것이라면 기꺼이 죽어주겠다는 김옥균의 감정 섞인 토로 또한 일본이 자국의 이익을 위해 김옥균을 이용했다는 암시를 자아내고 있다. 김기진은 김옥균이 갑오년(1894년)에 홍종우에게 암살당함으로써 "이때 이미 일청전쟁日淸戰爭은 발화發火된 것"[49]이라고 말하면서 김옥균 암살이 청일전쟁의 도화선이었음을 주장하였다. 이러한 사실은 물론 김기진 개인의 주장이 아니라 이 시기에 김옥균의 죽음이 일본의 근대성 족보에 편입됨으로써 제국일본의 공식기억 속에 한 자리를 차지하기 바라는 일부 식민지 지식인의 소망을 표현한 것이라 할 수 있다. 그러한 점에서 박영호도 김기진과 입장을 함께 하였다. 그는 작품의 결말에서 김옥균이 홍종우의 총에 맞아 쓰러지며 "도야마군, 부탁하네. 일본을 부탁해. 조선을 도와……. 일청전쟁이다. 일청전쟁이다……."[50]라고 외치게 표현함으로써 김옥균의 죽음이 청일전쟁의 도화선이라는 일본 근대성 서사의 담론을 명료하게 재확인하고 있다. 박영호 역시 김옥균이야기를 통해 제국으로의 편입 욕망을 드러낸 것이다.

그런데, 박영호의 희곡 속에서 김옥균의 대사, 내가 죽어 청일전쟁의 불씨가 되는 것이 일본이 원하는 것이라면 죽어주겠다는 말은 바로 위의 대사와 연결되어 "일본이 전쟁의 명분으로 김옥균을 이용했다. 일본은 믿기 어렵다."라는 의외의 저항적 뉘앙스를 풍겨낸다. 박영호의 희곡이 본래 의도와 달리 일부 대목에서 은연중 식민주의 담론을 내파하는 기능을 수행하고 있다는 해석은 이와 같은 점 때문일 것이다.[51]

나가며

식민지시대에 많은 사람이 김옥균을 근대 개혁운동의 혁명가로 기억하고, 그를 추앙하였다. '세계적 위인', '조선 근대의 최대 산물', '동양평화의 선각자', '동양정국의 제1인자', '일세의 풍운아'와 같이 김옥균을 따라다닌 수식어가 그러한 사실을 말해준다. 일본과 조선의 아시아주의자들, 일부 민족주의자들, 그리고 일제 말기 군국주의자들, 『개벽』, 『별건곤』, 『삼천리』, 『동아일보』 등과 같은 잡지, 신문 미디어, 그리고 유성기 음반, 영화, 대중극 등에서 기억 욕망과 재현방식은 달랐지만 김옥균은 위인으로 추앙되었다.

그러나 동시대에 그에 대해 부정적인 기억을 가지고 있는 사람들이 많았던 것 또한 사실이다. 나운규의 회고를 잠시 들어보자.

어렸을 때에 외척 중에 강동(서백리아西伯利亞: 시베리아) 다녀온 사람이 운동모(조타모鳥打帽)를 쓰고 돌아왔다. 인사차로 집에 왔을 때 할머니가 "일진회군一進會軍이 됐구나." 하시었다. 그리고 **일진회군을 개화군開化軍**이라고도 말하셨다.

그때에 어린 나는 일진회가 무엇인지 모르기 때문에 머리 깎고 운동모 쓰고 문명개화를 이 나라에 제일 먼저 펴놓은 사람은 일진회군이요, 일진회라는 회는 조선을 개척하려던 개화당인줄 믿었다. 그러나 한 가지 의심된 것은 **할머니가 일진회 이야기를 하실 때에 반드시 미웁게 말했고 욕하셨다.**

그때 어린 내 머리에는 **일진회군**이라면 그 시절에 있던 **보조원**을 생각하게 되고 춘추기春秋期 청결淸潔 같은 때에 마을로 내려오면 노인들에게까지 일진회군도 그런 것이었거니 했다. 차차 자라나면서 내게는 큰 의문이 생겼다.

문명개화의 필요를 먼저 느끼고 잠자는 이 땅을 개척하려던 선각자들을 할머니는 왜 미워했을까?[52]

어린 시절 나운규는 할머니가 개화파를 일진회—進會로 혼동하였고, "일진회 이야기를 하실 때에 반드시 미웁게 말했고 욕하셨다."고 술회하였다. 그는 왜 할머니가 개화의 선각자들을 그리도 미워했는지 모르겠다고 했지만, 사실 나운규 자신도 할머니와 같은 평범한 조선 민중의 뇌리에 '개화당＝일진회＝보조원＝친일파'라는 선입견이 지배하고 있었다는 사실을 잘 알고 있었다. 그만큼 갑신정변의 주역들은 친일파로 인식되어 식민지 조선 민중들의 지지를 얻지 못하였던 측면이 있다.

김옥균과 함께 갑신정변을 일으킨 박영효는 1930년대에 갑신정변 동지들에 관해 회고하는 글에서 김옥균에 대해 다음과 같이 진술하였다.

(전략) 김옥균 군의 장점을 들라면 그가 커다란 경론과 재조才操를 가지고 있는 것, 언변에 능한 것, 남을 후리기를 잘하는 것이요. 반대로 단점을 들라면 겁이 있어 담력이 부족한 것, 신의 두텁지 못한 것, 그리고 먼 장래를 보는 심려장지深慮長智가 모자라는 것이다 하겠다.[53]

박영효는 혁명 동지 김옥균의 장, 단점에 관해 평가하는 데 매우 인색한 태도를 보인다. 그가 장점이라고 꼽은 것마저 단점처럼 느껴질 정도다. 심지어 그는 갑신정변의 실패 원인이 김옥균 개인에게 있다는 뉘앙스마저 풍긴다. 그는 더 나아가 갑신년 거사를 위해 자신이 광주廣州 유수留守를 지내면서 군대를 양성하였는데, 양병 자금 마련을 위해 김옥균이 포경회사捕鯨會社를 차려 얻은 미국 자본 22만원을 혼자 써버리고 한 푼도 보내주지 않아서 '분개'도 하고 '낙망'도 했다는 놀라운 진술을 하였다. 박영효의 회고에 따르면, 김옥균은 파렴치한으로 몰려버릴 수도 있다. 물론 이러한 진술에 대해 가장 대표적인 김옥균 옹호자인 김진구는 "40년이나 지난 오늘날 와서도 사소한 원망을 그저 가지고 글을 쓰거나 말을 할 때마다 옛 동지의 험절(협잡꾼, 인색한이라는)을 찍어내는 것은 누가 보든지 점잖지 못하고 국량이 적고 흉금이 짝 들어붙은 것을 말하게 될 것"[54]이라며 원색적 표현으로 박영효를 비난하였다.

위와 같은 사례를 열거하는 것은 결국 역사 인물을 문화텍스트에 담아두고 표현한다는 것, 다시 말해 역사적 사건이나 인물에 대한 기억 욕망과 재현 방식은 기억의 정치학이라는 문제를 떠나서 해석하기 어렵다는 사실을 강조하기 위해서다. 문화텍스트에서 역사 인물의 재현은 한마디로 기억담론 투쟁 행위에 다름 아니다. 그 문화텍스트들에는 역사 인물에 대한 서술 주체의 각기 다른 기억 욕망이 존재하며, 그 문화텍스트를 담는 미디어/정치/자본의 기억 욕망, 당대 정치권력의 기억 욕망, 그리고 대중들의 기억 욕망 등이 서로 욕망의 경합contest을 벌여서 특정한 기억

이 구성된다. 식민지시대의 문화텍스트에 나타난 김옥균에 대한 기억 욕망과 재현방식들도 아시아주의의 전유, 민족주의 및 대중 미디어의 전유, 군국주의의 전유라는 세 가지 부류의 기억 욕망이 서로 경합하며 김옥균에 대한 기억의 정치학을 창출해냈다.

군국주의 극장에 투영된 민족사이야기

파시즘체제와 역사극이라는 표현 공간

1937년 중일전쟁 발발을 계기로 식민지 조선은 이른바 파시즘체제에 돌입하게 된다. 1938년 제3차 조선교육령의 발표에 따라 조선어 사용금지를 전제로 하는 '고쿠고國語(=일본어) 상용'정책이 추진되고, 부족한 병력을 충당하기 위한 '지원병 제도'가 실시된다. 1941년 12월 태평양전쟁이 발발하면서 지원병 제도는 '징병제'로 전환되기에 이른다. 급박한 시국의 전개에 따라 문화계의 양상도 더욱 경색되어갔다. 조선일보, 동아일보를 비롯한 민족 신문과 문예지가 모두 폐간되고, 유일한 문학잡지로 『국민문학』이 남았으나 그나마 일본어 잡지로 전환되었다. 영화와 연극 분야에서도 '고쿠고 상용'이 강요되는 상황에 이르렀다. 1940년 12월에 "연극의 건전한 발달과 질적 향상을 꾀하여 문화의 새로운 건설에 공헌"하고, "경무국의 통제 아래 연극인의 행동과 사업을 단결하기" 위해 '조선연극협회'가 결성되면서 연극의 통제와 검열은 더욱 강화되었다.[1]

이러한 문화 환경 속에서 현실을 소재로 다룬 연극작품이 창작되는 것은 매우 어려운 일이었다. 파시즘체제가 도래하자 극작가들은 검열의 제약이 강한 현실 소재로부터 도피하여 다른 표현의 공간에서 돌파구를 모색하게 되었다. 역사극이 하나의 대안이 될수 있었다. 통제되고 억압적인 극작의 환경에서 역사라는 소재는 '신세계'일 수 있었다. 극단들이 현실 소재의 고갈로 인해 심각한 '각본난脚本難'을 겪고 있는 실정에서 역사극은 가뭄의 단비 같은 것이었다. 실제로 1930년대 후반 이후 심각한 각본난은 역사극이 발흥하는 데 중요한 원인을 제공하였다.[2] 극작가 겸 평론가 김영수金永壽는 연극계의 역사극 공연 범람의 원인을 다음과 같이 분석하였다.

우선 **기일其一**은 늘 그것이 그것 같은 **대중물大衆物에 이미 권태를 느끼기 시작한 관객**을 다시금 새로운 무엇으로든지 붙잡자는 야심일 것이고, **기이其二**는 **자료의 빈곤과 생산과잉**으로부터 온 **작가적 피로**로부터 일시 휴양休養을 하자는 그릇된 심산이었을 것이고, **기삼其三**은 **극단과 극단 사이에 일어난 경쟁심리**에서였을 것이다.

여하튼 이상의 어느 것이든지 또는 이상의 아무런 이유에서가 아니든지 오늘의 극작가가 피로를 느끼고 있는 것만은 숨길 수 없는 사실이다.

그러나 극작가가 피로해서 〈김옥균〉이 나왔고, 〈김삿갓〉이 나왔다는 말이 아니다. 여기서 **피로했다는 것은 육체가 아니고 사상이다. 사색**이다.[3]

김영수는 1940년 무렵 연극계의 역사극 열풍의 원인으로, 1) 기존 대중물에 식상해진 관객에게 새로운 대안의 필요, 2) 생산 과잉으로 상상력이 고갈된 작가에게 새로운 돌파구의 요청, 3) 역사극이라는 새로운 영역을 놓고 극단 간에 이루어진 경쟁심리 등을 꼽았다. 결론적으로 당시 역사극은 극단이나 극작가, 관객들에게 있어서 연극계의 한계상황을 극복할 수 있는 '새로운 영역'으로 인식되었던 것이다. 그러나 김영수가 역사극 열풍의 본질적 원인으로 '극작가의 사상적 피로'를 지목한 점에 유의할 필요가 있다. 왜 극작가는 사상적으로 피로감을 느낄 수밖에 없었는가. 그리고 그것이 왜 역사극을 쓰게 된 동기가 되었는가. 극작가들은 현실 소재로 연극통제를 피하는 데 한계를 느꼈을 터이고 새로운 창작의 돌파구가 필요했을 것이다. 게다가 기존 대중물에 식상해진 관객에게 연극의 새로운 대안을 제시할 필요가 있었다. 극작가들은 사상적 피로감으로부터 과거로 도망쳤고, 거기서 역사극이라는 새로운 영토를 발견했다. 역사극에 대해 관객들이 긍정적인 반응을 보이자 극단들은 이 '신개지新開地'를 놓고 경쟁을 벌이기 시작했던 것이다.

1930년대 후반에서 1940년대 전반까지 극작가에게 있어서 역사극은 신천지였다. 첫째, 현실 소재에 비해 상대적으로 창작의 표현 공간이 넓었다는 점, 둘째, 과거의 역사인물을 등장시킴으로써 자연스럽게 관객에게 민족이야기를 전달할 수 있었다는 점을 들 수 있다. 이 두 가지는 모두 극작가에게 성공과 흥행을 보장해줄 수 있는 요소들이었다. 국책에 부합하는 현실 소재 이야기를 다룬 연극은 억지스러운 계몽성의 과잉으로 작품성을 훼손할 뿐만 아니라 자칫하면 따분한 교훈담으로 흘러 관객을 잃을 수도 있기 때문이다. 반면, 역사이야기는 '지금 이곳here and now'의 이야기를 그린 것이 아니고 먼 과거의 이야기를 다루기에 통제와 검열에서 그만큼 관대한 점이 있어서 비교적 자유롭게 표현할 수 있고, 역사인물을 등장시킴으로써 자연스럽게 과거 민족이야기를 통해 관객의 민족적 심성을 자극할 수 있었다. 결과적으로 관객들은 '역사극＝민족이야기'로 인식하게 되었고, 민족이야기에 굶주려있던 식민지 조선의 관객에게 그것은 망국민의식을 달래주는 하나의 감성적 서사가 될 수 있었다. 식민지시대에 지식인의 계몽 욕망과는 달리 실제 극장을 지배했던 것은 통속성이었으며, 관객들은 그들의 욕망과 호기심, 자극적 갈등을 충족하기 위해 극장을 찾았던 것이다.[4] 그러한 관객에게 역사극은 또 하나의 대중극일 수 있었다. 그것은 오랫동안 굶주렸고 갈망했던 민족이야기를 듣고 볼 수 있는 공간이었고, 현실 소재 이야기의 따분하고 경직된 시국강연 같은 대사를 듣지 않아도 되는 공간이었기 때문이다. 역사극의 대중성은 이러한 점에서 비롯되었다.

실제로, 1930년대 후반부터 8.15 해방 직전까지 공연계에서 가장 인기를 끈 레퍼토리들은 대체로 역사극 장르였다. 그중에서 최고의 인기 공연 레퍼토리는 〈춘향전〉이었다. 〈춘향전〉은 1930년대 중반 이후 연극, 창극, 악극 등 다양한 형태를 통해 매년 지속적으로 공연되었다. 심지어 그 공연은 태평양전쟁이 격심하게 벌어지는 식민지 말기까지 꾸준히 이어졌다. 일본의 대표적인 가부키歌舞技 명작 레퍼토리 〈추신구라忠臣藏〉는 아무리 불경기라고 해도 상연하면 바로 만원 관객을 이룬다고 해서 즉효성이 강한 약이라는 의미로 '독삼탕獨蔘湯'이라고 부르는데,[5] 이 일본의 〈추신구라〉에 비견되는 한국의 고전 명작이 바로 〈춘향전〉인 것이다. 〈춘향전〉이 이끈 역사극의 열풍은 8.15 해방까지 꾸준히 이어졌는데, 그 작품목록은 다음과 같다.

장혁주 〈춘향전〉(도쿄 신쿄극단, 1938)★

임선규 〈사비수와 낙화암〉(청춘좌, 1939, 1943)★

박향민 〈낙랑공주〉(낭만좌, 1939)

송영 〈김옥균전〉(호화선, 1940)

김건 〈김옥균전〉(청춘좌, 1940)

송영 〈김삿갓〉(조선무대, 1940 / 조선악극단, 1944)★

현진건 원작, 함세덕 각색 〈무영탑〉(고협, 1940, 1944)★

유치진 〈개골산〉(고협, 〈마의태자와 낙랑공주〉로 개명, 1941, 1943)★

임선규 〈동학당〉(아랑, 1941)

서항석 〈견우와 직녀〉(콜롬비아악극단, 1941 / 반도가극단, 1944, 1945)

이동규 〈낙랑공주〉(신향악극단, 1941)

박영호 〈이차돈〉(성군, 1941, 1942)★

김건 〈불국사의 비화〉(청춘좌, 1943)★

함세덕 〈어밀레종〉(현대극장, 성보악극단, 1943 / 반도가극단, 1944 / 현대극장,
　　　1944, 1945)★

이태준 원작, 박영호 각색, 〈왕자 호동〉(아랑, 1943, 1944)★

조천석 〈무장선 셔먼호〉(현대극장, 1944)

오영진 〈맹진사댁 경사〉(태양, 1944)

함세덕 〈낙화암〉(현대극장, 1944)★

채정근 〈화랑도〉(반도가극단, 1944)

김아부 〈일목장군〉(동일창극단, 1944)

김건 〈김유신전〉(동일창극단, 1944, 1945)★

송영 〈신사임당〉(청춘좌, 1945)

박영호 〈김옥균의 사〉(성군, 1945)

서항석 〈은하수〉(반도가극단, 1945)★

　　이것은 1930년대 후반부터 8.15 해방 직전까지 상연된 역사극을 공연 중심으로 열거해 본 것이다. 〈춘향전〉은 워낙 많이 공연되어서 각별한 의미가 있는 장혁주의 것만 표기하고 나머지는 제외하였다. 여기서 ★표는 여러 차례 상연된 바 있는 인기 있는 공

연 레퍼토리다. 작가가 다른 두 편의 〈김옥균전〉과 박영호의 〈김옥균의 사〉도 결국 동일한 인물의 소재를 갖고 쓴 역사극이므로 '김옥균이야기' 자체를 ★표로 분류할 수 있을 것이다. 위의 목록을 ★표의 인기 역사극 레퍼토리들을 중심으로 살펴보면, 〈춘향전〉, 〈김삿갓〉, 〈김옥균전〉 정도를 제외하고 대부분의 작품이 고대사古代史를 소재로 한 작품이라는 사실을 알 수 있다. 고구려(〈왕자 호동〉), 백제(〈사비수와 낙화암〉, 〈낙화암〉), 신라(〈이차돈〉, 〈무영탑〉, 〈개골산〉, 〈어밀레종〉, 〈불국사의 비화〉, 〈김유신전〉) 등 고대 삼국의 이야기가 일제 말기 역사극 소재의 주종을 이루고 있음을 알 수 있다. 특히 신라를 소재로 한 작품이 가장 많은 것이 눈에 띈다. 여기에 〈춘향전〉, 〈김삿갓〉, 〈김옥균전〉 등 '이조李朝'[6]이야기를 배경으로 한 역사극들이 또 하나의 흐름을 이루고 있다. 이는 환언하면 고대사 이야기와 '이조'이야기가 일제 말기 역사극의 양대 소재를 이룬다고 할 수 있는 것이다.

그렇다면, 당대의 연극 관객들은 왜 고대사 이야기를 '이조'이야기보다 더 좋아했으며, 그 이유는 무엇일까. 우선, 신라를 중심으로 한 고대사 이야기의 핵심은 무엇일까. 요약하면, 그것은 고대민족서사에 대한 향수이면서 동시에 중국의 타자화('지나화支那化')라고 할 수 있다. 그렇다면, '이조'이야기의 핵심은 무엇인가. 그것의 핵심은 수치스러운 민족이야기(타자화된 조선)에 대한 원망怨望이면서 동시에 '이조'의 '지나화'라고 할 수 있지 않을까 생각된다. 그렇다면, '지나화'란 무엇이며, 그 의미는 어디에 있는 것일까. 작품을 통해 살펴보기로 하자.

고대사 이야기: 고대민족이야기의 향수

일제말기에 관객들로부터 가장 인기를 끌었던 고대사 소재의 역사극 중에 주목을 요하는 작품들은 〈무영탑〉(1940), 〈어밀레종〉(1943), 〈왕자 호동〉(1943)이다. 가장 먼저 1940년대 역사극의 유행을 선도한 작품은 극단 고협高協의 〈무영탑〉이었다. 현진건玄鎭健의 동명소설을 함세덕咸世德이 각색한 연극 〈무영탑〉은 여러 차례 재공연되면서 그 대중적 인기를 확인하였다. 이 작품은 신라 불국사의 석가탑(무영탑) 건립 설화를 토대로 삼아 쓴 것인데, 온갖 역경 속에서 석가탑을 만든 석공 아사달의 투철한 예술혼과 그를 둘러싸고 그의 아내 아사녀와 신라 귀족의 딸 주만 사이에 벌어지는 애정의 삼각 갈등 이야기가 전개되고 있다. 즉, 치열한 예술정신과 연애이야기가 이 작품의 핵심서사이다. 백제 출신의 석공 아사달은 신라로 와서 갖은 어려움을 극복하며 석가탑을 완성한다. 이러한 초인적 장인정신 속에는 숭고한 아름다움, 즉 탐미적 요소가 내포되어 있다. 그뿐 아니라 이 작품에는 치열한 애정 갈등이 내포되어 있다. 석가탑을 만들기 위해 백제에서 건너온 석공 아사달에게는 백제에 두고 온 아내 아사녀가 있으나 신라 귀족의 딸 주만이 그를 흠모한다. 그러나 주만은 신라의 권세

가의 아들 금성과 정혼이 되어있는 사이이
다. 주만은 금성의 마음을 돌리려고 자신의
얼굴에 화상을 입히는 극단적 선택을 한다.
　그런데 여기서 흥미로운 지점은 이 작품
에서 주만의 애정 플롯에서 방해자로 그려
지는 금성에 대한 묘사 부분이다.

〈무영탑〉의 작가 현진건

금공자라 함은 시중 금지의 아들 금성金城을 가리키는 것으로 주만과 혼인 말
이 있는 귀공자다.

"금공자 따위야."

"왜요, 키가 조금 작으시지만 얼굴이 희시고 싹싹하시고 재주 있으시고……."

"얘, 입 고만 놀려라. 듣기 싫다. 그 키가 작기만 한 키냐, 꼽추지."

"그래도 당나라까지 가시어서 공부를 하시고 한문이라든가, 진서라든가, 그 어
려운 글을 썩 잘하시고, 당나라 벼슬까지 하시고……."

**"그까짓 당나라 공부가 그렇게 장하냐. 그 어수선한 글자나 잘 알면 무슨 소용
이 있을꼬." — ①**[7]

주만은 터져 나오는 웃음을 막느라고 손등으로 입을 가렸다.

"처음에는 담을 넘고 나중에는 객실로 가는 것이 어느 오랑캐 예법인가요. **그
것도 상주국 당나라에 가시어 배워가지고 나오신 예법인가요. 오호호." — ②**[8]

금지는 철저한 당학파요 유종은 어디까지나 국선도를 숭상하는 터이니 주의

부터가 서로 달랐다. (중략) 신라를 두 어깨에 짊어질 만한 인물, **밀물처럼 밀려들어오는 고리타분한 당학을 한 손으로 막아내고,** 지나치게 흥왕하는 불교를 한 손으로 꺾으며 **기울어져 가는 화랑도를 바로잡을 인물, 이것이 유종의 꿈꾸는 사윗감**이었다. — ③⁹

①의 인용문은 주만이 자신의 몸종에게 금성에 관해 부정적으로 평하는 장면이며, ②는 자신을 만나기 위해 담장을 넘은 금성에게 면박을 주는 장면이다. ③은 금성을 바람직한 사윗감으로 받아들이지 않는 유종의 내면의식을 비춰주는 서술이다. 위의 인용문을 통해 알 수 있듯이, 금성의 부정적 이미지를 형성하는 중요한 배경에는 당나라가 있다. 견당遣唐유학생 출신이며 당나라의 벼슬을 얻어온 금성의 못난 외모, 예법에 어긋난 행동은 모두 주만의 비위를 상하게 하는 것인데, 그의 이러한 부정적 표상은 고스란히 당나라가 지닌 낡고 고리타분한 이미지에서 비롯되는 것이다. 주만의 아버지 유종은 당학파唐學派를 배격하고 화랑도(국선도)를 숭상하는 인물로서 "밀물처럼 밀려들어오는 고리타분한 당학"을 막아내고 "기울어져 가는 화랑도를 바로잡을 인물"을 사윗감으로 고대하고 있다. 이와 같이 현진건의 소설 〈무영탑〉은 '아사달(＝주만)/금성'의 대립구도가 기본 틀을 형성하고 있는데, 그 기저에는 '화랑도(국선도)/당학', 즉 '민족/외세'라는 대립의식이 자리하고 있다.

비록 아사달은 백제의 석공이지만 민족의 혼이 깃든 석가탑을 완성한 석공이라는 점에서 화랑도의 정신을 대변하는 인물이 되며, 외세에 붙어 권력과 출세를 추구하며 민족의식을 잃어버린 금성과는 대척점에 놓이게 되는 것이다. 이 '민족/외세'의 대립구도라는 서사는 당대의 맥락으로 볼 때 '민족주의'적 담론이면서 동시에 '식민주의' 담론이라고 볼 수 있다. 당나라라는 외세에 굴복하지 않고 민족의 국혼을 계승하려는 아사달과 주만의 정신에는 다분히 민족주의 의식이 내포되어 있다. 이러한 점은 당대 식민지 관객들로부터 환영받았을 가능성이 크다.

그러나 민족주체성 구성의 타자를 '당唐'으로 설정하여 중국을 타자화하고자 했다는 점을 생각하면, 이 극이 민족주의 담론에만 토대를 두고 있다고 보기 어려워진다. 중국을 야만화하기, 즉 중국을 야만적 타자인 '지나支那'로 규정하기는 근대 이후 일본이 세계의 서구적 보편주의의 틀 속에서 근대 일본을 새로운 '동양' 질서 안에 재배치하려는 욕망과 관계되기 때문이다. 20세기 전반기에 근대 일본은 '전근대적인' 중국과 자신의 이질성을 강조하기 위해 의식적으로 중국을 '지나'로 불러왔다. 1945년 종전 이후에야 다시 예전의 '중국'이라는 명칭을 복원하여 사용하기 시작하였다. 중국中國이라는 명칭에 중국-일본의 관계가 '문명/야만', '내부/외부'라는 중화中華주의적 인식이 내포되어 있기에 일본-중국의 관계를 재설정하기 위해서는 중국에 '지나支那'라는 다른 명칭을 사용할 필요가 있었던 것이다.[10] 따라서 중국을 지나화한다는 것은 아시아의 심상지리에서 '일본=근대=문명/지나(중

國)＝전근대＝야만'의 구도를 생산하여 일본을 서구적 보편주의의 중심에 배치하고 중국을 근대의 야만적 타자로 배제하면서 일본을 새로운 동양질서의 중심에 두고자 하는 이른바 근대'동양학 東洋學' 담론과도 연관되는 것이다.[11] 이러한 동양학 담론은 제국 일본의 중국인식에 있어서 중요한 이론적 근거로 작용하였다. 그러니까 〈무영탑〉의 담론구조에는 중국의 '지나화'라고 하는 제국 일본의 동양학 담론이 은연중에 내면화되어 있는 것이다.

더군다나 소설 〈무영탑〉이 1938년 7월부터 그 이듬해까지 『동아일보』에 연재되었는데, 그 연재 시기가 바로 1937년에 발발한 중일전쟁 직후라는 점에 주목할 필요가 있다. 중일전쟁 발발이라는 상황 속에서 소설 〈무영탑〉의 연재는 적국敵國인 중국을 야만적 타자화함으로써 검열과 통제의 굴레를 벗어나고, 석가탑과 아사달 설화의 민족이야기를 시도함으로써 독자들에게 민족주의 감정에 호소하고자 하는 의중이 담겨 있을 것이다. 함세덕이 각색한 극단 고협의 연극 〈무영탑〉도 그러한 맥락에서 크게 벗어나 있지 않았던 것으로 보인다. 연출가인 유치진이 연극 〈무영탑〉의 플롯을 "화랑도(본래사상)와 당학(외래사상)의 시대적 마찰 중에 불국사 무영탑의 로맨스가 전개"되는 것으로 파악하였다는 것은 이 연극이 현진건 원작의 기본 갈등구도에 충실한 공연이었으리라는 점을 시사해준다.[12] 1939년에 소설 신문연재가 끝나자 일정기간 준비를 거쳐 1940년에 상연을 시작한 점으로 미루어 소설이 담고 있는 담론의 맥락을 극장으로 확산시킨 것이라고 볼 수 있다. 당대 극장의 관객들에게 중국의 지나화에 담긴 식민주의 담론은 상대적으로 쉽게 포착되지 않았을 수 있다. 반면, 석가탑과 아사달로 상징되는 민족주의의 향수에 관객들은 쉽게 심취했을 가능성이 크다. 춘원 이광수李光洙가 연극 〈무영탑〉을 보고 가슴이 애절했다고 느낀 것도 이러한 이유와 연관될 것이다.[13] 연극 〈무영탑〉이 고협의 인기 레퍼토리로 부상하며 재공연된 것은 이러한 이유에서였을 것이다. 함세덕이 각색하고 유치진이 연출한 이 연극은 단연 극단 고협의 인기 레퍼토리로 자리를 잡았다. 현진건 원작의 흥미로운 서사에다가 함세덕의 세련된 극작술, 풍부한 신극 연출 경험을 가진 유치진의 연출력, 집단생활을 통해 잘 훈련된 연기 기량을 가진 극단 고협[14]의 연기진 등 여러 가지 요소들이 어우러진 결과였을 것이다.

〈무영탑〉 각색을 통해 대중적인 역사극의 서사문법을 체득한 함세덕은 〈무영탑〉의 서사를 변주하여 창작극 〈어밀레종〉을 쓰게 된다. 〈어밀레종〉[15]은 신라 혜공왕惠恭王 시대에 봉덕사 신종을 주조한 주종사鑄鐘師 미추홀彌鄒忽의 헌신적인 예술혼, 그리고 평민인 미추홀과 공주 시무나詩牟那와의 신분을 초월한 사랑이야기가 서사의 기본 틀을 형성하고 있다. 이러한 기본적 서사구조에서 〈어밀레종〉은 〈무영탑〉과 닮아있다. 〈어밀레종〉의 주플롯main plot은 미추홀이 갖은 난관을 이겨내고 신비로운 소리를 내는 봉덕사 신종을 완성한다는 이야기에 있다. 이 과정에서 많은 사람이 희생하고 헌신한다. 미추홀은 쇳물 증기에 노출되어서 눈이 멀기도

극작가 함세덕

하고, 이화녀는 자기 외딸을 신종을 위해 희생양으로 바친다. 백성들은 주종에 사용할 유기鍮器 헌납운동을 벌이기도 한다. 일본 의사 오노 히로토시小野博臣는 뛰어난 의술을 발휘하여 미추홀의 눈을 고쳐준다. 종을 만드는 데 부족한 구리는 일본의 규슈九州 다자이후太宰府 광산에서 실어오기도 한다. 성덕대왕聖德大王 영전에 신종을 바치기 위한 주종작업은 신라의 명운이 달려있는 국가적 대사업으로 인식된다. 일본도 신라의 동맹국으로서 이에 적극 협력한다. 즉, 미추홀의 주종작업은 개인적인 차원이 아니라 신라의 국가적 대업 그 자체이다. 그는 몇 차례의 실패 끝에 모든 역경을 이겨내고 신종을 완성하는 데 성공한다. 마침내 "신라 천년 푸른 하늘에 웅대, 장엄, 화평한 종소리"[16]가 울려 퍼진다.

신종神鐘의 주종이라는 국가 대사를 맡은 미추홀이 투철한 장인정신으로 결국 자기책임을 완수해내지만 여기에는 많은 난관이 존재한다. 신라의 주종기술을 신뢰하지 못하여 당나라의 주종사를 초빙해야 한다고 주장하는 신라 조정의 당 사대주의자들(김은거 등), 그리고 자기 딸을 희생양으로 바치기로 했다가 변심하고 미추홀을 원망하고 저주하는 이화녀와 같은 이기적 개인주의자들이 그러한 유형에 속한다. 그러나 사실상 미추홀의 과업을 방해하는 핵심적 난관은 당 황자皇子 범지范知이다. 신라 고유의 주종기술을 대표하는 미추홀을 강력하게 견제하는 세력은 바로 범지를 등에 업은 신라 조정의 사대주의자들이기 때문이다.

김은거: (섭정에게) **신라는 당나라의 번속국**藩屬國이오. 주공을 대국에서 초빙하는 것은 이 대업의 완성을 촉진할뿐더러 당 황제의 신애를 더 한층 사게 되는 것이오니 일석이조가 아니오?

만월부인: …….

미추홀: 섭정마마, 당나라 주공의 손으로는 선대왕께서 바라신 신비한 종소리는 절대로 못 낼 것이외다.

김은거: 무어랐다?

미추홀: 스승님도 당나라엔 20년 계셨고 소신도 여러 해 동안 아진阿眞이란 장안 제일의 명공에게 기술을 배웠습니다. 그러하오되 지금 이 공방의 설비는 조금도 당나라의 공방을 본뜬 것이 아니옵고, **주종하는 방법도 스승님과 저의 창안으로 된 것**입니다.

김은거: 다르긴 무엇이 달러?

미추홀: 시험 삼아 대조해보소서. 소리에 있어 당나라의 종은 그 지세처럼 황막하고 단조하고 또 외형도 선이 미적으로 되지 못합니다. 한 번 치면 화랑의 피를 끓게 할 웅장한 소리가 나고, 두 번 치면 성대에 만세를 부르는 백성의 평화한 노래 소리가 나고, 세 번 치면 어린애 잠을 재울 수 있는 부드러운 자장가 소리가 흔연히 섞여 나올 종을 족속이 다른 당나라 사람이 어떻게 만들겠습니까.

이 강렬한 열정적 사상에 시무나와 무라사키히메는 서로 감격하고 공명했다.[17]

　신종을 만들 주종사를 당나라에서 초빙해야 한다고 주장하는 사대파 김은거에 맞서 미추홀은 신라 고유의 독창적인 기술로 신종을 만들어야 한다고 반박한다. 그는 웅장하고 평화롭고 부드러운 신라의 종소리는 '족속族屬이 다른 당나라 사람'은 절대로 만들 수 없는 것이라고 단정한다. 그의 이러한 주장에는 당에 대한 사대주의를 비판하는 민족자주사상이 내포되어 있다. 이러한 장면은 분명 당대 관객들의 민족주의 감정에 호소할 만한 요소를 갖는다. 이는 본질적으로 민족의 자주성, 독립성, 주체성을 주장하는 담론인 데다가 당과 '번속국藩屬國' 신라의 관계가 교묘하게 제국일본과 식민지 조선의 관계를 연상하게 만들기 때문에 당시 식민지 관객의 민족감정을 자극할 만한 점이 충분히 있었을 것이다. 이러한 점에서 〈어밀레종〉은 당시 관객들이 약소민족의 설움을 지닌 신라인의 처지에 스스로를 동일시함으로써 당대 식민지 망국민의 설움을 되비쳐볼 수 있게 하고 있다. 함세덕이 "저항혁명가가 못 되는 옹졸한 나는 〈무영탑〉, 〈낙화암〉, 〈어밀레종〉 등의 낭만극으로 향수와 회고적인 민족감정에 호소하여 일제에 소극적이나마 반항"[18]하였다고 훗날 회고한 것도 이러한 맥락이었을 것이라 짐작된다.

　그러나 이러한 민족자주성과 사대주의의 대립구도에서 그 정점에 놓인 존재는 미추홀과 김은거가 아니고, 미추홀과 당 황자 범지라고 할 수 있다. 범지는 '번속국' 신라의 공주 시무나와 정혼한 인물로 그를 당나라로 데려가기 위해 신라에 머물고 있다. 더욱이 시무나가 미추홀을 사모함에 따라 시무나를 매개로 신라 주종사 미추홀과 당 황자 범지는 첨예한 갈등관계를 맺게 된다. 미추홀과 범지의 대결구도는 자연스레 당시 관객들로 하여금 식민지 조선과 '지나'(支那)와의 대립적 인식을 도출하도록 이끌어낸다. 그럼으로써 대對중국 전쟁을 벌이고 있는 제국일본의 시국인식과 부합하도록 만들고 있다.

더욱 흥미로운 것은 사대주의자에 대항하는 미추홀의 자주사상에 매혹되는 시무나와 무라사키히메의 반응이다. 그들은 미추홀의 '강렬한 열정적 사상'에 도취하여 "서로 감격하고 공명"한다. 신라 공주 시무나와 '대화국大和國'(일본의 옛 국명) 유학생 무라사키히메가 함께 미추홀의 자주사상에 '감격'하고 '공명'하는 것은 대중국 투쟁에 신라인과 일본인이 함께 힘을 합친 것이므로 내선일체內鮮一體를 상징하는 모습이라고 할 수 있다.[19] 조선과 일본이 손을 잡고 중국을 퇴락하고 열등한 존재로 배제하고 타자화하는 모습을 보여줌으로써 〈어밀레종〉은 국책연극國策演劇으로서의 자격을 완성하게 된다.

이 작품은 또한 주종사인 평민 미추홀과 공주 시무나의 신분을 초월한 사랑이야기라는 또 하나의 플롯sub plot을 갖고 있다. 공주와 평민의 현격한 신분 차이는 두 사람의 사랑에 커다란 난관으로 작용한다. 더욱이 시무나가 이미 당 황자 범지와 정혼이 되어있는 상태이므로 두 사람의 사랑 사이에는 매우 강력한 장애물이 가로막혀 있다. '미추홀-시무나-범지'라는 세 인물의 애정 삼각갈등 구도에 종주국 당과 번속국 신라와의 국교國交 갈등까지 개입되어 있는 것이다. 이러한 갈등구도는 관객을 보다 흥미롭게 만든다. 미추홀의 연적을 종주국의 황자皇子로 설정함으로써 두 연적 사이에 신분뿐만 아니라 국가관계에 있어서도 압도적 격차를 조성하게 되기 때문이다. 이에 따라 주인공 미추홀이 헤쳐 나가야 할 난관은 더욱 복잡해진다. 주인공들은 희생과 결단이라는 단호한 행동으로 엄청난 난관을 극복하려 한다. 시무나는 자신의 얼굴에 화상을 입힌다. 자신의 미모에 반한 범지를 떼어내기 위한 극단적 선택이자 자기희생이다. 사실 이는 자신의 가치를 훼손함으로써 범지를 떼어낼 뿐 아니라 왕족 신분인 자신이 자기 지위를 버리고 비천한 평민 미추홀에게 갈 수 있는 방법인 것이다. 이에 범지는 시무나를 포기하고 당나라로 돌아간다.

미추홀도 희생과 결단의 행동을 단행한다. 시무나의 흉한 얼굴을 보면 자신의 마음이 흔들릴까 봐 자신의 눈을 멀게 하는 것이다. 결국 두 사람은 화상火傷과 맹목盲目이라는 처절한 '상처傷處'를 통해 결합에 성공한다. 주인공이 처절한 희생과 상처를 감수하고 강력한 난관을 극복할 때 극의 전개는 흥미로워지고 관객의 긴장감suspense은 한껏 고조될 수밖에 없다. 〈어밀레종〉이 당대의 시국인식을 반영한 국책연극의 요소를 지니고 있음에도 불구하고 본질적으로 멜로드라마melodrama라는 평가를 받는 것은 바로 이러한 지점에 있는 것이다. 당시 평론가 오정민吳禎民은 연극 〈어밀레종〉에 대해 "주종과 인신공양에 관련하여 민간에 전래되어온 애화哀話를 취재한 것으로 작자가 그에 첨부하여 주종사와 신라 공주와의 지위를 초월한 '사랑'이 타니자키 준이치로谷崎潤一郞의 〈슌분쇼春琴抄〉식 결말에 도달한다는 일종의 '멜로드라마'적 오락성을 노린 것"[20]이라고 날카롭게 지적하였다. 이 극의 본질은 미추홀과 시무나가 자기희생적 자해행위를 통해 강력한 난관을 이겨내고 사랑의 결실을 이룬다는 멜로드라마적 구조라고 할 수 있다.

그동안에 미추홀은 사닥다리를 올라가 용광로 우에 섰다.

미추홀:　공주님, 저는 이대로 눈을 뜨지 않겠습니다. 그리하야 예전의 아름다운 공주님 얼굴을 가슴 속에 영원히 간직하겠습니다.

무라사키:　(당황해하며) 아, 안 됩니다. 그건 안 됩니다. 박사님은 나라의 큰일을 맡으신 몸이 아닙니까. 오래잖아 구리 실은 마차가 닿을 거예요. 한시 바삐 눈이 뜨셔서 종을 만드셔야 합니다.

미추홀:　걱정 마시오. 눈은 멀더라도 머릿속에 공방만은 환히 다 보이니 역사에는 조금도 지장이 없을 겁니다. (가마 상구上口에 얼굴을 내밀고 붕대를 풀려 한다)

시무나:　아, 안 됩니다.

무라사키:　안 됩니다.

(중략)

김옹: (대성질타하며) 취홀이 네가 미쳤느냐? 어쩌자고 눈을 또 가마에다 댄단 말이냐?

미추홀: 검교사님, 조금도 염려마시고 빨리 구리를 좀 뇌주십쇼. 눈은 다시 불편해졌지만은 그 대신 저는 이 펄펄 끓는 불꽃같은 정열과 용기를 얻었습니다. 오늘밤이야말로 이 가슴에 벅찬 감격으로 미추홀이 일생일대의 영예를 걸어 천만년 후세까지 남을 신종을 만들어 놓겠습니다.[21]

　미추홀은 시무나가 자기 얼굴에 스스로 화상을 입혀 흉한 외모를 갖게 되었다는 것을 알고 시무나의 아름다운 얼굴을 영원히 간직하기 위해 자기 눈을 멀게 한다. 시무나와 미추홀, 두 사람의 연이은 자해행위는 신분을 초월하는 그들의 사랑이 얼마나 지극한 것인가를 잘 보여준다. 〈어밀레종〉이 당대 관객으로부터 지지를 받은 것은 이러한 감동적인 사랑이야기가 내재되어 있기 때문이다. 이 극 속에 나타난 처절한 자기희생과 극복의 연애담은 매우 자연스럽고 감동적으로 표현되어 있다. 따라서 이를 두고 '통속적 오락성'이라고 비판하는 것은 별로 실효성이 없어 보인다. 문제는 처참한 상처투성이의 결합을 이룬 두 사람이 가고자 하는 길이 무엇이냐 하는 것이다.

미추홀: 용서를 해주신대두 신라 천지에 갈 데가 있겠습니까. 바다 한가운

데 있다는 우산국于山國으로나, 그렇지 않으면 아주 **바다를 건너 야마토大和로 갈까 합니다.**

시무나:　야마토로요?

미추홀:　네, 일본 천황께선 조금도 민족적으로 차별하거나 그러시지 않는 다 합니다. 오히려 미치노쿠노쿠니陸奧ノ國라는 넓은 땅에다 여기 서 건너간 사람들을 위해서 부락까지 건설해주셨다 합니다. 그뿐 아니라 전답과 벼씨를 내리시고 앞으로 20년간 세금을 면제해주 셔서 평화 찬 생활을 하게 하신답니다.

시무나:　**(먼- 미지의 나라에 대한 동경**에 싸이어) 미치노쿠노쿠니, 미치노 쿠노쿠니……. (조용히 노래로 변한다)[22]

　신종의 대업을 완수한 공으로 두 사람의 신분을 일탈한 사랑은 왕의 용서를 받는다. 시무나는 평민이 되어 미추홀과 함께 살고 싶다는 소원을 혜공왕에게 청하고 허락을 받는다. 그러나 미추홀 이 가서 살고 싶어 하는 곳은 의외로 '야마토大和'의 미치노쿠노 쿠니陸奧ノ國라는 곳이다. 시무나는 "먼- 미지의 나라에 대한 동 경"에 싸여 "천황의 세상이 영원히 번창하라고 동쪽에 있는 / 미 치노쿠야마陸奧山의 집안에 황금 꽃이 피었네."라는 노래를 부르 면서 자신도 미추홀과 함께 미치노쿠노쿠니로 가겠다고 말한다. 미추홀에게 있어 대화국은 "까다로운 제도가 없고 귀찮은 속박이 없는" 곳으로 이상화되어 있다. 제국일본에 대한 찬양이 이보다 더 극치에 이를 수는 없을 것이다.

이 극에서 신라와 대화국은 매우 긴밀한 동맹국으로 묘사되어 있다. 신라의 신종 대업을 위해 대화국은 협력을 아끼지 않으며, 신라와 대화국 사이의 인적 교류도 활발하다. 시무나의 절친한 친구인 무라사키히메는 대화국에서 신라로 파견된 유학생이며, 대화의 명의名醫 오노히로토시는 경주慶州에서 병원을 개업하던 중 쇳물에 시력을 잃은 미추홀을 치료해준다. 역사적으로 실재했다고 보기 어려운 허구적 고대역사이야기를 창안해서 억지로 내선일체 담론과 연결시키고 있는 것이다. 이것은 분명 〈어밀레종〉이 가진 치명적 결함이다. 신라와 대화국의 동맹과 대립하여 당나라를 적대적으로 묘사한 것도 마찬가지다. 이는 앞에서 지적한 바와 같이 중국을 타자화함으로써 신라 자신을 제국주체로 구성하고자 하는 왜곡된 욕망에서 비롯된 것이다.

이러한 욕망은 중일전쟁이라는 당대의 시국이 반영된 것으로 보아야 한다. 그러나 이러한 중국의 타자화에 대한 욕망은 단지 중일전쟁으로 인해 비롯된 것만은 아니다. 이는 기원을 거슬러 올라가면 시라토리 쿠라키치白鳥庫吉와 같은 일본 동양사학자들에 의해 메이지시대에 창출된 동양학 담론에서 시작된 것이며, 그 이후에도 오랫동안 강력한 영향력을 행사해온 담론이기 때문이다.[23] 그리고 이러한 동양학 담론은 제국일본의 국민뿐만 아니라 식민지 조선의 지식인에게도 식민교육을 통해 내면화되어 있는 것이라 할 수 있다. 따라서 〈무영탑〉이나 〈어밀레종〉에 내포된 중국의 '지나화'라는 담론은 강압적 분위기에 의해 표출된 것이

라기보다는 식민지 조선의 극작가들에 의
해 의식적, 또는 무의식적으로 발현된 것이
라고 보는 것이 맞을 것이다. 극작가들은
이러한 극작을 통해 민족주의와 식민주의
라는 두 마리 토끼를 잡을 수 있었다. 다시
말해, 중국을 타자화하는 것은 자민족에 대
한 우월감 고취와 과거의 중국 예속에 대한

〈왕자 호동〉의 작가 이태준

보상심리로 작용하여 식민지 조선인들에게 민족의식을 고취시킬
수 있는 수단이 될 수 있다. 동시에 제국일본의 대중국 투쟁이라
는 국책에 부합함으로써 식민주의에도 영합할 수 있는 양날의 검
劍이 될 수도 있다.

　이태준李泰俊의 소설을 극작가 박영호朴英鎬가 각색하여 극단 아
랑이 1943년과 1944년에 걸쳐 공연한 연극 〈왕자 호동〉도 고대
사를 소재로 다룬 이 시기의 인기 있는 역사극에 해당한다. 이 작
품 역시 낙랑樂浪의 보물인 '자명고自鳴鼓'를 둘러싸고 빚어지는
고구려의 낙랑 정복전쟁, 그리고 고구려 왕자 호동好童과 낙랑 공
주와의 비극적 연애이야기를 다루고 있다. 실제 역사의 소재와
설화적 요소가 혼효된 작품이라 할 수 있다. 연극 〈왕자 호동〉의
경우 오늘날 대본이 남아있지 않기 때문에 연극의 구체적 내용은
알기 어렵다. 1942년 12월 22일부터 1943년 6월 16일까지 『매
일신보』에 연재되었던 이태준의 소설 〈왕자 호동〉을 통해 그 내
용을 짐작하는 도리밖에 없다. 그런데, 여기서 흥미로운 지점은

두 가지 지점에 있다. 첫째, 애정갈등의 난관을 지닌 주인공의 처절한 사랑이야기를 공통적 서사구도로 삼고 있다는 점이다. 이러한 서사는 〈무영탑〉, 〈어밀레종〉, 〈왕자 호동〉에 공통적으로 나타나고 있다. 〈무영탑〉, 〈어밀레종〉의 주인공들에게는 신분의 격차(아사달-주만, 미추홀-시무나)가 존재한다면, 〈왕자 호동〉에서는 호동과 낙랑 공주의 사랑 앞에 놓인 국가적 갈등이라는 간극이 놓여 있다. 두 번째, 세 작품 모두 주인공의 궁극적인 적대자antagonist는 '중국'이라는 사실이다. 〈무영탑〉과 〈어밀레종〉은 재론할 필요가 없을 것이다. 〈왕자 호동〉의 경우는 어떠한가. 이 작품도 마찬가지로 호동의 나라 고구려를 중심에 놓고 서술을 전개하면서 그 적대국 낙랑을 대척점에 세우고 있다. 작품의 내용을 살펴보자.

"왜 이까짓 것을 못 칩니까?"

다시 묻는다.

"낙랑은 부여와는 다르다."

"부여보다 강합니까?"

"너 낙랑을 나라로 아느냐?"

"나라가 아니면 무엇이옵니까?"

"지금 최리라는 자가 거의 왕 노릇을 하지만 낙랑 뒤에는 낙랑 수십 배나 큰 임자가 따로 있는 거다."

"오! 한漢 말씀이오니까."

"그렇다. 낙랑은 워낙 현도 따위처럼 한의 한 고을로 정해져 있는 거란다."

"한이란, 부여나 고구려나 예맥이나 신라나 백제 같은 우리들과는 아주 다른 족속이 아니오리까?"

"그렇다."[24]

고구려의 대무신왕大武神王이 그의 아들 호동과 함께 적국 낙랑에 대해 논의하는 장면이다. 여기에서 중요한 점은 낙랑을 한漢나라의 위성국으로 규정하고 있다는 점이다. 고구려 대무신왕과 왕자 호동이 낙랑을 치고자 하는 중요한 이유는 그것이 중국의 위성국이라는 사실에 있다. 즉, 낙랑을 치는 것은 한나라(중국)를 치는 것이 된다. 그러기에 호동에게 있어서 그것은 자기가 사랑하는 연인의 나라를 치는 행위이지만 죄의식이 있을 수 없다. 호동이 낙랑을 지키는 자명고를 파괴할 것을 낙랑 공주에게 요구함으로써 공주는 조국을 배신한 여인이 되고, 그 때문에 아버지에게 죽임을 당한다. 결과적으로 호동은 사랑을 배신한 것이 되지만 그 행위 자체에는 부끄러움이 없다. 민족의 적인 한나라의 세력을 이 땅에서 몰아내기 위한 불가피한 희생적 행위로 정당화되는 것이다.

이태준의 텍스트에 가깝게 공연되었다고 전제할 때, 이와 같은 지점은 연극 〈왕자 호동〉이 당대 관객들로 하여금 민족주의적 공감을 이끌어 내기에 충분한 대목이다. 특히 호동이 "한이란, 부여나 고구려나 예맥이나 신라나 백제 같은 우리들과는 아주 다른 족속이 아니오리까?"라고 말하는 발언 속에는 '부여, 고구려, 예맥, 신라, 백제'라는 한반도와 만주 지역의 고대국가들을 이민족 '한나라'(낙랑)와 대립항으로 설정함으로써 민족이라는 이름으로 통합하고 있는 것이다. 물론 이러한 민족통합의 담론은 민족주의 라는 현재의 관점을 고대국가 이야기에 투사시킨 것이다. 그런데, 이러한 민족통합의 담론을 구성하기 위해 그 대립항으로 중국(지나)을 설정했다는 것은 흥미로운 대목이다. 태평양전쟁을 치르고 있던 당시의 국제정세를 감안하면, 이 작품에서 고구려는 '신흥 국가 일본'을 상징하며, 그 적국인 한漢은 '미영귀축米英鬼畜'을 함 의한다고 해석할 수도 있다.[25] 그러나 여기에서 더 중요한 의미를 갖는 것은 식민지 말기의 극장에서 고대국가 이야기를 통해 중국 을 '지나화'(타자화)하려는 시도는 중일전쟁이 발발한 무렵뿐만 아 니라 태평양전쟁이 끝나갈 때까지 여전히 지속하고 있었다는 점 일 것이다.

'이조李朝'이야기: 수치스러운 민족사의 원망

일제 말기 식민지 역사극에서 일반적으로 고대사 이야기가 과 거 민족이야기에 대한 향수로 작용한 것이었다고 한다면, '이조' 이야기는 대개 수치스러운 민족이야기로서 원망怨望과 회한悔恨 의 대상이 되는 경향이 있었다. 다시 말해, 고대사 이야기가 상 대적으로 긍정적인 민족이야기의 측면을 갖는다고 한다면, '이조'이야기는 대개 부정적인 민족이야기의 특징을 갖는 경향이 있다. 이 시기 역사극의 두 가지 부류인 고대사 이야기와 '이조'이야기가 모두 식민주의와 민족주의라는 양가성ambivalence을 내포하고 있는 것은 분명하다.[26] 그러나 이를 다시 섬세하게 구별하자면 '고대사 이야기-긍정적 민족이야기', '이조이야기-부정적 민족이야기'로 나뉜다는 점을 알 수 있다. 1930년대 후반 이후부터 1945년 8월까지 공연된 역사극 가운데 장혁주의 〈춘향전〉(도쿄 신쿄극단, 1938), 송영의 〈김옥균전〉(호화선, 1940), 김건의 〈김옥균전〉(청춘좌, 1940), 송영의 〈김삿갓〉(조선무대, 1940 / 조선악극단, 1944), 임선규의 〈동학당〉(아랑, 1941), 송영의 〈신사임당〉(청춘좌, 1945), 박영호의 〈김옥균의 사〉(성군, 1945) 등이 이른바 '이조'이야기를 다룬 것들에 속하는데, 이 작품들은 대개 부정적인 민족이야기의 특징을 갖고 있다는 공통점을 지닌다. 그렇다면, 왜 이 시기의 역사극은 '이조'이야기를 그토록 수치스러운 민족이야기로 묘사했을까? 그리고 그 양상은 어떻게 나타났을까?

수치스러운 '이조' 이야기의 전조는 장혁주張赫宙의 희곡 〈춘향전〉에서 나타난다. 이 작품은 일본의 극단 신쿄新協가 일본 문단에서 활동하고 있는 장혁주에게 〈춘향전〉의 각색을 의뢰하여 쓰게 된 것이다. 신쿄의 연출가 무라야마 토모요시村山知義는 1937년에 동경학생예술좌가 쓰키지소극장築地小劇場에서 유치진 각색의 연극 〈춘향전〉을 상연한 것을 보고 일본어 연극 〈춘향전〉을 준비하게 된다. 무라야마가 연극 〈춘향전〉을 공연하려고 한 것은 조선 문화를 일본에 소개하기 위한 것이며, 〈춘향전〉을 선택한 것은 그것이 조선의 대표적인 고전물이기 때문이었다. 그러나 실은 신쿄가 〈춘향전〉을 상연한 것은 좌익 성향의 연출가 스키모토 료키치杉本良吉가 연인인 여배우 오카다 요시코岡田嘉子와 함께 북해도에서 소련 국경으로 월경한 사건[27]으로 인해 극단 신쿄가 어려운 입장에 몰리게 되자 국면전환용('보호색적保護色的')으로 기획한 의도가 크다.[28] 무라야마는 1932년 〈아귀도餓鬼道〉로 개조改造 문학상을 수상하며 일본 문단에 등장한 소설가 장혁주에게 〈춘향전〉의 일본어 대본 창작을 부탁하였고, 다시 유치진에게 수정, 보완을 의뢰하여 대본의 완성도를 높일 수 있도록 하였다.[29] 그리고 연극 상연의 준비과정에서 그는 조연출 안영일安英一을 비롯해 민속학자 송석하宋錫夏, 조선성악연구회, 극예술연구회 등으로부터 민속자료, 무대, 의상 고증 등에 대한 도움을 받았다.[30] 무라야마는 일본인 배우가 일본어로 연기하는 연극 〈춘향전〉을 일본 고전물과 같은 인상을 주기 위해 판소리 대신에 가부키歌舞技 형식을 접목시키고, 이몽룡 역에 남자배우 대신 여배우를 캐스팅하는 새로운 시도를 기획하였다. 그의 이러한 시도는 1938년 봄에 도쿄, 오사카, 교토 등지에서 상연하면서 긍정적인 반향을 불러 일으켰다. 특히 도쿄 공연은 1938년 3월 23일부터 4월 14일까지 쓰키지소극장에서 무려 3주간이나 상연을 지속하는 열띤 호응을 얻었다.

이에 힘을 얻은 무라야마는 1938년 10월 일본어 연극 〈춘향

무라야마 토모요시(좌),
장혁주(우)

전〉의 조선 상연을 감행하게 된다. 10월 말 경성을 시작으로 하
여 11월 초까지 평양, 대전, 전주, 군산, 대구, 부산 등을 돌며 순
회 공연하였다.[31] 그러나 무라야마의 기대와 달리 극단 신쿄의
〈춘향전〉에 대한 조선 문화계, 연극계의 지식인과 비평가들의 반
응은 대체로 싸늘한 편이었다. 왜 그들의 반응은 차가웠을까. 첫
째, 〈춘향전〉은 조선의 문화적 정체성을 대표하는 고전작품이라
는 점이다. 일본 극단이 일본어로 각색하여 한국민족문화의 상징
인 〈춘향전〉을 공연한다는 점에 대해 '체면'의 손상과 더불어 묘
한 '불쾌감'을 느끼게 된 것이다. 더욱이 춘향전 이야기에 가부
키의 양식을 접목시키고, 이몽룡 역에 여배우를 출연시키는 신쿄
의 연극적 시도가 조선의 문학 정전正典을 훼손하고 조선인의 문
화적 자존심을 상하게 만들었다고 본 것이다. 문학평론가 이원조
李源朝에 따르면, 어떤 이는 신쿄의 〈춘향전〉 상연을 안타깝게 바
라보며 "춘향의 개가改嫁"라는 표현을 썼는데, 이는 우리의 문화

적 영혼인 춘향전이 일본으로 팔려가는 것처럼 생각하는 태도라고 볼 수 있다.[32] 평론가 가금량賈金良은 〈춘향전〉의 각색, 제작(영화)을 일본인의 손에 맡기는 것이 "조선 문화인의 면목으로 보아 좀 창피스러운 일"[33]이라고 직설적으로 반감을 드러냈다. 다른 이들은 〈춘향전〉의 문화적 대표성을 강조하면서 우회적으로 불쾌감을 표현하였다. "〈춘향전〉이라는 고전을 건드렸다는 것이 일반의 주목을 이끄는 원인"[34]이라는 이해경李海卿의 지적도 완곡한 것이지만 외국극단이 자국의 대표적 고전물을 함부로 다뤘다는 데 대한 불쾌감을 은근히 드러낸 것이라 할 수 있다.

둘째, 〈춘향전〉을 지나치게 단순화했다는 점이다. 신쿄의 공연에 대해 우호적인 입장을 보였던 유치진마저 장혁주의 각색은 너무 단조로워서 〈춘향전〉에 대한 관객의 일반적인 기대감을 전혀 충족시키지 못했다고 말했다.[35] 동경학생예술좌 출신 윤형련尹瀅鍊은 신쿄의 공연을 보고 "가장 큰 불만은 〈춘향전〉의 내용을 빈약하게 취급한" 것이라고 지적했다.[36] 〈춘향전〉의 단순화는 물론 조선 문화에 대한 불충분한 이해, 또는 몰이해에서 비롯되는 것인데, 민족의 보물인 〈춘향전〉을 빈약하고 초라하게 만든 점이 조선의 지식인, 비평가들을 불쾌하게 만든 원인이 되었던 것이다. 셋째, 〈춘향전〉의 번역불가능성을 인식했기 때문이다. 유치진과 윤형련 모두 문화적 맥락의 차이 때문에 〈춘향전〉은 외국어(일본어)로 번역하여 이해되기에 어렵다는 점을 지적하였다. 애초부터 번역 불가능한 것을 번역, 상연함으로써 조선의 문화적 자존심이 손상되었다는 데 대한 불만이 있었던 것이다. 그것은 왜 그럴까. 장혁주 각색 〈춘향전〉의 다음과 같은 대목을 보면 짐작할 수 있다.

사또: (낮은 소리로) 이방. 오십 냥도 낼 수 없다고 하느냐?

이방: 도저히 자기는 낼 수 없다고 합니다.

사또: (목소리를 높여) 여봐라, 여봐라.

제1죄인: 예

사또: 이것이 마지막이다. 알았느냐? 나의 명령대로 하면 된다. 그렇지 않으면 내일은 참수하겠다. 멍청한 놈. 잘 들어라. 몇 번을 말해도 못 알아듣는 놈이군. 내가 명한 대로 돈을 지참하면 너의 목숨은 건질 수 있을 뿐 아니라 싸운 상대에게서 소 값을 전부 받아준다고 하지 않느냐. 네가 손해 보는 일은 없을 텐데. 어떠냐? 알겠느냐?

제1죄인: 예. 모. 모르겠습니다.

사령: (죄인을 쿡쿡 찌르며 낮은 소리로) 어이. 너처럼 못 알아듣는 놈은 없다. 알겠습니다 하고 아뢰두면 되잖아. 반드시 50냥 전부라고는 하지 않아. 30냥이나 40냥이나 준비할 수 있는 만큼 가지고 오면 되는 거야.

제1죄인: 아무리 그래도 마찬가지다. 나는 50냥은커녕 단 닷 푼도 낼 수 없다. 먼저 사또였다면 이런 일은…….

사령: 쉿.

사또:	뭐라고 하는 거냐?

사령:	아무리해도 안 되겠다고 합니다.

사또:	음. 형리. 그놈을 지하 감옥에 처넣어라. 내일은 참수시켜라. 그놈
	대신에 그놈의 자식과 부모형제는 물론이고 연고 있는 자는 모조
	리 끌고 와 가두어라.

제1죄인:	그 그것만은 그 그것만은…….

사또:	닥쳐라. 관의 명령에 거스르니까 안 되는 것이다.

제1죄인:	그럼 30냥으로 감해주십시오. 30냥 정도는 어떻게 할 수 있을 것
	같습니다.

사또:	안 된다. 한 푼도 감할 수 없다.

제1죄인:	그건 너무 하십니다. 너무 해요.

형리:	쉿. 조용히 해. 잠자코 있어. (낮은 목소리로) 나중에 잘 부탁해둘 테
	니까 우리에게도 조금씩 가져 올 테냐?

제1죄인:	(끌려가면서) 예. 이제 이렇게 된 이상, 재산도 아무 것도 필요 없다.
	뭐든 있는 대로 전부 가지고 오겠다.

제1죄인과 사령 나간다.

제2죄인 나타난다.

사또:	네 죄는 무엇이냐?

제2죄인:	모릅니다. 어제 막 붙들려 와서.

사또:	아아 그래? 잘 생각해봐라. 네 죄를 알게 될 테니.[37]

일본극단 신쿄의 〈춘향전〉 공연

일본 신쿄극단은 사할린에서 단원 스기모토 료키치가 소련으로 망명한 사건(1938. 1. 3) 직후인
1938년 3월 23일 쓰키지소극장에서 무라야마 토모요시 연출로 〈춘향전〉을 공연하였다.

이는 변학도의 탐욕과 횡포를 보여주는 동헌東軒 장면인데, 유치진 각색 〈춘향전〉을 비롯해 동시대 다른 〈춘향전〉의 같은 장면과 비교해 볼 때 상대적으로 장면의 분량이 길고 내용이 과장되게 묘사되고 있다. 변학도에게 강제로 돈을 빼앗기는 죄인들이 연달아 3명이 등장하는 이 장면은 장혁주 자신이 '이조' 사회의 부패상을 강조하는 것이 〈춘향전〉의 "근대문학적 요소"라고 판단하여 스스로 덧붙인 부분이다.[38] 이러한 왜곡, 과장된 묘사가 특히 외국인 극단에 의해 상연되고, 외국인 관객의 눈앞에서 펼쳐진다는 것은 자국의 대표적인 고전작품에 애착심을 가진 사람에게는 충분히 불쾌감을 불러일으킬 수 있는 일이 되는 것이다. 신쿄의 도쿄 공연을 지켜보고 비평을 쓴 유치진과 윤형련이 똑같이 이 장면에 대해 불만을 표시했다는 점은 단순한 우연이 아닐 것이다.

유치진은 이 장면에 대해 "사또 변학도가 수인囚人을 취조하는 데도 사또로서 너무도 자기직책을 무시한 소리가 많다. 즉 사또가 백성의 돈을 먹으려는 데도 좀 더 완곡한 고문을 해야지 하인 소시하下人所視下에 다짜고짜로 금액에 대한 흥정은 붙이는 법이 아니라는 것"을 지적하면서 이는 "우리가 우리 과거에 대해 무식한 탓"이라며 고증의 중요성을 강조하였다.[39] 표면적으로는 '고증考證'의 중요함을 말했지만, 내면적으로는 장혁주 각색에 나타난 왜곡된 역사 인식을 지적한 것이라 할 수 있다. 윤형련의 반응도 마찬가지다. 그는 장혁주가 변학도를 선천적 악인으로 형상화한 것은 잘못이라면서 〈춘향전〉에 나타난 지방관리의 부패는 당시 사회의 구조적 문제에서 비롯된 것이라고 장황하게 설명하였다.[40] 이는 표면적으로는 변학도의 인물 형상화의 오류를 지적한 것이지만 실질적으로는 그러한 변학도의 인물 형상화가 관극을 하는 조선인 관객의 심기를 불편하게 만들었음을 단적으로 보여주는 것이라 할 수 있다.

그뿐 아니라 〈춘향전〉의 판소리 양식 대신 일본의 가부키 양식을 접합시킨 점, 남자주인공 이몽룡의 배역을 여자배우를 사용한 점도 조선 관객의 심기를 건드린 요소가 되었다. 판소리를 가부키로 대체한 〈춘향전〉의 장면을 보고 아마도 "춘향의 개가"라는 감각이 발생했을 가능성이 있다. 또 이몽룡의 배역에 일본 여배우 아카키 난코赤木蘭子를 남장男裝을 시켜 출연하게 했는데, 이러한 연극적 시도가 어떤 점에서 비롯되었는지 정확하게 알 수 없지만 조선인 관객의 민족 자존심을 상하게 만들 수 있는 것이었다. 그렇다면, 왜 무라야마는 다른 남성인물과 달리 이몽룡 배역에 여배우를 썼을까. 아마도 일본 관객들이 지닌 시선을 의식했을 가능성이 있다. 제국의 관객들이 〈춘향전〉을 보는 시선은 어떠했을까. 아마도 '우월한' 제국 국민의 호기심어린 시선으로 식민지 고전물이 지닌 이국취미를 즐기는 오리엔탈리스트의 입장이었을 터이다. 그러한 그들에게 식민지 고전물의 인물 형상들은 나약한 '여성'이거나 무지몽매한 '어린아이'의 이미지로 비치는 것이 더 편하고 자연스러웠을 것이다. 반면 부패한 탐관오리를 척결, 응징하는 강한 남성상을 표상하는 식민지 남성인물 형상을 남성배우가 연기하는 것을 대하는 것은 그들의 오리엔탈리스트적 감각에는 거북한 느낌을 주었을 것이다. 일본 관객의 이러한 거북함(비난)을 피해야 했던 무라야마는 '부드럽고 연약한' 식민지 남성상을 표현하려고 일부러 이몽룡 역을 여배우에게 맡겼을 것으로 보인다. 조선 공연에서는 조선인 관객을 의식하여 이몽룡 배역을 다시 남자배우(다키자와 오사무)에게 맡긴 것을 보면, 관객이 누구냐에 따라 배우의 성별을 달리하는 연출적 판단을 했다는 것을 알 수 있다.

일본인이 아이누를 대하는 태도를 보면 마찬가지라는 점을 알 수 있다. 일본의 문학가나 학자들이 아이누를 표상할 때, 아이누의 목소리를 대변하는 인물, 아이누의 정보 제공자는 언제나 '여성'으로 표현되었다.[41] 제국의 관점에서 멸망한 종족 아이누를 애수 어린 시선으로 바라볼 때 아이누의 표상은 강한 남성보다는 연약한 여성이어야 적절하다고 보았기 때문이다. 〈춘향전〉 일본 공연에서 이몽룡 배역을 여배우가 연기한 것은 이러한 맥락이었던 것이다. 망국민의 애수어린 이미지는 남성보다는 여성적 이미지가 더 어울린다고 보았을 것이다.

문제는 공연에만 있는 것이 아니라 장혁주가 쓴 희곡에 근본적으로 깔려있는 자기 주변화self-Orientalizing의 모순이다. 그러나 부패한 나라, '이조李朝'를 표상하는 이러한 자기-오리엔탈리즘적 시선이 장혁주의 희곡에만 국한된 것은 아니다. 동시대의 다른 극작가들이 '이조'를 재현하는 방식도 사실 장혁주의 것과 크게 다르지 않다. 자기 민족, 자기 역사를 스스로 주변화하는 경향이 나타나는 것은 마찬가지다.

박: 기어코 왔구나.

영: 이 소식을 들은 서울 장안은 벌집을 쑤신 것 같이 야단이랍니다. 오랫동안 드높은 담장 안에서 **주지육림**酒池肉林**에 파묻혀 뇌물**賂物**과 매관매직**賣官賣職**으로 세월을 보내던 정부 벼슬아치들**이 백성들의 진정한 고함을 듣고 모두 기절해서 넘어졌을 겁니다. 그러나 놈들은 진실로 반성함이 없고 본질인 야수성을 발휘하여 청국으로 일본으로 구원병을 청해다가 그 병정들의 힘으로 우리 도탄에 빠졌던 백성들을 또 한 번 짓밟아보려는 계획을 세웠다고 합니다. (중략) 이 **독악한 탐관오리배**貪官汚吏輩**들**의 행동을 보십쇼.

일동: 응! (이를 간다)

영: 이놈들은 그래도 부족해서 외국군 군대의 힘으로 가난한 우리 동포들을 노략질해서 살찔 계획을 꾸미고 있습니다.

일동: 응!

박: 그러니 어떻게 하면 좋단 말이냐?

영: 우리의 갈 길은 둘뿐입니다. 하나는 개나 돼지가 되는 길, 또 하나는 사람이 되는 길 이 둘 뿐입니다.[42] — ① 〈동학당〉

성삼: 저것 봐라. 단순아, **저 불길은 관가에 붙은 불이다. 아마 조금 있으**

면 몽땅 재가 될 거다.

단순: 어찌된 일이냐? 불이 왜 났어?

성삼: 내가 질렀다.

단순: 뭐?

성삼: 우리 아버지가 잡혀 가시자마자 맞아서 돌아가셨다. (단순 놀란다) 단순아, 난 정말 참을 수가 없어서, 정말 분해 못 견디어서, 생각다 못해서 그냥 꽉 질러버렸다.

단순: 뒷일은 어떡하니? 정말 큰일났고나.

성삼: 이 고장을 떠나 버리면 그만이지.

단순: 여길 떠나다니?

성삼: 그럼 앉아서 죽으란 말이냐? (침통하게) 단순아, 너와는 이게 마지막이다. 나는 이제부터 땅두더지가 되겠다. …… 그러나, 나는 그냥 있지 않는다.

단순: (울듯이 된다)

성삼: 단순아, 너는 너대로 그냥 잘 있어라. 아버지의 목숨 하나 구하지 못한 내가 어떻게 너 같은 처녀와 양주가 되겠니? 그렇지 않니? 이 세상이 바로 잡혀서 우리 같은 것들도 고개 쳐들고 살게 되기 전에는 나는……. (주먹으로 눈물을 씻는다) 자, 난 간다. 단순아 잘 있거라.

(중략)

김삿갓: **아-하, 이런 세상이 언제나 망하나-.**[43] ― ② 〈김삿갓〉

①은 임선규의 〈동학당〉의 한 장면이다. 동학도들이 모여 "주지육림酒池肉林에 파묻혀 뇌물賂物과 매관매직賣官賣職으로 세월을 보내든 정부 벼슬아치들"과 "독악한 탐관오리배貪官汚吏輩들"이 판치는 현실을 비판하며, 세상을 뒤집어엎어야 함을 주장하는 대목이다. 이는 ② 송영의 〈김삿갓〉에서도 비슷하게 나타난다. 〈김삿갓〉에서도 성삼은 아버지가 관가에서 억울하게 끌려가 매를 맞아 죽자 반항심에 관가에 불을 지르고 만다. 이를 지켜보는 김삿갓은 "아-하, 이런 세상이 언제나 망하나-."라고 부패한 현실을 개탄한다. '이조'이야기를 소재로 한 일제 말기의 역사극에 그려진 조선 사회는 이렇듯 양반계층의 횡포와 탐학, 탐관오리의 부정부패, 백성들의 무지와 게으름, 처참한 빈곤이 판을 치는 세상으로 나타난다. 김삿갓의 말대로 '이조'는 빨리 망하기를 바라는 원망과 저주, 그리고 한탄의 대상으로 그려져 있다. 이러한 '이조'인식은 물론 현재의 눈으로 과거 '이조'의 역사를 투사했기 때문이다. 일제의 식민지로 몰락한 조선(또는 대한제국)의 입장을 일제의 제국주의적 침탈 야욕에 책임을 묻기보다는 '이조'가 무능하고 부패했기 때문에 남의 나라 식민지가 될 수밖에 없었다는 원망과 자탄의 역사인식이 식민지 조선인들을 지배했고, 극작가들은 이러한 당대의 식민사관을 조선시대로 투사하여 '이조'이야기를 창출해냈던 것이다.

이러한 '이조'인식은 어디에서 기원하였을까. 조선미술사의 경우를 통해 반추해보자. 세키노 타다시關野貞는 최초로 조선미술사를 다룬 논문 「한국의 예술적 유물」(1904)에서 신라부터 고려까지 불교미술이 성행했지만, 조선시대에는 폐불, 폐사, 환속 등이 이어지면서 불교의 쇠퇴와 함께 불교미술도 퇴보했다고 보았다. 그리고 조선의 근대는 정치가 부패하여 국가도, 지방도, 인민도 피폐하여 유교적 미술로는 별로 볼 것이 없다고 단정하였다.[44] 그뿐만 아니다. 1916년에 제정된 '고적 및 유물보관규제'와 '고적조사위원회규정'에 의해 일본 고적조사위원회가 발행한 보고서에는 통일신라 이전의 고전, 고대의 조선만을 중시하고, 조선 이후의 미술은 경시하였다. 1912년에 발행된 『이왕가박물관소장품사진전』의 소개문에서도 마찬가지로 신라 미술의 '전무후무한 정화a most remarkable development'와 이조시대 예술의 '쇠퇴decline'라는 세키노 이래 일본이 규정한 조선미술사 담론방식이 반복되고 있다.[45]

이러한 일본의 조선미술사 인식은 물론 중국과 연관성이 있다. 페놀로사Ernest Fenollosa와 오카쿠라 덴신岡倉天心에 의해 이른바 일본미술사 담론방식이 구성되는데, 일본의 미술사가 동양미술을 대표하는 것으로 성립되기 위해서는 '조선미술'죽이기가 필요했다. 그러기 위해서는 조선(미술)의 쇠퇴담론을 구성해야 했는데, 이것은 고려 말 이래 조선('이조')이 유교를 받아들이며 중국화(지나화)되면서 몰락하기 시작했다는 조선사 쇠퇴담론의 발명인 것이다. 즉, 조선사 쇠퇴담론의 핵심은 '이조'의 '지나화'에 있는 것이다. '지나화'(중국화)란 몰락, 쇠퇴, 전근대, 미개, 저개발의 상징이었던 것이다. 이렇게 근대 일본은 중국을 타자화하는 것을 통해 일본의 근대성 담론을 창출했고, 그러한 담론구성 안에 조선에 관한 이야기를 종속시켰다.

이러한 '이조'인식은 단지 조선미술사에만 국한되는 것이 아니다. 문학, 역사, 사상, 사회, 교육 등 전반에 걸쳐 식민지 기간 내내 널리 유포되어 있었던 것이다. 그리고 이러한 조선사 쇠퇴담론이 식민지 지식인은 물론 역사극 작가들에게도 내면화되어 있었다. 그들이 고대사 이야기는 마치 신라 미술품처럼 민족의 자랑으로 여긴 반면 '이조'이야기는 쇠퇴한 조선의 불교미술처럼 민족의 수치로 치부해버린 것이다. 1930년대 후반부터 1945년 8월까지 우리 역사극에 나타난 고대사 이야기와 '이조'이야기는 이러한 점을 재확인시켜주고 있다.

2

극장,
젠더를 말하다

식민지 여배우와 스캔들

토월회土月會의 여배우들과 스캔들의 젠더정치

근대 동아시아에서 여배우라는 것

근대 이전 동아시아에서 전통적으로 예인藝人은 천시되었다. 특히 연희나 유랑연예에 종사하는 예인에 대한 멸시는 극심하였다. 일본에서는 에도江戶시대에 유랑연예인이나 지방순회 예능인들을 가리켜 강가에 사는 거지라는 뜻을 가진 '카와라코지키河源乞食'라고 불렀다. 예인을 걸인乞人으로 취급할 만큼 예인에 대한 차별이 심했다는 것을 알 수 있다. 한국에서 가면극이나 인형극을 공연하는 신극 이전의 배우를 통칭해서 '광대廣大'라고 불렀는데, 광대 역시 멸시의 대상이 되었다. 이들은 왕실 궁전이나 양반 집에 초청을 받아 가무극歌舞劇을 공연하며 생계를 꾸려나가다가 여의치 않으면 유랑생활을 하며 공연하였다. 남자들로만 구성된 광대 집단과 달리 주로 곡예曲藝와 가창歌唱을 하는 유랑예인집단인 남사당패男寺黨稗에는 남성 예인과 여성 예인이 함께 모여 있었다. 여성 예인인 여사당女寺黨은 생계가 곤궁에 처하게 되면 매음賣淫을 하는 경우가 종종 있었으므로 매음녀 취급을 받기도 했음은 물론이다.[1] 그러니까 전근대 동아시아에서 여성 예인은 창기娼妓나 매음녀와 대등하거나 혹은 그 이하의 차별대우를 받았다. 근대 동아시아에서 여배우의 성립을 말하기 위해서는 먼저 예인(배우) 멸시사회의 전통이라는 전제를 확인해둘 필요가 있다.

확인하지 않으면 안 되는 또 다른 전제는 여형배우女形俳優의 전통이다. 근대 동아시아에서 근대적 연극에 관한 담론은 '여배우'에 대한 논의와 함께 시작되었다고 해도 과언이 아니다. 중국의 경극京劇이나, 한국의 가면극假面劇, 일본의 가부키歌舞伎가 그러하듯이, 근대 이전 동아시아의 전통극에서는 대개 남성 연기자가 여성 배역을 연기하였는데, 이는 여성 배역과 남성 배우 사이의 성性의 불일치를 이상하게 여기지 않는 관습 때문이었다. 이러한 여형배우의 관습은 근대 이후 서구적 극장문화와 조우하게 됨에 따라 비로소 불합리한 것으로 여겨지기 시작한 것이다.

에도 도쿠가와 막부시대에 가부키의 '오쿠니ぉ国'라는 남장을 한 무녀巫女가 도착적인 감각으로 관객을 매료시켰는데, 막부는 풍기문란을 이유로 여성 배우를 무대에서 추방 조치(1629)하였고 이때부터 여성 배역은 아예 여장女裝 남성배우인 여형배우가 맡아

왔다.[2] 이렇게 일본에서 300여 년간 여성 배역을 여형배우가 연기하는 것은 자명한 것이 되었다. 그런데, 메이지시대에 서구 연극을 '보편적인 것'으로 받아들임으로써 하루아침에 이 자명한 것의 역전현상이 발생하게 되었다. 즉, 갑자기 여성 배역은 '여배우'가 연기하는 것이 자명한 것으로 인식되기 시작한 것이다.

매일 밤마다 서양음악을 연주하고 서양식 무도회를 열었던 로쿠메이칸鹿鳴館이라는 서양식 홀의 건립으로 상징되듯이, 1880년대에 일본은 대대적인 서구식 풍속개량의 바람이 불기 시작하였다. 연극도 예외는 아니어서 이토 히로부미伊藤博文 내각의 지원하에 스에마쓰 겐초末松謙澄가 주창자가 되고, 내각의 고위 관료, 정치인들이 발기인이 되어 연극개량회演劇改良會(1886)를 설립하여 서양식 연극개량을 추진하게 된다. 이에 따라 스에마쓰는『연극개량의견演劇改良意見』이라는 책을 통해 서양식 근대극장의 설립과 함께 가부키 공연관습과 온나가타女形의 폐지를 주장하게 되었다.[3] 이후 '여배우'(女優)라는 말은 메이지 20년대 후반(1890년대 말)부터 차츰 뿌리내리기 시작하고, '여배우'라는 표현이 잡지『가부키歌舞伎』(메이지33년, 1900)에 등장하면서 인쇄매체에 본격 정착하게 되었다.

그러나 19세기 말의 '여배우'라는 말은 실체가 없는 허상에 불과한 것이었다. 일본에서 여배우가 무대에 처음 모습을 드러낸 것은 해외순연海外巡演에서 돌아온 가와카미 사다야코川上貞奴가 번안극 〈오셀로オセロ〉에 출연하여 데스데모나를 연기한 1903년

의 일이었다. 근대 연극의 자명한 존재로서 여배우가 비로소 자명한 것으로서 그 실체를 드러내는 순간이 바로 이때였다. 그러나 아쉽게도 사다야코는 근대적 연극 연기를 전혀 교육받거나 훈련받지도 못한 배우였다. 게이샤藝者 출신의 사다야코는 남편인 신파연극인 가와카미 오토지로川上音二郎의 구미歐美 해외순연에 참가한 것이 계기가 되어 갑작스럽게 최초의 일본 여배우가되었다.

여기서 흥미로운 것은 동아시아에서 근대연극이 자명한 것으로서 전前근대연극을 대체하고, 여배우라는 새로운 풍경을 자명한 것으로서 창출했음에도 불구하고 무대 위에 실제 여배우가 출현한 것은 거의 20년 가까운 시간이 흐른 뒤였다는 점, 그나마 근대적 연극을 전혀 교육받지 못한 게이샤 출신의 여성이 최초의 근대 여배우였다는 점이다. 즉, 근대적 연극을 자명한 것으로 받아들이는 인식 틀은 1880년대에 획기적으로 바뀌기 시작하지만 실제로 무대에 여배우가 등장하는 데는 오랜 세월이 필요했다는 사실, 그리고 이러한 여배우가 근대적 교육, 근대적 예술교육을 받은 '신여성新女性'에서 배출되지 못했다는 사실은 근대 동아시아에서 여배우의 성립에는 많은 난관이 도사리고 있다는 점을 단적으로 시사해준다.

이러한 사실은 식민지 조선에서도 마찬가지로 여배우의 출현은 지난한 난관을 거쳐야 했음을 말해준다. 이러한 난관의 핵심은 근대 여배우에 대한 인식과 근대적 젠더의식 사이의 격차에서 비롯된다. 근대 동아시아에서 여배우에 관한 담론은 단순한 문제가 아니다. 그것은 근대 동아시아 사회에서 여성의 지위와 연극의 지위, 그리고 근대국민국가 창출과정에서 여성의 역할이라는 문제가 서로 긴밀하게 착종되어 있다는 점을 말해준다.[4] 그러한 문제들의 착종과 접합을 가장 표 나게 보여주는 실례가 여배우와 추문醜聞(스캔들)이라는 주제가 될 것이다. 그런 이유로 동아시아에서 근대 초기의 여배우는 이미 존재 그 자체가 '추문'이었다고도 할 수 있다. 그러한 근거를 1920년대 토월회 여배우들[5]의 사례를 통해 살펴보는 것이 이 글의 목표가 될 것이다.

일본에서 여배우의 성립

일본에서 최초의 여배우로 인정받는 배우는 게이샤 출신의 가와카미 사다야코라고 할 수 있다. 가와카미 오토지로의 부인인 사다야코의 여배우 데뷔는 해외순연에서 시작되었다. 1차 해외순연(1899~1901)은 미국, 영국, 프랑스(1900년 파리 만국박람회) 등에서 이루어졌고, 2차 해외순연(1901~1902)은 흥행사 로이 필러와 계약하여 서구 제국들을 순회공연한 것이었다. 가와카미 일행이 거둔 해외순연의 최대 공적 중 하나는 여배우 사다야코를 국제적 무대로 진출시킨 점이었다. 이는 바로 가와카미 일행이 거둔 해외흥행 성공의 최대 요인이 되기도 했다.

가와카미 사다야코川上貞奴

가와카미 일행은 영국 버킹엄 궁전 초청 공연에서 사다야코의 연기가 호평을 받아 파리 만국박람회의 출연 교섭을 성사시키는 데 성공했다. 프랑스 엘리제 궁전 공연에서 역시 좋은 평가를 받아 사다야코는 일약 유럽 사교계의 꽃으로 각광을 받게 되었다. 특히 사다야코가 출연한 〈도죠지道成寺〉와 〈게이샤와 무사藝者と武士〉가 최고의 인기 레퍼토리였다. 사다야코는 서양에서 '움직이는 우키요에浮世繪의 미인美人'이라는 평을 들을 정도로 절찬을 받았다. 그러나 가와카미 일행의 대표인 가와카미 오토지로는 본래 정통 가부키 배우가 아니라 자유민권운동의 일환으로 신파연극('장사지거壯士芝居')을 시작한 계몽적 지식인 출신이므로 정규 수련을 받은 가부키 배우에 비해 그 예술적 기예가 크게 미흡할 수밖에 없었다. 그것은 사다야코의 경우도 마찬가지였다. 사다야코의 연기는 춤이 큰 부분을 차지했는데, 그의 춤은 가부키 배우의 연기에 비해 기술적 수준이 매우 낮은 화류계 기생의 춤에 불과했다고 전해진다.[6]

그럼에도 불구하고 당시 유럽의 지식인, 예술가들은 그녀를 '마담 사다야코'라고 일컬으며 그녀의 공연에 열광했다. 작곡가 드뷔시는 〈도죠지〉의 연주 효과에 감명을 받고 〈빗속의 정원雨下の庭園〉을 작곡하였다. 조각가 오귀스트 로댕은 사다야코를 가리켜 "살아있는 사진"이라고 찬사를 보내며 그녀의 공연을 화폭에

담아 작품으로 남겼다. 소설가 앙드레 지드는 〈도죠지〉를 여섯 번이나 보았을 만큼 그녀의 공연에 열광했다. 지드는 사다야코가 추는 가부키 춤의 양식미를 극찬하였고, 그 감상을 『앙젤에게 쓴 편지Lettres à Angele』(1900)에 기술했다.

유럽인들의 사다야코에 대한 이 같은 열광에 대해 일본의 화가이자 무대장치가인 구보다 베이사이久保田米齋는 의외라는 반응을 보였다. 그는 〈도죠지〉, 〈게이샤와 무사〉는 기상천외한 사건 전개, 불가사의한 무대의상, 예측할 수 없는 대사를 지닌 수준 낮은 연극이었음에도 불구하고 사다야코를 명배우 사라 베르나르와 비교하고, 극적 내용이나 구성보다는 '하라키리腹切り'(할복), '다찌마와리立廻り'(난투 장면), '무용' 등 스펙터클한 요소만으로 공연을 격찬하는 프랑스 언론의 반응에 오히려 굴욕적 인상을 받았다고 말했다. 그는 그러한 열광이 가부키에 대한 멸시라고 받아들인 것이다.[7] 물론 과대한 상찬의 근저에는 유럽인들의 동양예술에 대한 호기심 섞인 이국취미와 사다야코의 요염한 여성적 외모와 몸짓에 대한 매혹이 자리하고 있었다고 할 수 있다.

여기서 중요한 것은 여배우 사다야코에 대한 열광과 극찬은 일본의 자국민 관객이 아니라 해외의 관객, 즉 여배우에 대한 인식이 비교적 높다고 하는 서구인 관객에 머물렀다는 사실이다. 다시 말해, 1900년 무렵의 사다야코의 인기는 해외수출용이었을 뿐이지 국내용은 아니었다는 것이다. 1900년대 초반 해외순연에서 사다야코의 인기가 곧바로 일본에서 여배우라는 제도의 정착을 보증해주는 것은 아니었다.

　사다야코가 일본에서 여배우로 처음 데뷔한 것은 해외순연에서 귀국한 이후인 1903년에 가와카미좌川上座가 공연한 셰익스피어의 번안극 〈오셀로〉에서 데스데모나 역을 연기한 것이다. 가와카미좌가 레퍼토리로 〈오셀로〉를 선택한 것은 해외순회공연에서 인기를 얻은 〈도죠지〉, 〈게이샤와 무사〉와 유사한 남녀 간의 질투라는 감정을 소재로 한 작품이라는 점 때문이었다. 〈도죠지〉, 〈게이샤와 무사〉가 남성에 대한 여성의 질투심을 다룬 것과 달리 〈오셀로〉가 남성의 질투심을 그리고 있다는 점이 차이점이었다. 가와카미좌는 일본 관객의 이해 수준을 고려해서 셰익스피어의 〈오셀로〉 무대를 베네치아, 키프로스에서 당시 일본의 식민지인 타이완臺灣으로 바꿔서 번안했다.[8] 〈오셀로〉 공연은 근대적 연극배우로서 사다야코의 본격적인 출발을 보여주는 것이다. 사다야코는 이에 그치지 않고 일본 최초의 여배우 양성기관인 데이코쿠여우양성소帝國女優養成所(1908)를 설립하여 근대 여배우를 양성하기 시작했다. 이는 일본 여배우사에서 매우 중요한 의미를 갖는다.

　게이샤 출신이 아닌 일반 여성이 여배우로 처음 등장한 것은 1908년 사다야코가 세운 여우양성소女優養成所를 통해서였다. 첫번째 강좌의 학생 중에 아토미跡見여자대학을 졸업한 변호사의 딸 모리 리츠코森律子라는 '신여성'이 있었다. 당시 신교육을 받은 학생들 사이에서는 교양취미로서 톨스토이의 사상과 문학에 심

모리 리츠코森律子

취한 이른바 '톨스토이안ト ル ス ト イ ア ン'들이 많았다고 하는데, 이 시기의 여배우가 되려고 한 여학생들은 대개 톨스토이안들이었다고 한다.[9] 모리 리츠코가 톨스토이안이었는지 아닌지는 알 수 없지만, 연극에 각별한 애착을 갖고 있던 그녀는 데이코쿠여우양성소에서 연기를 배운 최초의 여배우가 되었다.

그러나 그녀는 '여배우'가 되었다는 이유로 모교의 졸업생 명부에서 이름이 삭제당하는 아픔을 겪었다. 명문 고등학교에 재학 중이던 그의 동생은 누나가 여배우라고 친구들에게 놀림을 당하다가 자살하였다.[10] 그뿐 아니다. 그녀는 어느 만찬회에 초청받았을 때 내빈에게 동석을 거절당하고 퇴석을 요구받은 일도 있었고, 동생의 학교기념일에 참석했다가 학생들에게 모욕을 당한 일도 있었다.[11] 신여성 출신 여배우가 이러한 고초를 겪어야했을 만큼 1908년 무렵의 '근대 일본'에서 '여배우'는 그 존재 자체만으로도 '추문'이 되었던 것이다. 즉, 모리 리츠코의 사례는 근대 이전 예인에 대한 멸시의 전통이 근대 메이지 말기의 시민의식 속에도 여전히 강력하게 잔존하고 있음을 말해주는 것이다.

마쓰이 스마코松井須磨子는 시마무라 호게쓰島村抱月와의 염문으로 유명하지만 실제로는 연극 〈부활復活〉에서 주인공 '카추샤' 역

마쓰이 스마코松井須磨子와
시마무라 호게쓰島村抱月

을 연기하여 불세출의 인기를 얻은 '신극新劇'의 여배우로 더 잘 알려져 있다. 그녀는 쓰보우치 쇼요坪內逍遙와 시마무라 호게쓰가 이끌던 분케이교카이文藝協會의 연극연구소에 1기 연구생으로 입소(1909), 1910년 쓰보우치 쇼요 연출 〈햄릿〉에서 오필리어 역으로 연극무대에 공식 데뷔하였다. 1911년 마쓰이 스마코는 당시 신여성의 아이콘이자 여성해방운동의 상징이었던 입센 작 〈인형의 집〉의 '노라'를 연기하여 주목을 끌기도 했다. 마침 1911년은 히라쓰카 라이초가 중심이 된 일본 '신여성'들의 결사체 세이토샤青鞜社가 여성운동잡지 『세이토青鞜』를 발간한 해라는 점에서 '노라'를 연기한 마쓰이 스마코의 〈인형의 집〉 공연은 매우 큰 상징적 의미를 갖는 것이었다.

그러나 그녀는 유부남인 시마무라 호게쓰와의 연애사건으로 분케이교카이에서 파문을 당해 쫓겨났고, 이 여파로 쓰보우치 쇼요가 극단에서 손을 떼고 대학으로 돌아가자 분케이교카이는 해산(1913)의 길을 걷게 된다. 시마무라 호게쓰와 마쓰이 스마코는 게이주쓰자藝術座를 창단(1913)하여 〈살로메〉(1913), 〈바다의 부인〉(1914), 〈부활〉(1914) 등 신극들을 잇달아 공연하였다. 특히 〈부활〉은 게이주쓰자를 '부활'시키고 카추샤를 연기한 마쓰이 스마코를 일약 '다이쇼大正의 대스타'로 끌어올린 성공작이었다. 마쓰이 스마코가 부른 주제가 〈카추샤의 노래〉는 레코드로 발매되어 인기를 누렸고, 〈부활〉은 일본 공연에 이어 타이완, 조선, 만주, 블라디보스톡 등으로 해외 순회공연(1915)에 나서게 되었다. 일본 대중연극의 메카인 도쿄 아사쿠사淺草까지 진출(1916)하여 객석이 대만원 되는 사태가 빚어지지만 신극의 타락이라는 비난을 받기도 했다.[12]

1918년 11월 시마무라 호게쓰가 스페인 독감으로 48세의 나이에 급사하게 된다. 당시 스페인 독감은 일본에서 사망자가 39만 명에 이를 만큼 치명적인 질병이었다. 시마무라를 잃고 실의에 빠진 마쓰이 스마코는 2개월 뒤 〈카르멘〉 공연을 끝내고 예술구락부에 세 통의 유서를 남기고 자살하였다.[13] 1919년 1월 5일 이른 아침에 도구실의 대들보에 목을 매고 죽었다. 아름다운 화장을 하고 기모노를 입은 채 근심 없는 모습으로 숨졌다고 전한다.[14] 마쓰이 스마코는 후기 분케이교카이, 게이주쓰자에서 다이쇼시대의 대스타로 발돋움했지만 정작 자신의 가문에서는 여배우라는 이유로 절연絶緣을 당했다고 전해진다.[15]

가와카미 사다야코, 모리 리츠코, 마쓰이 스마코의 경우를 통해 근대 동아시아에서 근대 연극과 함께 여배우의 시대가 열렸지만 근대 여배우에 관한 담론은 여전히 추문으로부터 자유롭지 못하였음을 알 수 있다.

토월회의 여배우들과 추문

식민지 조선에서 여형배우로부터 여배우 시대로 전환하는 시점은 대개 1920년대 초반이라고 볼 수 있다. 물론 1910년대 말에도 마호정이라는 여배우가 존재했었고, 1920년대에도 여전히 이응수와 같은 여형배우가 건재하기는 했지만 1920년대에 이월화, 복혜숙, 석금성, 이채전, 전옥 등과 같은 여배우가 차례로 등장하면서 여배우의 시대가 열리게 된다.[16] 특히 의미심장한 사실은 1920년대 초반 신극운동 단체를 표방하고 등장한 토월회가 여성 배역에 반드시 여배우를 출연시킨다는 확고한 신념을 갖고 있었다는 점이다. 이는 여성 인물은 반드시 여배우에 의해 체현되어야 한다는 박승희, 김기진, 이서구 등 토월회 단원의 신극에 대한 의지가 본격적인 여배우 시대를 여는 데 기여한 것이라고 볼 수 있다.[17]

여성인물을 여형배우가 아닌 여배우가 연기한다는 것은 근대적 극예술의 근본토대를 확립한다는 점에서 중요한 의미가 있다. 시마무라 호게쓰도 쓰보우치 쇼요와 함께 1906년 분케이교카이를 창설하여 신극운동을 전개하면서 '여배우'가 신극운동에서 빠져서는 안 될 부분이라는 확신을 갖고 있었다. 1909년 마쓰이 스마코를 비롯한 여성들을 연구생으로 선발한 것도 이러한 이유에서였다. 1911년 스마코가 〈인형의 집〉 공연에서 노라를 연기했을 때 그것을 본 사람들은 그녀의 '자연스러운 연기'에 압도되었다고 한다. 그것은 스마코의 뛰어난 연기실력에 의해 창출되었다기보다는 여성 신체에 의해 여성 인물이 재현되는 광경에서 관객이 자연스러움을 느낄 수 있었기 때문이다. 가와무라 가료는 "일본 여배우가 이렇게 자연스럽게 대사를 읊는 것을 들을 수 있었던 것은 이번이 처음"이라고 말했다.[18] 여형배우의 양식적 대사와 연기 스타일로 여성 인물을 체현하는 것에 익숙해 있다가 여배우가 여성 신체를 이용해 여성 인물을 그려내는 것을 보는 경험은 대단히 새로운 감각이 아닐 수 없었을 것이다.

1913년 스마코가 〈알트 하이델베르히〉에서 케티 역을 연기했을 때 여형배우 하나야기 쇼타로花柳章太郞는 여배우가 체현해내는 여성인물 재현의 사실감에 대해 다음과 같이 평했다.

깜짝 놀랐습니다. 연극이 정말 자연스러웠습니다. 그냥 단순히 자연스러운 것이 아니었습니다. 연기였습니다. 그러니까 온나가타女形를 공부하던 중인 나는, 내가 하고 있는 일이 갑자기 바보스러워졌습니다. (중략) 이런 여배우가 있다면 내가 온나가타를 할 필요가 없다고 생각하였습니다.[19]

여배우가 여성 인물을 체현하는 여성 신체의 자연스러움을 보고 온나가타(여형배우)가 받은 충격에 가까운 놀라움과 절망의 심리가 잘 드러나고 있다. 하나야기가 "이런 여배우가 있다면 내가 온나가타를 할 필요가 없다."라고 생각한 전제에는 '여배우＝자연스러움＝연기(예술)'이고 '온나가타＝부자연스러움＝비非연기(비非예술)'이라는 관념이 내재하여 있다. 다시 말해, 일본에서 1910년대 초반 스마코의 연기에 의해 여배우는 여형배우라는 낡은 무대 관습을 밀어내고 자명한 예술관습, 제도로 정립되었다는 것이다.

토월회土月會는 1922년 봄 일본 도쿄 간다神田 보인학사에서 일본 유학생 박승희, 김기진, 김복진, 이서구, 연학년, 김명순, 박승목 등이 자작문학을 발표, 비평하는 모임으로 결성하였다.[20] 토월회가 1923년 7월 제1회 공연을 준비하면서 여성 배역에 반드시 여배우 기용을 고집한 것은 마쓰이 스마코에 의해 정립된 자명한 예술 관습, 제도로서의 여배우라는 관념이 확고하게 학습되어 있음을 의미하는 것이다. 토월회는 제1회 공연에서 체호프의 〈곰〉, 버나드 쇼의 〈그 남자가 그 여자의 남편에게 어떻게 거짓말을 하였는가〉, 박승희의 〈길식〉, 유진 필롯의 〈기갈〉 등 4편의 작품을 준비하면서 각각 4편의 작품에서 여성 인물을 연기할 네 명의 여배우를 찾게 된다. 가급적 "재래 신파 극단의 여배우가 아닌 여학생이거나 전혀 신파에 물들지 않은 무경험자로서 우리 뜻에 맞는 여성"을 물색하고자 하나 신파 극단의 기성 배우는 물론이고 하다못해 기생이나 유곽의 매음녀까지도 여배우로 나서길 거절하는 상황을 마주하게 된다.[21] 여배우를 둘러싼 토월회 동인들의 이상과 식민지 조선 현실 사이의 격차가 확인된 순간이었다. 그들은 할 수 없이 절충점을 찾아 신파 극단 출신의 배우 이월화를 섭외하고, 여학생 이정수, 이혜경 등을 겨우 영입하여 창단 공연을 올리게 된다.

이월화: 비련의 카추샤

1906년에 태어나 이화학당을 중퇴한 이월화李月華는 1921년 김도산의 신극좌新劇座에서 배우로 데뷔하였고, 소녀들로 구성된 여명극단(1921)을 거쳐 윤백남의 민중극단에서 활동하였다. 윤백남이 연출한 조선 최초의 영화 〈월하의 맹서〉(1923)에 영화배우로 출연하기도 했다. 그녀에게 '월화'라는 예명을 작명해준 윤백남은 여형배우 이응수와의 염문으로 인해 이월화에게 실망감을 느끼고 점차 그녀와 멀어지게 되었다고 한다.[22]

이월화는 토월회 창립 공연 작품 중에 〈그 남자가 그 여자의 남편에게 어떻게 거짓말을 하였는가〉에서 박승희와 함께 출연하여 '오로라'를 연기하였다. 그러나 공연 중에 그녀가 대본에 없는 구찌다테口建て식 연기를 해서 상대역인 박승희를 당황하게 만들어 공연을 망치게 했다는 일화는 유명하다.[23] 그것은 공연 준비과정에서 이미 예측이 가능한 일이었다.

다음날 이월화가 찾아와서 어머니의 승낙을 얻었다고 했다. 즉시로 그 여자에게 〈그 남자가 그 여자의 남편에게 어떻게 거짓말을 하였는가〉의 여주인공 역을 주고 대본을 내주며 속히 외우라고 했더니 이것이 무엇이냐고 의아해 한다. 대본이라고 한즉, 이런 것 아니라도 이야기만 들어도 할 터인데 하고, 큰 소리로 자랑삼아 하는 말에 웃음이 난다. 그전에 하던 구찌다테(입심)만으로 될 수 없는 신극의 정의와 이념을 일러주니 그는 놀라면서 "그럼 이대로만 하나요."하고 이상한 표정을 지으며 대본을 가지고 갔다.[24]

이전의 극단에서 구찌다테식 연기방식에 익숙해진 이월화에게 연극 대본조차 낯선 물건으로 여겨졌다. 식민지 조선의 여배우가 처음 신극과 조우하는 낯선 체험의 광경이 이러한 것이었다. 첫날 공연을 망치고 그날 밤부터 이월화는 박승희와 함께 대본을 외우며 맹연습을 하게 되는데, 이러한 경험을 통해 이월화는 '근대극'의 여배우로 거듭나는 과정을 거치게 되는 것이다. 제2회 공연 〈부활〉(1923)에서 그녀가 카추샤 연기로 일약 스타 반열에 오르게 된 것은 마쓰이 스마코의 화려한 경험에는 전혀 미치지 못하는 것이었지만 제1회 공연에서 근대극과의 조우를 통해 미약하게나마 근대적 여배우로 거듭나는 경험을 거쳤기에 가능했을 것이다. 〈부활〉 공연으로 이월화의 연기와 매력에 대한 극찬이 쏟아졌다. 나혜석은 〈부활〉 공연을 보고 이월화의 카추샤 역에서 보여준 천재성에 경복했으며, 그녀의 연기는 대성공이었다고 극찬하였다.[25]

이월화는 2회 공연 〈알트 하이델베르히〉
에서 케티 역을 연기하면서 마쓰이 스마코
의 경력을 뒤따르는 조선의 신극 여배우가
되는 듯했으나 결국 1924년 무렵 토월회를
탈퇴하고 만다. 일설에 의하면, 박승희에게
적극적인 구애를 했으나 그녀의 연정이 끝
내 받아들여지지 않자 토월회를 떠나게 되

이월화 李月華

었다고 한다.[26] 실제로 박승희와 이월화는 연인관계로까지 발전
했으나 박승희가 명문가의 여성과 결혼한 기혼자였기에 이월화
가 물러난 것이라고도 전한다.[27] 박승희와 이월화의 관계는 와세
다대학 교수직과 가정을 포기한 시마무라 호게쓰와 마쓰이 스마
코의 뜨거운 연애와 같은 극적인 연인관계로까지 발전하지는 못
했지만 그와 유사한 궤적을 보여준 것이었다.

근화여학교의 〈날아가는 공작〉(1926), 종합예술협회의 〈뺨맞는
그 자식〉(1927)에 출연한 이후 그녀의 염문은 끊이지 않고 이어졌
다. 생활고로 강릉 권번의 기적에 오른 기생이 되기도 하고, 전문
학교 학생인 청년과의 염문설에 휩싸였으나 애인의 변심으로 연
애가 실패한 후에 상하이로 건너가서 댄스홀의 댄서가 되기도 했
다. 그리고 상하이 댄스홀에서 만난 중국인 이춘래와 결혼(1931)
하여 수원에서 일시 정착하여 살다가 1934년 이춘래의 부모가
사는 일본 규슈 모지門司로 갔다가 사망하였다고 전한다.[28] 그녀
의 죽음에 대해서는 객사, 현해탄 투신자살, 음독자살 등 다양한

소문들이 얽혀있다. 신파극 배우에서 신극 배우로, 다시 기생에서 댄서로, 그리고 결혼 후 객사 혹은 자살로 이어진 이월화의 삶은 인생 그 자체가 하나의 스캔들과 같은 것이었다. 그것은 여배우에 대한 멸시가 강한 식민지 조선에서 여배우가 감당해야 할 운명과 무관하지 않은 것이었다.

복혜숙: 조선의 마쓰이 스마코

복혜숙卜惠淑은 이월화의 뒤를 이어 토월회의 여배우가 되었다. 그녀는 1904년에 태어나 이화학당을 나오고 일본으로 건너가 요코하마기예학교와 사와모리노澤森무용학원을 다닌 이른바 '신여성'에 가까운 여성이었다. 귀국 후 아버지가 운영하는 금화학교에서 교사를 하다가 연극배우가 되고 싶어서 김도산의 신극좌에 입단하였다.[29] 신극좌의 구찌다테식 연기에 실망감을 느끼고 신극을 제대로 배우고 싶은 욕심에 현철의 조선배우학교에 30명의 입학생 가운데 홍일점으로 입학(1925)하였다는 점에서 복혜숙은 이월화에 비해 보다 진전된 의미의 신극 여배우였다. 더욱이 주목할 만한 것은 조선배우학교의 〈인형의 집〉 공연(1925.9)에 출연했다는 점일 것이다. 이 〈인형의 집〉 공연은 우리나라 최초의 상연이었다. 분케이교카이의 연구생 과정을 거친 마쓰이 스마코가 1911년 〈인형의 집〉에서 노라를 연기했다는 것이 같은 해의 여성잡지 『세이토靑鞜』 발간과 더불어 매우 중요한 상징성을 갖는 것처럼 복혜숙이 식민지 조선에서 최초의 〈인형의 집〉 공연에 노

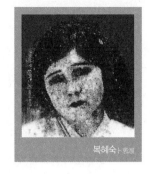

복혜숙┼卜惠淑

라 역을 맡아 출연했다는 것은 상당히 중요한 의미를 갖는다. 이 점에서 그녀가 비록 이 월화보다 시기적으로 늦게 출발하였지만 근대극 여배우로서 갖는 상징성은 매우 큰 것이었다.

이러한 덕분인지 그녀는 토월회가 광무대를 직영하던 1925년 하반기 무렵에 여배우 보강에 주력한 토월회에 입단하여 월 80원의 파격적인 임금을 받고 여배우로 활동하였다. 그와 함께 입단한 기생 출신의 여배우 석금성이 월 60원을 받은 것과는 대조적이다.[30] 그러나 1926년 2월에 토월회가 내분을 맞아 임시 해산에 처하게 되자 생활 곤란으로 한때 인천에서 권번 기적에 입적하여 기생 노릇을 했다고 전한다.[31] 종합예술협회의 연극 〈뺨맞는 그 자식〉(1927), 토월회의 연극 〈이 대감 망할 대감〉(1928) 등에 출연하였으나 다시 생계를 위해 인사동에 카페 비너스를 차려 운영하기도 했다. 당시 카페 비너스는 지식인, 예술가, 명문자제들의 명소가 되었는데, 여기에서 의사 김성진을 만나 연애 끝에 결혼(1933)에 성공하게 된 것도 이때의 일이었다.

그녀는 다시 토월회의 〈부활〉, 신무대의 〈신카추샤〉(1934) 등에서 주연으로 출연하여 카추샤를 연기하였고, 이를 계기로 '조선의 마쓰이 스마코'라는 찬사를 얻었다.

상해에 흘러갔던 복혜숙 양은 요즈음 다시 서울에 돌아와서 낙원동에서 비너

스라는 바를 경영한다. 이 복혜숙 양은 일찍 영화배우로 나서 그 전에 맨 처음 토월회의 무대에 올라서서 많은 성공을 한 명배우 중의 한 사람이었다.

토월회가 창립되어 가장 인기를 끈 상연 작품은 〈카추샤〉인데 그 〈카추샤〉의 역을 복혜숙 씨가 맡아 하였다. 복혜숙 양은 무엇보다도 잘 울고 잘 웃는다. **매 소부로서 감옥에 들어가 고민하던 장면 같은 것은 복혜숙 씨 아니고는 그렇 게 효과를 내지 못하였을 것이다.** 마쓰이 스마코須磨子가 〈카추샤〉의 역을 잘 하여 역사적 명배우의 이름을 들었거니와 **일본에 카추샤를 마쓰이 스마코라 고 하면 조선의 카추샤는 이 복혜숙 양이 아니 될까.**[32]

'카추샤' 연기를 조선에서 누구보다 잘하니 조선의 마쓰이 스 마코라고 부를만하다는 논리인 셈이다. 여기서 주목해야 할 부분 은 카추샤가 감옥에 들어가 고민하는 장면에서 하는 연기는 복 혜숙이 조선에서 누구보다 최고의 표현을 얻어 낼 수 있다고 지 적한 대목이다. 이는 이월화의 카추샤 연기와 비교를 했다는 것 을 알 수 있는데, 복혜숙의 연기가 고민하는 장면에서 이월화보 다 뛰어난 효과를 보였다는 것, 다시 말해 배우로서 지적인 표현 력에서 다른 여배우에 비해 탁월함을 말해주는 것이라 할 수 있 다. 이는 이월화 연기의 탁월함이 타고난 '천재성'에서 비롯된다 고 보는 평가와 대비되는 것이다.[33] 이는 당대의 다른 여배우들에 비해 근대식 교육을 받고 조선배우학교에서 체계적으로 근대극 연기를 배운 복혜숙의 지적 훈련의 토양이 무대에서 지적 표현력 의 탁월함을 발휘하는 근원이 되었다고 보는 당대의 시선을 반영하는 것이다.

윤심덕: 여류 명사에서 여배우로

주지하는 바와 같이, 윤심덕尹心悳은 여배우라기보다 선구적인 신여성이자 성악가로 더 유명했던 인물이다. 1897년 평양에서 태어나 숭의여학교, 경성여자사범학교를 졸업하고 잠시 교사 생활을 하다가 총독부 관비유학생에 선발(1919)되어 도쿄음악학교를 다녔다. 재학 중인 1921년에 김우진, 홍해성, 조명희, 홍난파 등이 이끌던 극예술협회(동우회 순회극단)의 고국순회공연에 참가하여 음악회에서 독창을 불렀다. 그러나 연극 공연에서 여주인공을 맡아달라는 동료들의 권유에도 불구하고 끝내 연극에는 참여하지는 않았다.[34] 그 때문에 여성 인물의 역할은 남학생인 마해송, 진장섭 등이 도맡아 연기했다. 일본 유학생인 신여성 신분으로서 천대받는 여배우가 될 수 없다는 인식이 작용했을 것이다.

윤 양이 무대예술에 있어서도 상당한 소질과 기능을 가지고 있는 것은 연전 윤 양이 동경음악학교를 졸업할 때에 졸업생 일동이 졸업축하로 그 학교에서 연극을 한 일이 있었는데 그때에 동경제국극장 지배인 되는 일본인 이시가미 石上가 참례하야 연극하는 광경을 구경하다가 윤 양이 여배우로서의 유망한 소질과 그 재능을 보고 즉시 그 학교장에게 "윤 양을 제국극장 여배우로 채용하고 봉급은 한 달에 일백오십 원씩을 지불할 터이니 소개하여 달라."고 간청하여 그 교장이 윤 양에게 그 말을 전하며 생각이 어떠한가를 물었으나 그때

의 윤 양은 단연히 이를 거절하고 조선으로 나왔던 것 (후략)[35]

윤심덕이 도쿄음악학교를 졸업할 무렵 졸업축하 연극공연에
출연하였는데, 우연히 그 공연을 본 도쿄제국극장 지배인이 그녀
에게 거액의 봉급을 약속하며 여배우로 채용하고 싶다는 제안을
했으나 단연 거절하였다는 내용이다. 그리고 그녀는 귀국하여 조
선에서 소프라노의 길을 가게 되었던 것이다. 같은 무대예술처럼
보이지만 그만큼 소프라노와 여배우는 당대 사람들에게 커다란
인식의 격차가 있었던 것이다. 같은 유학생 신분 음악학도인 홍
난파가 서슴없이 배우로 무대에 섰음에도 불구하고 그녀가 여배
우로 선뜻 무대에 설 수 없었음은 무엇을 의미하는 것일까. 신여
성이 여배우로 무대에 선다는 것은 곧 '타락', 또는 '추문' 그 자
체를 의미하는 것이 되었기 때문이다.

도쿄음악학교를 졸업한 윤심덕은 1923년 귀국 후 종로 기독교
청년회관에서 열린 첫 음악회 공연인 동아부인상회 개점 3주년
기념 음악무도회(1923.6)에 참가하여 동생 윤성덕의 피아노 반주
에 맞춰 〈카로노메〉라는 독창을 불렀다. 이 첫 공연에서 그녀는
"혹은 가늘게 혹은 굵게 청아하게 굴러 나오는 음성은 청춘의 환
희를 탄미하고 오뇌를 애소하는 듯한 숭현한 노래가 그의 독특한
표정과 애교에 조화되어 천여의 청중은 그 심오한 예술에 일시는
무아몽중이 되어 실로 열광적 환영이었었고 그리하여 근래에 음
악회로서는 가장 예술의 정수를 다한 음악회"[36]라는 찬사를 받았

다. 어쩌면 이러한 언론의 찬사는 국비유학생으로 동경에서 유학하고 돌아온 성악가에 대한 의례적인 기대감의 표현에 지나지 않았을지도 모른다. 그보다 주목해야 할 대목은 당대 지식인 집단의 반응이라고 보인다. 가령, 기자 녹안경綠眼鏡은 윤심덕이 이 공연에서 대단히 슬픈 노래를 부르는 대목에서 노래의 분위기와 전혀 어울리지 않게 한 발을 내놓고 허리를 비꼬는 태도로 청중을 보고 생긋 웃으면서 노래를 불렀다는 점을 지적하였다. 그는 이 점을 윤심덕 특유의 무대미학으로 본 것이 아니라 청중을 깔보는 안하무인격 태도라고 본 것이다.

두 눈은 좋게 보아 사람의 마음을 잡아끄는 눈이요, 나쁘게 보아 남을 깔보는 눈이라 아라비아 숫자 여섯 육자형(6)을 한 그 눈이 씨의 성격 전체를 잘 표현한 듯싶다. 입은 성악가인 만큼 발달이 잘 되었고 스타일은 그야말로 동양여자로서는 구할 수 없는 맵시 좋은 스타일의 소유자이다. (중략) 지나치게 활달한 언행은 남들로 하여금 **왈패**라 부르게 하나니 대개 그는 누구를 만나 존경어를 쓰는 일이 별로 드물다는데 상대인의 요령을 찾을 사이를 갖지 않고 이 나저나 한눈으로 보아버리는 것 같이 보여서 대하는 사람에게 불쾌한 감을 갖게 하는 것이 씨를 위하여 아끼는 일이라 한다.[37]

윤심덕의 적극적인 성격을 안하무인의 '**왈패**曰牌'다운 것으로 규정하는 것은 대체로 당대 남성의 가부장적 시선이 내포된 것이라고 볼 수 있다. 그러나 윤심덕과 비슷한 시기에 도쿄에서 유학

김우진金祐鎭과 윤심덕尹心悳

한 신여성 나혜석羅蕙錫의 반응도 이와 크게 다르지 않다. 그는 윤심덕의 음악회를 보고 "없는 표정을 일부러 내는 것은 비열한 편이 많았다. 그리고 호의로 보면 활발하다고 할는지 너무 껍적대는 것 같았다. 좀 자연한 태도를 갖도록 수양하는 것이 어떠할는지!"[38]라며 윤심덕의 표정 연기에서의 부자연스러움을 노골적으로 비판하였다. 여성인 나혜석이 이러한 지적을 하는 것을 보면 윤심덕의 태도와 표정에는 자연스러움을 가로막는 과잉의 표현이 있었음을 알 수 있다.

이와 같은 '왈패'라는 비판에도 불구하고 윤심덕은 여전히 조선 '악단樂壇의 여왕'으로 인정받았다. 그뿐만 아니라 그녀는 김일엽, 나혜석, 김명순, 박인덕, 김활란, 허영숙 등과 같은 반열에서 유학파 1세대 출신의 선구적 신여성으로 사회 명사名士급 대우받았다. 그러나 이러한 윤심덕의 고고한 지위도 1924년 경성 갑부 이용문과의 염문설로 한순간에 심대한 타격을 받게 된다. 연희전

문학교에서 음악을 전공한 남동생 윤기성尹基聖이 미국 유학을 가게 되자 그 유학비용을 경성 재산가 이용문에게 원조 받으면서 "낙산 부호 이용문의 애첩이 되어 황금정 거대한 가옥에다 설산設産까지" 하였다는 소문이 장안을 떠돌아다니게 된다.[39] 추문의 여파로 이미지에 심각한 타격을 받은 윤심덕은 만주 하얼빈으로 몇 달간 도피하였다가 다시 마음을 다잡고 귀국한 후에 연극배우로 변신, 토월회에 입단하게 된다. 그녀의 입단 의사는 토월회 대표 박승희에게조차 놀라운 일이었다. 악단의 여왕이자 조선을 대표하는 선구적 신여성이 자발적으로 토월회 여배우가 되겠다고 자청한데다가 그 진의를 타진해본 결과 결심이 확고하니 박승희로서는 "사막에서 샘물 판 것 같이 새로운 희망에 뛰어 즉시 선전에 착수"할 수밖에 없었다.[40]

윤심덕은 토월회에서 그리피스 감독의 영화 〈동도東道〉를 이경손이 각색하여 공연한 연극 〈동도〉, 〈카르멘〉 등에 배우로 출연하였다. 윤심덕의 연극 출연은 그 자체만으로 큰 화제가 되어서 삼일 내내 극장 객석이 만원이었다. 그러나 의외로 연극무대에서 윤심덕은 예전의 천여 명의 청중을 깔보는 것처럼 보였던 안하무인의 윤심덕이 아니었다. "제아무리 대담하고 무척 뱃심이 좋다 해도 무대에 나갈 때마다 사시나무 떨듯 하는 양의 모습은 우습다기보다는 무대란 이렇게 무서운 것인가 하는 생각을 머금게 했다. 그의 상대역인 이백수도 등에서 땀이 났다고 한다."[41]라고 박승희가 회고한 것처럼 윤심덕은 어느덧 대중 앞에서 자신감을 잃고 있었던 것이다. 그것은 단지 연극의 문외한이 연극무대에 처음 섰을 때 느끼는 무대공포증과는 다른 문제였다. 음악회 공연의 태도에서부터 이용문과의 스캔들에 이르기까지 거듭 자신에 대해 쏟아지는 사회의 비난과 냉소, 야유에 기세등등하던 자신감은 사라져버리고 대중 앞에 서는 것에 대한 불안감마저 느끼게 된 것이다. 게다가 토월회는 그녀가 입단한 지 얼마 되지 않아 박승희, 홍사용 등 지도부와 이백수, 이소연, 박제행 등 간부 배우들 사이에 내분이 발생하여 임시 해산되는 상황에 놓이게 된다.[42]

그녀는 토월회를 탈퇴한 이백수, 박제행 등과 함께 극단 백조회白鳥會를 조직하고 진정한 신극운동을 추구하기 위해 야심차게 창단공연으로 입센의 〈인형의 집〉을 준비하고 자신이 노라 역을 연기하기로 했다. 그녀는 "연극이란 것이 우리 조선에 있어서 재래에 유행하던 것과 다른 것을 일반에게 보이겠다고 결심"하며 여성해방의 상징인 노라의 연기를 통해 신극운동의 새로운 차원을 보여주고자 하였다.[43] 그러나 백조회의 〈인형의 집〉은 끝내 공연되지 못하고 극단은 해산되고 말았다.

백조회의 〈인형의 집〉 공연을 통해 신극운동을 실현하려는 꿈이 좌절된 것이 윤심덕에게는 큰 충격이었을까. 그녀는 음반 기획자 이기세李基世의 권유로 〈사의 찬미〉 레코드 취입을 위해 도일渡日하게 된다. 오사카에서 레코드 취입을 마친 윤심덕은 음악 공부를 위해 미국 유학을 가는 동생 윤성덕尹聖德을 요코하마에서 출영하고 동경에 있던 애인 극작가 김우진을 만나서 그와 함께

무대 위에 선 여배우 윤심덕

귀국하던 도중 현해탄에서 동반 투신자살하고 만다. 1926년 8월 3일의 일이었다.

그러나 윤심덕의 사후에도 언론에 비친 사회의 반응은 비호의적인 악평이 대부분을 이루고 있다.

'정사사건' — 큰 사건은 큰 사건이다. 왜. 그것이 조선 청년남녀의 나약한 풍기를 도와주게 되면 말이다. 나는 두렵다. 제이 제삼의 윤심덕과 김우진이 날까 보아. 조선의 청년남녀야, 신여성과 신남성들아, **다 와서 윤김 두 사람의 죽음에 채찍질을 하자. 조선 사람의 명부에서 영원히 그들의 이름을 말살해 버리자.**[44]

두 사람의 정사情死사건이 조선의 청년들에게 악영향을 끼칠 것을 우려하여 그들의 죽음에 채찍질을 하자거나 두 사람을 조선 사람의 명부名簿에서 영원히 말살해버리자는 저주에 가까운 극언을 서슴없이 내뱉는 것을 어떻게 봐야 할까. 남성을 깔보는 듯한 윤심덕의 독특한 왈패와 같은 성격, 이용문과의 스캔들로 선구적 신여성에 대한 기대를 배반한 것, 성악가의 지위를 버리고 여배우로 전락한 것, 유부남인 김우진과 정사를 한 것 등등의 이유가 그녀를 향한 극단적인 악평의 배경이 되었을 것이다.

여배우들에 비해 당대 여성 음악가나 무용가에 대한 평가는 대단히 우호적이었다. 가령, 배구자, 최승희의 경우는 '우리 조선의 배구자 여사', '조선의 무용천재 최승희 양'과 같은 표현을 언론 매체에서 사용한 것을 자주 볼 수 있다. 물론 이러한 기대의 근저에는 조선을 대표해서 해외에 조선예술의 우수성을 널리 알리는 문화 전파자로서의 이미지가 강하게 깔려있다.[45] 그런 의미에서 배구자, 최승희는 여전히 여류 명사로 대우받았던 것이다. 만일 윤심덕이 이용문과의 스캔들, 김우진과의 정사사건을 겪지 않고 소프라노로서의 명성을 이어갔다면, 그리고 여배우가 되지 않았더라면, 그녀는 어떤 평가를 받았을까. 아마 배구자, 최승희처럼 조선을 대표하는 소프라노로서 여전히 1세대 신여성 출신의 여류 명사로 대우받았을 것이다. 당시 여성, 혹은 신여성이 스캔들을 일으킨다는 것, 여배우가 된다는 것은 그 자체가 모두 '추문'이 되었던 것이고, 그 추문이 세상에 알려지면 여류 명사에서 타락한 여성으로 일거에 전락하게 되었던 것이다.

여배우의 스캔들과 젠더정치

잡지 『삼천리三千里』의 연재기사 「미인박명애사美人薄命哀史」는 통속적 흥미의 관점에서 여배우들의 생애를 스캔들을 중심으로 엮어보려 의도한 것인데, 이는 당시 신문, 잡지 미디어의 상업적 전략의 한 측면을 엿보게 한다. 반면 당시 잡지들은 박인덕, 김마리아, 허영숙, 김활란, 나혜석, 김명순, 김일엽, 정칠성 등 여성계 명사들에 관한 기사도 즐겨 다루었는데, 이는 여배우를 다룬 기사와 크게 대비되는 양상을 보여주었다. 그러나 제아무리 여류 명사라 해도 추문과 연루되면 하루아침에 그 지위가 추락하기도 했다.

가령, 천도교 지도자 최린崔麟과의 스캔들로 잡지에 구미여행기를 연재하던 여성 명사에서 하루아침에 추문의 주인공으로 전락한 화가 겸 문인 나혜석의 경우라든가 조선 음악계의 여왕으로 군림하다가 이용문과의 염문, 김우진과의 정사로 하루아침에 저주받는 추문의 주인공이 된 윤심덕의 경우가 그 대표적 사례일 것이다. 당시 천재로 칭송받던 박인덕도 가정을 버리고 미국으로 유학한 이후 남편과 이혼소송을 거친 후에 '조선의 노라'라는 평을 받으며 점차 존경의 대상에서 멀어지게 되었다. 존경받는 여성 명사와 멸시받는 여배우 사이의 경계와 낙차를 몸소 잘 보여 준 존재가 윤심덕일 것이다.

여성은 명사이거나 여배우이거나, 남성 지도자에 의해 강고하게 구축된 근대국민국가의 젠더인식으로부터 자유롭기 어렵다. 즉, 근대 여성들은 누구를 막론하고 근대국민국가의 젠더이데올로기인 현모양처賢母良妻이데올로기의 그늘로부터 벗어나기 어렵다. 근대 이후 동아시아에서 여성의 교육은 근대국민국가의 형성을 위해서 중요한 것으로 인식되었다. 근대 이후에 국민국가의 기초가 가정이고, 가정의 핵심적 존재가 여성이라는 인식이 형성됨에 따라 여성 교육의 필요성이 대두되었다. 그러나 그것은 여성 자신을 위한 것이 아니었고, 남성가부장 중심의 근대국민국가를 위한 현모양처 교육에 국한된 것이었다.

여성이 아무리 탁월한 능력을 가진 여류 명사라 하더라도 현모양처이데올로기에서 벗어나 추문의 주인공이 되면 냉혹한 비난의 대상으로 전락하고 만다. 근대국민국가도 전근대 사회와 마찬가지로 '여성은 가정 내의 존재'라는 인식에서 탈피하지 못하였던 것이다. 그러므로 가정 밖의 존재로서 여배우는 대표적인 비난과 경멸의 대상이 되었다. 여배우가 비난의 대상, 경멸의 대상이 되는 것은 장래의 유망한 국민인 청년자제를 유혹하여 가정으로부터 극장으로 끌어내 음탕한 취미에 빠지게 만들고 학교교육과 가정교육에 나태하게 만든다고 보았기 때문이다. 즉, 여배우는 현모양처이데올로기의 공공의 적으로 인식되었던 셈이다. 여배우가 곧 추문, 스캔들이 될 수밖에 없었던 것은 이러한 이유에 서이다.

결국 여배우에 대한 인식의 제고는 결국 연극에 대한 인식의 변화, 근대국민국가의 젠더관의 변화가 함께 수반되지 않으면 불가능한 것이다. 연극이 비천한 예술이라는 인식, 여성의 역할은 가정 내에서 현모양처가 되는 것이라는 인식이 바뀌지 않는 한 여배우에 대한 인식도 달라질 수 없기 때문이다.

김명순,
연극으로
하위주체를 말하기

1세대 신여성과 김명순

1세대 신여성 가운데 한 사람인 김명순金明淳(1896~1951)은 한국 최초의 여성 소설가로 알려져 있다. 1917년에 최남선이 주간한 문예지『청춘』현상공모에 단편소설「의심의 소녀」를 응모하여 3등상을 받아 공식적으로 문단에 작가로 등단하였다. 1919년에는 김동인, 전영택, 주요한 등이 주도해서 창간한 문예지『창조』의 동인으로 참여하여 활동하기도 했다. 이후『창조』,『학지광』,『여자계』,『신여자』,『신여성』,『개벽』등의 잡지를 통해 시, 소설, 수필, 희곡 등 다양한 장르에 걸쳐 창작활동을 전개하였다. 1925년에는 첫 창작집『생명의 과실』(한성도서)을 출간했다. 이후

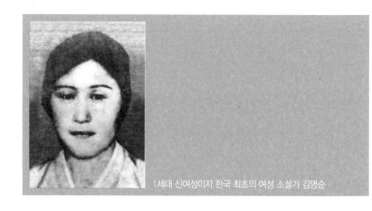
1세대 신여성이자 한국 최초의 여성 소설가 김명순

두 번째 창작집 『애인의 선물』(회동서관, 출간 연도 미상, 1930년 추정)
을 펴냈으나 1930년대 이후 일본으로 건너간 뒤에는 문단의 주
류에서 배제되어 고독한 창작활동을 지속했다. 1950년대에 그녀
는 도쿄에서 정신질환을 앓으면서 쓸쓸하게 생을 마감한 것으로
알려져 있다.[1] 그가 종국에 남성 중심의 식민지 조선 문단에서 밀
려나 일본으로 떠밀려가 비극적 죽음을 맞은 것은 축출과 배제의
과정이었고, 그의 문학은 그에 대한 대항서사로서의 성격을 갖는
다고 할 수 있다.[2]

　김명순은 많은 시와 소설 작품을 남겼으나 두 편의 희곡을 창
작했다는 점에서 주목을 요한다. 희곡 〈의붓자식〉(『신천지』, 1923.7)
과 〈두 애인〉(『애인의 선물』, 회동서관, 창작 연도 미상)이 그것이다. 〈두
애인〉은 출간 연도를 알 수 없는 두 번째 창작집 『애인의 선물』에
실려 있으므로 언제 창작된 것인지 정확히 알기 어렵다. 그러나
『애인의 선물』이 학계에서 대개 1930년 무렵에 출간된 것으로 추

정하고 있으므로 〈두 애인〉은 1920년대에 쓰인 작품으로 가정할수 있을 것이다. 그렇다면 김명순은 1920년대에 왜 두 편의 희곡을 창작했을까. 그리고 이 작품을 통해 그가 추구하고 싶었던 사상적, 미학적 지향점은 무엇이었을까. 또, 그것은 그와 같은 세대의 신여성들의 세대의식과 어떤 점에서 공유점이 있을까. 이 글은 이러한 점에 관심을 갖고 그 궁금증을 해명하고자 한다.

1910년대 중반 무렵에 이화학당 대학부 등 국내 고등교육기관에 진학하거나 일본의 대학이나 전문학교에서 공부하기 위해 유학을 떠나는 식민지 조선의 여성들이 등장하기 시작한다. 이들을 가리켜 일반적으로 1세대 신여성이라고 부른다.[3] 여기에 해당하는 인물로 김일엽金一葉(1896~1971), 나혜석羅蕙錫(1896~1948), 김명순金明淳, 윤심덕尹心悳(1897~1926), 박인덕朴仁德(1897~1980), 김활란金活蘭(1899~1970) 등을 들 수 있다. 특히 일본에 진출한 나혜석, 김명순 등은 도쿄 유학생들이 간행한 잡지 『학지광學之光』(1914~1930)에 기고하면서 필진으로 활동하였고, 도쿄여자유학생친목회의 기관지로 발간된 최초의 여성잡지 『여자계女子界』(1917~1920)를 무대로 집필 활동을 전개하기도 했다. 1920년대에 들어서면 1세대 신여성들의 국내 활동이 본격화되기 시작하는데, 김일엽이 창간을 주도한 여성잡지 『신여자新女子』(1920)의 지면을 통해 김일엽, 나혜석, 김명순, 박인덕, 김활란 등이 활동하였다.

1세대 신여성들에게는 몇 가지 공통점이 있다. 첫째, 출생 연도가 유사하다는 점. 이들은 대체로 1896~1897년생이 주류를 이루고 있다. 특히 김일엽(1896), 윤심덕(1897), 박인덕(1897)은 비슷한 연배인데, 이들은 평양 삼숭보통학교 동기동창생이기도 하다.[4] 이러한 점은 이들이 함께 고등교육을 받은 동년배 여성으로서 그들끼리의 강한 유대의식이나 세대의식을 갖도록 했을 것으로 보인다. 둘째, 서북西北 출신이 다수를 차지하고 있다는 점. 김일엽(평안도 용강), 김명순(평양), 윤심덕(평양), 박인덕(평안도 진남포) 등이 평안도 지역 출신이다.[5] 아마도 이는 서북지역에 기독교를 비롯한 서양문물의 수용이 다른 지역에 비해 빨랐고, 근대화와 근대식 교육에 대한 열망이 강해서 자녀교육에 관심이 많았던 점도 크게 작용했을 것으로 보인다.

셋째, 일본이나 미국 등 해외유학파가 다수를 이루고 있다는 점. 김일엽(이화학당 및 일본 닛신학교), 나혜석(도쿄여자미술대학), 김명순(도쿄 토키와여학교), 윤심덕(도쿄음악학교)이 일본에 유학했고, 박인덕(컬럼비아대학)과 김활란(웨슬리언대학)은 이화학당 대학부를 거친 뒤 미국 유학을 다녀왔다. 넷째, 1세대 여성 지식인으로서 현실참여의 방법으로 문학과 연극에 관심을 보였다는 점. 시, 소설, 희곡 등 문학창작활동을 한 김일엽, 나혜석, 김명순 등이 여기에 해당한다. 넓게 보면, 초창기 토월회土月會에 가담한 김명순, 그리고 극예술협회劇藝術協會의 순회공연, 토월회의 연극 활동에 참여한 윤심덕이 그러한 경우에 해당한다.

다섯째, 대개 불우한 생애를 살거나 비참한 말년, 또는 죽음을 맞았다는 점. 이들은 대체로 결혼과 이혼, 동거와 별거, 불륜, 정사情死, 강간 등의 사건을 겪으면서 고통을 겪었고, 말년에는 정신과 육체적 고통 속에 죽음을 맞았다.[6] 김일엽은 몇 차례의 결혼과 이혼, 동거와 별거를 경험하다가 세속을 떠나 여승女僧이 되었다. 조선 최초의 여성 서양화가인 나혜석은 외교관인 남편과 함께 세계여행을 다녀오는 등 한때 화려한 결혼생활을 하였으나 최린과의 불륜사건으로 이혼을 당한 이후 몰락하여 불우한 생을 살다가 행려병자로 죽음을 맞았다. 김명순은 유학시절에 만난 한국인 사관생도에게 강간을 당한 사건이 널리 알려져 평생 동료남성 문인들로부터 비난을 받으며 고통을 겪다가 마침내 일본으로 건너가 정신질환을 앓다가 불우하게 사망하였다. 윤심덕은 한때 조선 최초의 소프라노로서 '악단樂壇의 여왕'이라는 평가를 받았으나 경성 부호 이용문과의 스캔들로 세간을 비난을 받은 뒤에 음악계를 떠나 연극배우로 변신하였으나 이마저 실패하자 유부남인 극작가 김우진과 함께 현해탄에서 정사하였다. 박인덕도 부호 김은호와 결혼해서 자녀를 낳고 남부럽지 않은 결혼생활을 하였으나 미국 유학을 떠난 뒤에 이혼을 선언, 가족을 버리고 독신으로 살았다.

이처럼 1세대 신여성 그룹의 공통점을 감안하면, 김명순은 그 전형적인 사례에 해당한다고 할 수 있다. 1896년생으로서 평양에서 출생하고 국내에서 중등교육을 받고 일본 유학을 경험했으며, 최초의 여성 작가로서 문학창작에 전념했다는 점, 그리고 도쿄 유학시절 강간사건의 경험으로 일생 고통을 받으며 살다가 불우하게 죽음을 맞았다는 점에서 그는 1세대 신여성의 전형적 특징을 갖고 있다고 할 수 있다. 그 중에서도 그는 나혜석, 윤심덕과 더불어 가장 큰 고통과 불행을 겪은 1세대 신여성 가운데 한 사람이라고 할 수 있다.

이러한 점에서 1세대 신여성 작가로서 김명순의 삶과 문학은 매우 흥미로운 고찰의 대상이 된다. 우리 근대여성사에서 가장 주목을 받는 존재였으면서도 한편으로는 화제와 논란의 대상이기도 했던 독특한 세대그룹으로서 존재했던 1세대 신여성의 성격을 규명하기 위해서 김일엽, 나혜석, 김명순, 윤심덕 등의 삶과 문학, 예술에 관한 탐구는 더욱 심화, 확대될 필요가 있다. 이들의 문학과 예술의 구체적 실상에 대한 규명도 마찬가지다. '1세대 신여성'으로서의 존재근거에 대한 적확한 분석이 전제되지 않는다면, 그들의 문학과 예술에 대한 진정한 이해는 불가능하다. 그러므로 이들 1세대 신여성 그룹의 삶과 작품에 대한 탐구는 여성 및 젠더담론의 관점과 긴밀하게 밀착되지 않으면 제대로 이루어질 수 없다.[7]

'조선의 노라들': 1세대 신여성의 연극취미

1세대 신여성 그룹의 집단적 유대의식이 가장 뚜렷하게 발현된 사건은 여성잡지 『신여자』(1920)의 발간일 것이다. 앞에서 언급한 대로 최초의 여성잡지는 『여자계』(1917)였으나 실제로 이 잡지의 편집 주도권은 이광수, 전영택 등 남성지식인들이 갖고 있었고, 김명순, 나혜석 등은 이들의 조력자, 기고자 역할에 머물렀다. 김일엽, 나혜석, 박인덕, 김활란 등이 주도해서 편집진과 필진을 구성한 여성잡지 『신여자』의 발간은 이 땅에서 처음으로 여성의 손에 의해 기획, 편집, 출간된 진정한 여성잡지의 등장을 의미한다고 볼 수 있다. 이는 『여자계』와 달리 『신여자』가 여성들의 목소리를 가능한 한 반영하려고 한 잡지라는 점을 말해준다.[8]

이들의 활동은 잡지 발간에만 머문 것이 아니다. 히라쓰카 라이초平塚らいちょう가 주도해서 만든 일본의 여성잡지 『세이토青鞜』(1911~1916)와 여성운동단체 '세이토샤青鞜社'의 영향을 받아 잡지 『신여자』 발간을 주도했던 1세대 신여성들은 '청탑회青塔會'라는 여성운동단체를 만들었다. 이러한 이들의 행동은 아마도 1910년대 일본 유학시절의 영향이 크게 작용한 것으로 보인다.

1911년 일본에서 히라쓰카 라이초가 가부장제에서 여성을 해방한다는 취지에서 여성잡지 『세이토』를 창간하였다. 잡지 이름 '세이토青鞜'는 당시 유럽의 신여성들이 파란 스타킹blue stocking을 즐겨 신었다는 데서 유래하였다. 그리고 여성운동단체로 '세이토샤青鞜社'를 조직하였다. 김일엽, 나혜석, 김명순, 박인덕 등은 자신들의 여성단체 이름을 히라쓰카 라이초가 만든 세이토샤와 한국어 발음이 동일한 '청탑회青塔會'라고 지었다. 한국어의 청탑青塔은 '파란 탑blue pagoda'이라는 의미를 갖고 있으므로 '파란 스타

김일엽

킹'이라는 의미를 갖는 일본어의 '세이토靑鞜'와 뜻은 전혀 다르지만 한국어와 일본어로 모두 발음이 같다. 이렇게 동음이의어의 단체이름을 지었다는 것은 히라쓰카 라이초의 여성해방운동의 정신을 식민지 조선의 1세대 신여성들이 계승하고자 의식했음을 알 수 있다.[9]

김일엽은 동료들과 함께 입센의 희곡 〈인형의 집〉을 상연할 계획을 갖고 연극연습을 준비하였으나 목적을 달성하지 못했다. 노라 역은 김일엽이 직접 맡기로 결정하고 연극연습을 했으나 그의 남편 이노익의 재정적 후원이 어려워지자 중단되고 말았다.[10] 이들의 〈인형의 집〉 상연 시도는 비록 실패했지만 상당히 심대한 의미를 갖는다. 그들의 활동이 입센주의사상과 접맥되었다는 증거를 보여주기 때문이다.

실제로 1910~20년대에 동아시아에서 여성운동은 입센주의와 긴밀하게 연결되었다. 1900년대 후반 일본에서는 근대극 수용과 더불어 이른바 '입센열熱'이 불기 시작해서 1907년 오사나이 가오루小山內薰, 야나기타 쿠니오柳田國男, 하세가와 덴케이 등에 의해 '입센회'가 결성되기에 이른다. 이 같은 입센 열기는 1909년 오사나이 가오루가 이끄는 '지유게키조우自由劇場'의 창단으로 이어졌고, 그 창단공연으로 마침내 1909년 11월에 유라쿠자有樂座에서 입센의 희곡 〈요한 가브리엘 보그크만〉(모리 오가이 역)이 상연되

『人形の家』
Miss Sumako Matsui as "Nola"

마쓰이 스마코의 연극 〈인형의 집〉

는 쾌거를 이끌어낸다.[11] 그러나 입센연극 수용의 대표적 사건은 시마무라 호게쓰島村抱月가 이끄는 극단 '분케이교카이文藝協會'가 1911년 11월 도쿄 테이코쿠帝國극장에서 〈인형의 집〉을 상연한 것이었다. 이 공연에서 시마무라의 애인이기도 했던 배우 마쓰이 스마코松井須摩子는 노라 역을 연기하여 큰 인기를 얻으며 이른바 일본 최초의 신극 여우女優로서 명성을 얻게 된다.[12] 〈인형의 집〉 상연은 같은 해 히라쓰카 라이초가 주도한 여성잡지 『세이토』의 출간과 더불어 1911년을 일본 근대여성운동의 기념비적인 해로 기록하게 만든 사건이 되었다. 이와 같은 맥락에서 김일엽 등이 1920년대 초반에 시도한 〈인형의 집〉 공연은 비록 무산되었지만 의미심장한 사건이었다고 볼 수 있다.

　동일한 맥락에서 나혜석이 이 무렵에 희곡 〈인형의 가家〉(1921)
의 번역 연재물에 삽화를 그리고, 같은 제목의 시를 쓴 것도 매우
주목할 만한 사건이다. 1921년 1월 25일부터 『매일신보』에 입센
의 희곡 〈인형의 가〉가 양백화, 박계강의 공역共譯으로 번역 연재
되었는데, 그 연재물에 서양화가 나혜석이 손수 삽화 작업을 했
고, 마지막 회에는 시 「인형의 가」(1921.4.3)를 써서 게재하였다.
이 시는 후렴 형식이 있고, 작곡가 김영환의 악보가 함께 실린 것
으로 보아 노래 가사 형식으로 제작된 것으로 보인다.

1

내가 인형을 가지고 놀 때

기뻐하듯

아버지의 딸인 인형으로

남편의 아내 인형으로

그들을 기쁘게 하는

위안물 되도다

(후렴)

노라를 놓아라

최후로 순순하게

엄밀히 막아논

장벽에서

견고히 닫혔던

문을 열고

노라를 놓아주게

2

남편과 자식들에 대한

의무같이

내게는 신성한 의무 있네

나를 사람으로 만드는

사명의 길로 밟아서

사람이 되고저[13]

아버지와 남편의 '인형'(노리개)에서 벗어나 여성 스스로를 '사람'으로 만드는 것이 급선무임을 강조하는 이 노랫말은 희곡 〈인형의 집〉의 주인공 '노라'의 입장을 대변하는 것이면서 동시에 전근대적 가부장제의 억압에서 탈피하지 못하고 있는 식민지 조선의 여성이 처한 젠더적 상황의 타개를 강조하는 것으로 볼 수 있다. 다시 말해, 이 시는 여성의 자아각성과 주체의 실현이 현모양처賢母良妻로서의 의무보다 더 소중하다는 것을 강조하는 여성해방의 노래로서 기능하고자 했던 것으로 보인다.

이는 조선의 여성 전체를 위한 것이면서 동시에 1세대 신여성

나혜석

나혜석 자신의 갈망이었다고 볼 수도 있다. 일생에 걸친 나혜석의 문학과 예술의 지향이 바로 '사람이 되어야 하겠다는 것', '사람의 대우를 받아야겠다는 것', 즉 여성으로서의 '인간 선언'의 성격을 지닌 것이라고 말해도 과언이 아닐 것이다.[14] 1세대 신여성의 인간 선언은 당대 식민지 여성들이 처한 보편적 인권 억압 상황을 반영하는 것이지만, 실존적 입장에서 보면 신여성 자신들이 처한 개인적 인권 억압 상황의 반영이기도 했다.

나는 18세 때부터 20년간을 두고 어지간히 남의 입에 오르내렸다. 즉, 우등 1등 졸업 사건, M과 연애 사건, 그와 사별 후 발광 사건, 다시 K와 연애 사건, 결혼 사건, 외교관 부인으로서의 활약 사건, 황옥黃鈺 사건, 구미만유 사건, 이혼 사건, 이혼고백서 발표 사건, 고소 사건, 이렇게 별별 것을 다 겪었다.
그 생활은 각국 대신으로 더불어 연회하던 극상계급으로부터 남의 집 건넌방 구석에 굴러다니게 되고, 그 경제는 기차, 기선에 1등, 연극, 활동사진에 특등석이던 것이 전당국 출입을 하게 되고, 그 건강은 쾌활 씩씩하던 것이 거의 마비까지 이르렀고, 그 정신은 총명하고 천재라던 것이 천치 바보가 되고 말았다. 누구에게든지 호감을 주던 내가 인제는 사람이 무섭고 사람 만나기가 겁이 나고 사람이 싫다. 내가 남을 대할 때 그러하니 그들도 나를 대할 때 그럴 것이다.

이와 같이 사람 능력으로 할 만한 일은 다 당해보고 남은 것은 사람의 버린 것 밖에 없다. 어쩌하면 다시 내 천성인 순진하고 정직하고 순량하고 온유하고 부지런하고 총명하던 그 성품을 찾아볼까.[15]

이와 같은 진술은 장래가 촉망되던 신여성 나혜석이 식민지 조선에서 20년간 신여성으로 살면서 급속한 전락의 길을 걷게 되는 과정을 일목요연하게 보여준다. 우등 졸업, 첫 애인과의 연애와 사별, 연애와 결혼, 화려한 외교관 부인 생활, 구미여행, 불륜과 이혼, 이혼소송 등으로 점철되는 극심한 희비喜悲 쌍곡선을 그린 그의 인생역정은 1세대 신여성의 불안정한 삶 자체를 대변한다. 그는 신여성으로 살았던 20년간 생활, 경제, 건강, 정신 면에서 극도의 몰락을 경험하였다. 물론 그러한 급격한 몰락의 배경에는 가부장제 질서에 대한 그의 저항과 도전이라는 행위가 작용하였을 것이다. 가령, 남편 김우영에게 결혼 조건으로 죽은 자신의 전 애인 묘지에 함께 참배할 것을 요구한 일이라든가, 구미여행 도중에 천도교 지도자 최린과 불륜을 저지른 일이라든가, 최린에게 위자료 청구소송을 제기한 사건이라든가 하는 일련의 사건들이 당시에 커다란 사회적 파장을 불러일으켰음은 물론이다. 당연히 그것은 남성 중심의 유교적 가부장제 사회체제에 대한 도전이자 항거로 비쳤다. 이러한 의미에서 나혜석의 삶 그 자체가 바로 '조선의 노라'와 같은 것이었음은 두말할 나위도 없다.

이러한 점은 나혜석뿐이 아니다. '조선 악단의 여왕'으로 군림하던 윤심덕도 경성 부호 이용문과의 스캔들에 연루되어 화려했던 소프라노 생활을 중단하고 하얼빈으로 건너가 잠적했다가 다시 귀국한 뒤에 자발적으로 토월회에 입단하여 여배우가 되었다. 도쿄음악학교 출신의 1세대 신여성이자 조선 최초의 소프라노 윤심덕의 입장에서 '천한' 여배우가 된다는 것은 그의 신분적 몰락을 의미하는 것이었다.[16] 그러나 윤심덕의 여배우 변신은 순조롭지 않았다. 세간의 관심과 기대를 모으며 〈동도東道〉, 〈카르멘〉, 두 작품에 출연했으나 기대 이하의 연기력으로 배우로 전환하는 데 실패하였다. 호기심으로 극장을 찾은 관객들로 극장은 만원을 이루었으나 윤심덕의 딱딱한 연기와 서투른 말투로 공연의 성과는 미흡했다.[17] '왈패曰牌'라고 불릴 정도로 안하무인격의 거침없는 언행을 보여주었던 그가 심지어 무대 위에 올라가 사시나무처럼 떨어서 공연을 망쳤다는 박승희의 증언이 있을 정도였다.[18]

윤심덕은 1926년 토월회에서 탈퇴하여 신극에 뜻을 함께 하는 연극인들과 극단 백조회白鳥會를 결성하였다. 백조회 회원으로는 초창기 토월회 회원인 김기진, 김복진, 김을한, 연학년, 안석영을 비롯해 김동환, 이백수, 윤심덕, 박제행 등이 가담하였다.[19] 백조회는 신극운동의 실천을 위해 이백수와 윤심덕 주연으로 〈인형의 가〉를 공연하기로 하였다.[20] 이백수는 헬머 역을, 윤심덕은 노라 역을 맡기로 하고 야심 차게 공연을 준비했으나 결국 공연은 이루어지지 못했다. 1세대 신여성 윤심덕도 〈인형의 가〉 공연에 주연배우로 참여함으로써 신극 여배우로서 상징성을 갖는 조선의 노라가 되기를 꿈꾸었으나 뜻을 이루지 못하였다. 그러다가 그해 8월 연인 관계에 있던 유부남 극작가 김우진과 함께 현해탄에서 정사情死하여 불귀의 객이 되고 말았다.

우에노 공원의 사건과 트라우마로서의 자전적 글쓰기

1세대 신여성으로서 김명순의 고난은 일본 유학시절에 육군사관생도 이응준에게 당한 강간사건에서 비롯된다. 평양에서 명문가의 기생 출신 후처의 딸로 태어난 김명순은 생모가 세상을 떠난 뒤에 이른 나이에 서울 유학을 떠난다. 서울에서 진명眞明여학교를 졸업한 김명순은 숙부의 권유로 일본 유학을 하게 된다. 도쿄에서 토키와常盤여학교를 다니던 김명순은 숙부의 소개로 알게 된 사관생도 이응준을 우에노 공원에서 만나던 도중 그에게 강간을 당하는 사건이 벌어지게 된다. 이를 비관하여 김명순이 자살을 기도하다가 강간사건은 세상의 화제가 되고 만다. 김명순은 강간의 피해자였으나 뜻밖에도 이 사건은 그의 일생을 전락의 길로 몰고 가는 장애물로 작용하게 된다. 반면 가해자인 이응준은 이 사건으로 인해 자신의 삶에 아무런 영향을 받지 않는다. 심지어 식민지시대에 조선인 최초로 일본군 대좌로 승진하는 등 출세가도를 달리고, 해방 이후에는 육군 참모총장과 체신부 장관을 역임하는 등 승승장구하게 된다. 강간사건은 여성으로서의 삶뿐만 아니라 이후 김명순의 문인으로서의 삶에도 매우 큰 악영향을 미치게 된다.

어린 나이에 충격적인 사건을 경험했음에도 불구하고 김명순은 1917년에 『청춘』에 소설 〈의심의 소녀〉를 응모하여 3등 당선됨으로써 최초의 여성소설가로 문단에 이름을 올리는 데 성공하였다. 이 소설은 심사위원인 이광수로부터 높은 평가를 받기도 했다.[21] 〈의심의 소녀〉는 일본 작품의 표절이라는 의혹[22]이 있음에도 불구하고 주목할 만한 작품이다. 김명순 문학 특유의 자전적 글쓰기의 원형이 된다는 점에서 그러하다.

평양을 배경으로 삼은 이 소설의 주인공 '범례'는 다분히 김명순 자신의 어린 시절의 모습을 연상시키는 인물이다. 어린 소녀 범례는 부모도 없이 60대의 늙은 외할아버지 황진사와 함께 살고 있어서 주변 사람들로부터 정체에 대한 궁금증을 불러일으키는 존재가 된다. 재산가 황진사의 무남독녀이며 평양 성내 소문난 미인인 그의 어머니는 피서차로 평양에 온 조국장의 간절한 소망에 이끌리어 그의 부인이 되었지만 이미 부인을 세 번 바꾸고 10여 명의 첩을 갈아치울 만큼 호색한인 조국장의 난행亂行을 견디지 못하고 자살하고 만다. 〈의심의 소녀〉는 그렇게 어머니를 잃고 난 뒤 늙은 외할아버지와 함께 표랑漂浪의 객처럼 떠돌아다니며 살아가는 범례의 처지를 애처롭게 묘파하고 있다.

이러한 자전적 글쓰기 방식은 이후 여러 작품에서 반복되고 있다. 소설 〈탄실이와 주영이〉(『조선일보』, 1924.6.14.~7.15)는 아예 김명순의 필명 '탄실彈實'[23]과 동일한 이름을 지닌 주인공 '탄실이' 가 등장하는 노골적인 자전적 소설이다. 탄실이의 출생, 성장과 정의 회고와 더불어 경성과 도쿄 유학시절의 경험담을 담담하게 진술하는 방식으로 자전적 서사를 재구성하고 있다. 이 과정에서 자신의 삶에서 가장 치욕적인 트라우마가 되었던 강간사건에 대 해서도 구체적으로 진술하고 있다.

내 누이로 말하면 십년 전에 벌써 참 옛이야길세. 어떤 평범한 아무런 일에도 새로운 것을 찾아 내일 힘이 없으면서 그래도 구구히 사람들의 군 입내를 없 이하기 위해서 하는 칭찬 풋어치나 듣는 쥐 같은 작은 남자와 약혼하려다가 그 남자에게 절개까지 억지로 앗기우고 그나마 그것이 세상에 알리어졌을 때 어리고 철없는 내 누이의 책임이 되어서 그보다 오륙년이나 위 되는 쥐 같은 남자가, ×복 있다는 헛 자랑을 얻고 또 내 누이와는 원수가 되어서 현재 저와 꼭 같은 다른 계집하고 잘산다 하세. 그러기로서니 어리고 철없던 사람이 자 라지 말라는 법이야 어디 있나. 그동안에 내 누이가 자라고 철들었다고 할 것 같으면 고만 아닌가. 그렇지만 세상은 그렇지 않고 기막힌 일이 많아······.[24]

탄실이의 오빠인 의사 김정택이 자신의 병원을 방문한 문학청 년 이수정과 지승학에게 자신의 여동생 탄실이 겪은 사건의 경험 담에 대해 진술하는 장면이다. 탄실이가 도쿄 유학시절에 교제하 던 남성에게 겁탈을 당한 사실, 그 사건이 세상에 알려지고 난 후 오히려 그 책임이 탄실에게 돌아간 사실, 그 사건 이후 곤경에 처한 탄실과 달리 현재 남성은 결혼해서 잘살고 있는 아이러니한 상황 등이 제삼자인 작중인물의 입을 통해 진술되고 있다. 상대 남성을 '쥐 같은 남자'라고 표현한 것으로 보아 사건의 직접당사자인 작가 김명순의 감정적 앙금이 은연중에 드러나고 있음을 알 수 있다. 이러한 작중인물이나 서술자가 들려주는 탄실의 서사는 작가 김명순 자신의 자전적 사실을 방불케 함은 분명해 보인다.

자전적 사실을 문학작품을 통해 재현하는 방식은 소설 장르에 국한되는 것이 아니다. 시나 희곡에서도 반복되고 있다. 가령, 시의 경우에는 「저주」, 「탄실의 초몽」, 「무제」, 「향수」, 「시로 쓴 반생기」 등에서 자전적 경험과 처지에 관한 시적 진술이 잘 나타나고 있다.

나는 들었다

굶은 이에게는 밥 먹으란 말밖에 안 들리고

음부淫夫에게는 탕녀의 소리밖에 안 들리고

난봉의 입에서는 더러운 소리밖에 안 나오는 것을[25]

이 「무제」라는 시에서 시적 화자는 자신을 '탕녀蕩女'라고 비난하는 주위의 남성들을 '음부淫夫'와 '난봉'이라고 표현하면서 공격하고 있다. 이는 자신이 겪은 사관생도 이응준에 의한 겁탈 사건과 시인 노월 임장화와의 연애 및 동거 사건 등 자신의 사생활에 대한 주변 남성 지식인들의 곱지 않은 시선과 비난, 공격 등에 대한 대응이자 자기방어로 보인다.

가령, 한때 토월회에서 김명순과 함께 동인 활동을 했던 김기진은 「김명순 씨에 대한 공개장」(『신여성』, 1924.11)[26]에서 김명순의 사생활과 문학을 싸잡아 비난하였다. 이 공개장에서 김기진은 먼저 김명순의 시를 인용한 뒤 '분 냄새가 나는 시'라고 폄하하면서 그의 시에는 화장한 피부와 같이 퇴폐의 미, 황량의 미가 느껴진다고 논평했다. 또 그의 희곡 〈의붓자식〉에 대해서는 "저급한 저회취미低回趣味와 흐리멍텅한 현실긍정의 속정주의俗情主義와 조선제製 데카당스 취미의 고취 외에는 다른 것이 없다."[27]라며 혹평하였다. 김기진은 김명순의 문학에 대한 공격에서 더 나아가 인신공격까지 감행하였다. 그의 모친과 고모가 평양 기생 출신이어서 그에게는 "외가 어머니 편의 불순한 부정한 혈액"이 흐르고 있으며, "처녀 때에 강제로 남성에게 정벌을 받았다는 이유가 있기 때문에 더 한층 히스테리가 되어가지고 문학중독文學中毒으로 말미암아 방종하였다."[28]라면서 김명순의 뼈아픈 과거를 공적인 매체를 통해 공표하면서 인격모독을 저지르는 행태를 보여주었다.

이뿐 아니라 염상섭의 소설 〈제야〉, 김동인의 소설 〈김연실전〉, 전영택의 소설 〈김탄실과 그 아들〉 등 주변 남성 지식인들에 의해 김명순을 공격하는 문학작품들이 연이어 쏟아져 나오게 된다. 특히 김동인의 〈김연실전〉은 문학의 외피를 가장한 남성 작가들의 남근중심주의와 성차별주의 의식을 반영하는 것에 다름 아니었다.[29] 남성 작가들이 여성 작가를 타자화한 극단적 사례라고 할 수도 있다.[30] 그러나 무엇보다도 김기진의 「김명순 씨에 대한 공개장」은 신여성들의 사생활과 그 문학, 특히 김명순의 인격에 대한 남성 지식인들의 공격을 알리는 신호탄 역할을 했다는 점에서 그에게는 가장 뼈아픈 사건이 되었을 것이다.

일생 김명순에게 주홍글자처럼 따라붙었던 '탕녀'라는 낙인은 김기진의 '공개장'에 의해 공론화된 장에서 최초로 새겨진 것이며, 그 후 염상섭, 김동인, 전영택 등에 의해 집요하게 반복 재생산되었다. 김명순의 문학이 자전적 글쓰기가 될 수밖에 없었던 이유는 바로 이러한 점에 있는 것이 아닐까. 남성 지식인 작가들에 의해 지속적으로 반복되는 탕녀라는 낙인찍기, 또 그로부터 전 사회적으로 확산되는 자신과 신여성들에 대해 쏟아지는 비난과 공격으로부터 스스로를 지키기 위해서는 끊임없는 자기변명적, 자기방어적 글쓰기를 선택하지 않을 수 없었을 것이다. 그것이 김명순의 시, 소설, 희곡들을 자전적 글쓰기 방식으로 몰아갔던 이유가 되었을 것으로 생각된다.

다이쇼大正시대적 연애관과 금욕주의 연애론

희곡 〈의붓자식〉(1923) 역시 그러한 맥락 위에 놓여있다. 이 희곡의 발표 시기는 김기진의 '공개장'보다 이르다. 그러나 김명순의 강간사건은 당시 언론에 보도될 만큼 널리 알려진 사건이었기에 이미 신여성 김명순의 사생활은 〈의붓자식〉을 쓸 무렵에 많은 사람으로부터 알게 모르게 화제의 대상이 되어 있었다. 이러한 맥락에서 앞서 살펴보았듯이 그의 글쓰기는 이미 데뷔작인 소설 〈의문의 소녀〉에서부터 자기방어적 글쓰기로 출발하였다. 희곡 〈의붓자식〉도 데뷔작 〈의문의 소녀〉의 연장선상에 놓여있다.

〈의붓자식〉의 주인공은 김명순 자신을 연상시키는 신여성 '성실星實'이다. 이름도 필명 탄실彈實과 유사할 뿐만 아니라 성실의 가정환경도 김명순의 그것과 매우 흡사하다. 집안 경제사정은 매우 유복하지만 어머니는 일찍 돌아가시고, 그와 그의 동복同腹 여동생(매2)이 부친과 계모로부터 학대와 설움을 받는다는 환경의 설정은 작가 김명순의 자전적 삶에 상당부분 토대를 두고 있음을 보여준다. 이러한 극적 설정은 〈의붓자식〉이 근본적으로 자전적 글쓰기 형식의 희곡이라는 사실을 분명하게 드러내는 점이다.

이 극의 무대배경은 화려하다. 대리석 침대와 금 쟁반이 놓여 있는 탁자, 호피 위에 놓인 피아노, 앉은뱅이 꽃이 담긴 광주리, 황색 비로드 보료 등과 같은 호사스러운 대, 소도구로 치장된 침실이 희곡의 무대배경이다. 이러한 환경을 배경으로 성실과 그의 여동생(매2)이 부친과 계모로부터 가정에서 겪는 설움, 폐병으로 인한 성실의 육체적 고통, 자신의 애인 영호(의사2)가 이복 여동생(매1)의 약혼자가 됨으로써 빚어지는 애정 삼각관계의 정신적 고통, 그리고 영호와의 동반자살 암시 등의 사건들이 펼쳐진다.

흥미로운 점은 성실과 '매1'이 영호를 둘러싸고 벌이는 애정 삼각관계다. 그로 인해 빚어지는 성실의 육체적 고통과 정신적 번민, 그리고 동반자살이라는 극단적 선택이 바로 이 극의 극적 역동성을 불러일으키고 있다. 외관상으로 보면 애정삼각 갈등을 모티프로 삼은 평범한 연애비극 같아 보이지만 구체적으로 들여다보면 김명순이 지향하는 연애사상이 표명된 희곡이라는 점에서 주목을 요한다. 그렇다면, 김명순의 연애사상이라는 것은 어떤 특징을 가진 것일까.

성실: 세라 씨! 제 가슴이 찢어지는 것 같습니다. 저는 그 조금 전부터 세상과는 딴 생각을 가지게 되었습니다. **참말 사랑은 세상에 드물게 있는 것**으로 알아졌습니다. 세상에 자주 있는 **소위 사랑이라는 것은 육적 충동과 호기심 만족에 불과한 것으로 피하지 않으면 안 될 것**으로 생각했습니다. **그러기에 저는 결혼을 꺼립니다.**

여교원: 그렇습니다. 그러나 그 생각은 사라지지 않을 수 없습니다. **그가 당신을 이 세상에서 멀리하는 것입니다.**

성실: 그럼 세라 씨는?

여교원: **그런 생각은 세상에 의붓자식이외다. 그는 참을 수 없는 영육이 합일치 못하는 아픔**이외다.[31] — ①

매1:   그런 형님이면 다만 두고라도 나와 약혼한 영호 씨를 빼앗지 않는다고만 약속하여 주시오.

성실: 그것은 용이한 일이다. **나는 영호 씨와 약혼치 않을 것이다. 결혼**

생활, 육적 관계는 내게 큰 금물禁物**이다.**

매1: 그러실 것 같으면 형님은 동생을 위하여 이같이 애타게 구하는 보
수를 얻어주시는 것이 좋지 않습니까?

성실: 나는 동생의 연애문제에는 제3자이다. 그리고 무능력자이다.[32]
— ②

의사2: 나는 참 성실 씨의 의사로 왔습니다.

성실: …… 미움이 조금씩 다른 사람들의 세상에 영생을 주려고 의사로
오셨습니까?

의사2: 기다리시지요. 나는 시방 우리의 지나온 뒷길을 한 번 더 돌아다보
아야겠습니다. 3년 전 이맘때였습니다. 성실 씨를 크신 뒤로 처음
뵙기는 그때였습니다. 음악회를 마치고 돌아오시는 길에 무라카
미 상의 소개로 나와 인사를 하고 세 사람이 그 우에노 공원을 지
나올 때 빨간 동백꽃이 많이 떨어진 것을 보고 무라카미 상은 연
애하는 처녀 같다고 하니까 당신은 **연애란 추악한 것**이라고 앵두
빛 같은 얼굴을 숙였습니다. 그래서 나는 내 생각과 같은가 안 같
은가를 알아보려고 어째 그러냐고 물었더니, 어두워지니까 마비痲
痹해지니까 라고 하셨습니다. 그때 나는 용기를 훨씬 내어서 무엇
으로 그런 줄을 아느냐고 물었더니 대답지 않으셨습니다. 그 후로
는 매 공일 성실 씨를 심방하게 되었습니다. 그러나 **성실 씨는 내
게 아무 이야기도 하지 않았습니다. 오히려 내가 너무 친절히 할
까봐 겁을 내셨습니다.** 그리고 아무런 일이 있어도 한 공일에 두

장면①은 성실과 그의 친구 세라(여교원)의 대화 부분이다. 이 대화 장면을 통해 성실의 독특한 연애관이 잘 드러나고 있다. 성실은 진정한 사랑(참말 사랑)은 세상에 매우 드문 것이라는 비관적 연애관을 갖고 있다. 이른바 사랑은 '육적 충동'과 '호기심 만족'을 위한 것에 불과하며, 그러기 때문에 사랑은 가급적 '피하지 않으면 안 될 것'이라고 생각하고 있다. 즉, 성실은 연애에 대해 매우 부정적 인식을 하고 있음을 알 수 있다. 다이쇼시대의 연애인식을 반영하고 있는 구리야가와 하쿠손廚川白村의 『근대의 연애관 近代の戀愛觀』(改造社, 1922)을 통해 알 수 있듯이, 기본적으로 일원론적인 영육靈肉일치, 또는 영육합치를 통한 연애를 이상적인 연애라고 보는 것이 당시 다이쇼시대 연애관의 본질이었다.[34] 다이쇼시대에 일본 유학을 경험하고, 유학 이후에도 상당기간을 일본에서 머물면서 문필활동을 해온 김명순이 이러한 다이쇼시대적 연애사상의 분위기를 몰랐을 리 없을 것이다. 그럼에도 김명순은 일원론적인 영육일치의 연애관에 거부감을 갖고 있으며, 특히 '육'적 연애에 대한 극도의 혐오를 보이고 있음을 〈의붓 자식〉의 여주인공 '성실'의 진술과 태도를 통해 알 수 있는 것이다.

성실은 '영육이 합일치 못하는 아픔'을 겪으면서도 당대 근대 지식인들 사이에서 유행하던 영육일치의 연애관을 거부하고 있다. 그뿐만 아니다. 결혼까지도 거부하고 있다. 영호의 약혼자인

'매1'과 대화하는 장면②에서 성실은 '매1'에게 자신은 영호와 약혼치 않을 것이니 걱정 말라고 말한다. 더 나아가 '결혼생활, 육적 관계는 내게 금물'이라고 선언하면서 성적 관계에 기반을 둔 육체적 연애와 결혼생활 자체를 거부하고 부정하는 태도를 보이고 있다. 폐병으로 극도로 피폐해진 성실을

구리야가와 하쿠손

치료하기 위해 영호(의사2)가 방문하게 되었을 때 성실과 영호가 대화를 나누는 장면③에서 드러나듯이, 성실은 '연애는 추악한 것'이라며 영호와의 관계에서 일정한 거리를 유지하고 있다. 두 사람의 연인관계가 더 이상 지속하지 못하고, 마침내 성실의 이복 여동생과 영호가 약혼을 하게 된 것도 성실의 연애와 결혼에 대한 거부에서 비롯되는 것이다.

그렇다면 성실은 사랑(연애) 자체를 부정하는 것일까. 그렇지는 않아 보인다. 다만 그가 추구하는 진정한 사랑이란 성관계에 기초를 둔 육적 연애와 결혼생활이 아니고, 동경과 흠모에 기초를 둔 상호존중의 영적 연애인 것이다. 이러한 영靈적 연애는 성적 관계와 육체적 관계를 철저하게 배제하는 금욕주의를 원칙으로 한다.

이러한 금욕주의적 연애와 결혼생활의 단적 사례를 잘 보여주는 것이 바로 희곡 〈두 애인〉[35]이다. 〈두 애인〉의 무대 역시 김명순 희곡 특유의 낭만적 호사취미가 잘 나타난다. 무대는 '화려한

중류 이상의 가정 대청'이며, 대, 소도구로는 탁자와 책상, 책들, 살구 꽃병 등이 놓여있어서 중산층 지식인 가정의 분위기를 자아내고 있다.

〈두 애인〉의 여주인공 기정은 결혼을 한 기혼여성이지만 남편(주인)과는 일체 육체적, 성적 관계를 갖지 않고 있으며, 오히려 다른 기혼남성들을 연인으로서 흠모하는 여성이다. 그는 남편과 순결을 조건으로 한 계약결혼을 한 상태로서 히브리주의자(청교도주의자) 김춘영, 사회주의자 이관주(리관주)를 애인으로 두고 그들과 영적 연애를 하고 있다. 히브리주의자 김춘영과 사회주의자 이관주가 기정의 영적 '애인'인 셈이다. 이러한 기정의 금욕주의적 연애는 현실적으로 실현 불가능한 것이다. 그는 두 애인의 부인들로부터 모욕과 망신을 당할 뿐 아니라 폭력을 당하게 된다. 김춘영의 부인에게 폭행을 당해 걷지 못할 정도로 다리를 못 쓰게 되고, 이후 다시 이관주의 부인에게 사진틀로 폭행을 당해 눈과 머리를 다쳐 몸져눕게 된다. 마침내 금욕주의적 연애의 추구에 실패한 기정은 남편의 품에서 시름시름 앓으면서 죽음을 기다리게 된다.

주인: (괴로운 웃음을 띠고) 흥 오늘은 당신의 제일 첫 애인인 김춘영 군을 만났구려. 그러니까 오늘만은 나도 당신의 **금욕주의 연애 신성**을 존경하여 드릴 터이요. 하지만 과도한 침묵주의만은 더 참지를 못하겠소.

(중략)

아내:　(참으로 괴로운 듯이 머리를 푹 숙이고) 제발 그런 잡소리를 마세요. 내 머리가 터질 것 같습니다. 나는 단지 더 잘살기 위하여 **나의 이상을 찾을 뿐**입니다.

주인:　(아내 앞에 무릎을 꿇고 아내의 하얀 치맛자락을 붙잡으며) 이렇게 내가 당신 앞에 무릎을 꿇고 비는 것이요. 제발 그 **공상누각**에서 좀 내려와서 이렇게 같이 살게 된 이상 부디 **화평한 가정**을 이루어봅시다.

아내:　(무섭고 싫은 듯이 손으로 치맛자락을 떨치며) 놓으세요. 이것이 무슨 짓이어요? 이것이 화평한 가정주의라는 것이요? 사람과 사람 사이에 굳이 **약속된 조건**을 무시하고 왜 축축이 남의 치맛자락을 잡으세요?[36]

　기정과 그의 남편은 기정의 '금욕주의 연애' 이상理想 때문에 갈등을 빚고 있다. 남편은 '공상누각'과 같은 '금욕주의 연애'의 이상에서 벗어나 '화평한 가정'의 현실로 돌아오길 기대하지만 기정은 순결을 조건으로 한 계약결혼이라는 '약속된 조건'을 강조하며 남편의 바람을 단호하게 거절한다. 남편의 간절한 소망을 거절할 뿐 아니라 더 나아가 자신이 흠모하는 청교도주의자 김춘영, 사회주의자 이관주와 정신적 연애를 추구한다.

아내:　…… 하지만 나는 내가 아주 여지없이 구차할 때부터 **김 선생님을**

사모하기 시작하였다가 그가 여지없이 냉정하여진 때 나는 고만 그가 언제 한 번은 몹시 칭찬하여 혜성과 같이 그의 학설을 어느 신문에 발표한 **리 선생님을 숭배**하기 시작한 것이요. 처음에는 **단지 그의 인격으로 사상으로 무엇을 얻으려고 하였던 것**이나 주위의 환경이 나만을 감정적으로 이상한 곳에 떨어트리었소. 그러나 내가 그들에게 무슨 **관능적 쾌락을 얻으려고 하던 것도 아니고** 그들의 **애처로운 보금자리를 들추려 한 것은 아니요.** 그러나 그들조차 나를 바로 알지 못하는 것 같은 때도 허구 많았소.[37]

기정은 김춘영과 이관주를 사모하고 숭배한 것은 그들의 인격과 사상 때문이며, 그들에게 관능적 쾌락이나 결혼을 기대한 것도 아니라고 주장한다. 이러한 기정의 이상을 그의 남편은 비현실적인 '공상누각'이라고 지적하고 있다. 그렇다면, 왜 일원론적 영육일치의 연애라는 동시대의 일반적 연애관을 거부하고, 김명순 희곡의 여주인공들(성실, 기정)은 독특한 금욕주의적 연애의 이상을 고집하는 것일까. 그 이유는 김명순이 일본 유학 시절에 겪은 우에노 공원의 강간사건이라는 트라우마와 관련이 있을 것이다. 세상에 널리 공표된 강간사건의 피해자라는 자신의 이미지는 그가 신여성으로서나, 작가로서나 사회생활을 영위해나가는 데 있어서 커다란 걸림돌로 작용했을 것이다. 자신의 육체에 새겨진 강간 피해자라는 낙인에서 벗어나는 길은 강한 육(체)의 거부, 육적 연애의 거부라고 생각한 것은 아니었을까. 그가 극단적 금욕주의 연애사상을 추구하게 된 배경에는 역설적으로 우에노 강간 사건의 지울 수 없는 트라우마가 자리하고 있을 것이다.

이른바 다이쇼시대는 연애戀愛의 시대라고 말해진다. 연애, 스캔들, 정사情死 사건, 연애담론 및 사상이 각종 언론매체와 잡지에서 범람하던 연애 대중화 시대였다. 다이쇼 지식인들에게 연애 문제는 새로운 담론의 테마였다. 연애 문제에 대한 대중들의 관심 또한 매우 높았다. 여성 독자층의 확대로『부인공론婦人公論』과 같은 여성잡지가 등장하게 되는데, 이 잡지는 1919년에 이미 발행부수가 7만부에 달할 만큼 많은 여성 독자층을 확보하였다. 이러한 여성 대중잡지의 등장은 연애담론의 붐을 더욱 부추겼다.[38] 각종 매체를 통해 연애에 관한 담론은 확산되었다. 자유연애와 자유결혼에 기초한 영육일치의 연애론도 이러한 토대 위에서 다이쇼시대에 유행하게 되었다.

이 영육일치 연애론에 따르면 연애에 대한 인식은 연애＝성욕은 아니지만 그 기본전제는 성욕을 기반으로 하고 있다. 성적 본능이 더 높은 차원으로 순화되어 점차 연애의 가치를 실현하는 것이라고 보았다.[39] 그러나 이러한 영육일치 연애론이라는 담론이 유행했던 것은 역설적으로 다이쇼시대의 일본 사회에서 근대적 교육을 받은 지식인 남성과 여성들이 상당히 증가했음에도 불구하고 그들 스스로 결혼에 대한 자기결정권을 가지지 못했던 현실을 반증하였다. 여전히 젊은 남성과 여성들은 부모와 가문의 결정에 의해 원치 않는 결혼을 했던 것이 현실이었다. 영육일치

다이쇼시대의 신여성들

근대 서양식 패션을 갖춘 모던걸은 대개 관동대진재(1923) 이후인 후기 다이쇼시대에 도쿄 도심거리
에 대거 등장하여 새로운 문화풍속을 창출했다.

연애론의 유행은 이렇듯 근대적 당위론과 전근대적 현실 사이의 괴리에서 증폭되었던 것이다.

전근대적 결혼제도의 현실이 근대적 연애의 당위론을 억압함에 따라 근대적 지식인들 사이에서 영육일치 연애론의 주장은 더욱 강조되었다. 연애 없는 결혼은 비판의 대상이 되었다. 생활수단을 얻기 위해 애정 없는 결혼을 하는 여성을 '매춘부', '직업여성'과 같은 것이라고 비난하는 주장도 대두하였다.[40] 20세기 초반 근대 동아시아에 여성해방사상에 커다란 영향을 끼친 엘렌 케이는 『연애와 도덕』, 『연애와 결혼』 등의 저서에서 연애지상주의 사상을 주창하였다. 그는 '연애가 소멸하면 바로 그 결혼관계를 그만두어도 괜찮다'는 자유 이혼설을 주장하였는데, 이는 '연애 없는 결혼'의 성립 불가능성을 강조하는 논리였다. 구리야가와 하쿠손은 부인이 물질적 생활의 안정을 위해 '사랑 없는 결혼관계'를 유지하는 것은 일종의 '강간생활'이자 '노예적 매음생활'이라고 비난하였다.[41]

〈두 애인〉의 여주인공 기정은 유모의 간청에 못 이겨 '사랑 없는 결혼관계'를 유지하는 인물이다. 그러나 그는 매우 강한 주체의식을 가진 신여성이므로 남편과의 육체적 관계를 거부함으로써 이른바 '노예적 매음생활'을 피하고 있는 것이다. 그리고 자신의 영적 연애대상을 추구함으로써 주체적 삶을 살고 있지만 결국 그들의 부인들의 폭력에 의해 죽음의 문턱에 이르게 된다. 〈두 애인〉은 기정의 삶을 통해 식민지 조선의 엘렌 케이식 연애지상주의자 신여성이 현실의 장벽에 부딪혀 결국 처절하게 패망할 수밖에 없는 현실을 극명하게 보여주고 있는 것이다. 즉, 김명순은 금욕주의 연애를 추구하는 여주인공들의 시도가 패배와 좌절로 귀결되는 비극적 파국을 형상화함으로써 식민지 조선의 억압적 여성 현실을 폭로하고 있는 셈이다.

나가며

식민지 조선 여성의 억압적 현실을 문학으로 재현한다는 것은 김명순에게 특별한 의미가 있었을 것이다. 그것은 굳이 1세대 신여성으로서, 혹은 작가로서의 관념적 자의식만은 아니었을 것이다. 그는 식민지 조선 여성의 억압적 현실을 온몸으로 체감하며 살아온 작가이기 때문이다. 기생 출신 후처의 딸이라는 차별의식, 우에노 공원 강간사건의 트라우마, 김기진, 김동인 등 남성 지식인 작가들의 공격과 비난 등이 그의 여성으로서의 삶, 그리고 작가로서의 삶을 집요할 정도로 질식시켜 왔다. 그리고 그에 저항하기 위한 대항적 글쓰기가 그의 고유한 자전적 글쓰기 형식을 탄생시켰다. 그것은 불가피하게 자기변명적, 자기방어적 글쓰기 방식의 성격을 가질 수밖에 없었다.

시, 소설, 희곡 등 거의 모든 장르에 걸쳐 그는 자신의 과거와 현재 처지를 설명하고, 변명 내지 옹호하는 말하기를 수행하지 않을 수 없었다. 희곡 〈의붓자식〉과 〈두 애인〉의 경우도 마찬가지였다. 두 희곡에 등장하는 여주인공 성실과 기정은 모두 작가 김명순의 자전적 삶을 토대로 탄생한 인물들이며, 작가 자신의 뼈아픈 트라우마에서 비롯된 금욕주의적 연애 이상을 추구하고 있다. 그들의 금욕주의적 연

엘렌 케이

애사상은 당대 젊은 지식인 남녀들 사이에 유행했던 엘렌 케이의 연애지상주의에 근거를 둔 일원론적인 영육靈肉일치 연애관과 상당히 다른 것이었다. 육肉적 연애에 대한 병적 거부와 영靈적 연애에 대한 과도한 집착이라는 왜곡된 연애사상의 추구는 김명순 희곡의 여주인공들이 지닌 의지적 행동인 동시에 작가 자신의 내면을 반영하는 것이기도 하다. 물론 그의 일그러진 연애사상은 자신이 남성에게 당한 육체적 훼손이라는 트라우마와도 연관될 것이다. 또 다른 측면에서 해석하면 금욕주의 연애를 추구하는 여주인공들의 시도가 패배와 좌절로 귀결되는 파국을 보여줌으로써 문학을 통해 식민지 조선의 억압적 여성 현실을 폭로하고자 했다고 볼 수 있다.

한국 최초의 여성 작가 김명순이 1920년대에 두 편의 희곡을 창작했다는 것은 한국희곡사에 있어서 의미심장한 사건이라 할 수 있다. 1920년대에 여성 작가에 의해 쓰인 희곡 자체가 매우 드문 현실에서 여성 극작가가 직접 신여성 주인공을 통해 당대

신여성이 처한 연애와 결혼에 관한 담론을 극적 형상화하였다는 점에서 매우 중요한 의미를 갖는다. 이러한 여성 작가를 식민지 조선의 문단에서 축출, 배제하고 결국 조선을 떠나 디아스포라로 떠돌게 만들었다는 점에서 당대 남성 지식인 작가들은 냉정한 비판을 감수해야만 한다. 1세대 신여성을 연구한 임종국, 박노준은 『흘러간 성좌』(1966)라는 책에서 1세대 신여성들에게 자행했던 당대 남성 엘리트들의 무지와 몰염치에 대해 통렬하게 비판했다. 김명순을 비롯한 1세대 신여성들이 "그 무렵 남성 작가들이 너무나 이해 없고 몰염치한 눈으로 그들을 바라보았다는, 즉 남성 작가들의 무지와 몰염치, 전횡으로 인하여 희생당하고 만 것"[42]이라고 지적하였다. 같은 남성의 입장에서 보아도 당대 남성 지식인들이 신여성들에게 저질렀던 행태는 무지하고 몰염치하고 잔인했던 것이리라. 임종국, 박노준의 지적이 나온 지 어느덧 반세기가 지났다. 50년 전에 두 사람이 발견한 깨우침이 지금 보아도 여전히 예리하고 참신하게 느껴지는 것은 무슨 까닭일까. 반세기 동안 여성에 대한 남성들의 태도에 커다란 진보가 없다는 뜻은 아닐까.

3

극장,
민족주의를 꿈꾸다

릿쿄대학시대의
유치진,
연극으로 정치하기

시작하며

1930년대에 유치진柳致眞은 당시 조선 문단에서 가장 활발한 비평 활동을 펼쳤던 연극평론가였다. 이 시기에 발표된 약 400여 편의 연극비평들 가운데 혼자 1/5 정도를 썼을 만큼 그는 누구보다 정력적으로 비평 활동을 전개했다.[1] 그가 쓴 연극비평은 양적으로도 많은 분량을 차지하지만, 동시대의 다른 비평가들의 연극비평에서 보기 어려운 급진적 민중연극론을 펼치고 있다는 점에서 매우 독특한 점이 있다. 특히 1930년대 초반에 발표된 평론 「산신문극」(1931), 「노동자구락부극에 대한 고찰」(1932), 「연극의 대중성」(1932), 「연극본능론」(1932), 「연극브나로드운동」(1934),

「농민극 제창의 본질적 의의」(1935) 등은 그의 연극비평이 갖고 있는 민중연극론의 특징을 잘 보여주고 있다.

그의 이러한 연극론은 극예술연구회 내 다수파를 형성하는 해외문학파 동인들의 연극론과 차별화된다는 점에서 상당히 의미심장하다. 해외문학파 동인들의 연극론은 이른바 입센 이후 근대 사실주의 극에 기반을 두는 소극장연극운동을 지향하였다. 그러므로 그들은 1920년대 일본 신극의 거점 쓰키지소극장築地小劇場을 본받아야 할 모델로 상정하였다. 이와 달리, 유치진은 쓰키지소극장을 도시 중심, 소수 엘리트중심의 서재적書齋的 연극기관이라고 폄훼하고, 이러한 부류의 근대극을 '사도邪道'의 연극이라고 비판하였다. 그는 근대극 대신에 산신문극, 노동자구락부극, 행장연극行裝演劇, 브나로드연극, 농민극 등과 같은 민중연극의 필요성을 주창하였다. 1930년대 조선 프로연극 진영의 연극론과도 구별되고, 심지어 자신이 속해 있는 극예술연구회의 동인들이 주장하는 연극론과도 현격한 차이가 있는 유치진의 민중연극론은 언제, 어떻게 형성된 것인지를 규명하는 것은 매우 흥미로운 관심사에 속한다. 필자는 이러한 연극론의 토대가 대체로 그의 릿쿄대학立敎大學 유학시절에 형성된 것이라고 본다. 따라서 릿쿄대학 시절 유치진의 사상적 성향과 그 배경, 그리고 당시 일본 연극계의 동향과 그의 연극 활동에 대해 자세하게 살펴보는 것은 대단히 유의미하다.

1990년대 이후에 유치진의 연극론에 대해 깊이 있는 논의가 이루어져 왔다.[2] 이러한 성과를 통해 유치진 연극론과 연극비평의 경향과 특징에 대해서는 상당한 해명이 이루어졌다.[3] 그럼에도 불구하고 1920년대 후반 일본에서 형성된 유치진의 사상적, 예술적 경향이 당시 일본 연극계, 특히 좌익연극계의 동향과 어떻게 연관되는지에 대한 구체적인 검토는 아직까지 제대로 이루어지지 못했다. 이 글의 목적은 바로 이러한 지점을 해명하는 데 있다.

『민중예술론』과 아나키즘으로부터의 영향

유치진은 그의 릿쿄대학 시절에 연극과의 첫 만남을 갖게 된다. 그것은 1927년 본과(영문과) 1년 때의 일이라고 한다. 1927년 8월, 여름방학을 맞아 고향에 돌아온 그는 통영 문학청년들의 동인同人모임인 '토성회土聲會'의 연극 공연에 참여하게 된다. 박정섭, 신무선, 주삼손 등과 함께 참여한 이 공연에서 유치진은 각색과 연출을 맡았는데, 이것이 유치진의 첫 연극경험이라고 알려져 있다.[4]

그러나 그의 첫 연극경험을 끌어낸 계기는 1년 전인 대학 예과 시절에 로맹 롤랑의 『민중예술론』을 읽은 것이라 할 수 있다. 시를 쓰는 문학도였던 그가 문학 자체에 회의를 느끼고 문학과 결별하려던 참에 『민중예술론』을 읽고 연극예술의 매력에 빠져들게 된 것이다.

문학과 작별하려는 나는 일방의 공리적 촉수를 내어서 남은 예술욕을 담을
그릇을 더듬어 찾았던 것이다. 이같이 더듬어 다니던 회의적 모색시대에 나의
심금을 가역 맞춘 것이 즉, 전기의 『민중예술론』이었다. (중략)
나는 그 책을 많이 읽을 필요가 없었다. 나는 초두 제1장 「평민예술로서의 연
극」을 읽고 그만 그 자리에서 큐피드의 전광을 맞았다.
**전 민중과 한 둥치가 되어가지고 민중의 물결 속으로 시대와 같이 박진하는
자 ― 그것이 연극이었다. 이 위대한 것 …… 이 장엄한 것! ― 연극! 그것은 항
상 민중에 싸여서 그와 같이 자란 것이었다.** 나는 내가 찾을 물건을 비로소 찾
은 듯하였다.[5]

그가 이 책의 첫 장을 읽고 '그만 그 자리에서 큐피드의 전광電
光을 맞은' 것은 연극이 "전 민중과 한 둥치가 되어가지고 민중의
물결 속으로 시대와 같이 박진迫進하는" 민중적 예술의 가능성을
지녔다는 이유에서다. '민중적 예술'이란 다른 말로 하자면, 평민
平民의 예술, 집단적 예술, 또는 대중적 예술이라는 의미를 두루
포함하는 것이었다. 그는 이 책을 읽고 연극이 지닌 민중성, 집단
성, 직접성에 매료되어 문학에서 연극으로 선회하게 된 것이다.
문학에서 연극으로의 선회를 입증해주는 것은 1926년 여름에 고
향 통영에서 열린 강연회에서 그가 「시인 '에스'를 논함」이라는
제명의 강연을 했다는 점이다.[6] 이때까지만 해도 그는 연극보다

시(문학)에 더 관심을 두고 있었다는 말이 된다. 즉, 문학에서 연극으로의 전환은 1926년에서 1927년에 이르는 시기에 있었던 것이고, 그때에 바로『민중예술론』의 독서체험이 자리하고 있었던 것이다.

로맹 롤랑

그러나 연극 전환의 결정적 계기가 된이 책의 주변에는 저자 로맹 롤랑 이외에 번역자인 오스키 사카에大杉榮라는 존재가 있음을 주목할 필요가 있다. 아나키스트로 유명한 그는 1917년에 일본 최초로 로맹 롤랑의『민중예술론』을 번역하였다. 오스키 사카에는 잡지『근대사상近代思想』(1912-1916)을 발간하며 아나키즘적 혁명문예론을 펼쳤다. 민중에 대한 지배계급의 계급적 억압이라는 '정복征服의 사실'을 자각하고 이에 증오하고 반항하는 예술을 주장하였다. 그는 지배계급에 대한 철저한 '증오미憎惡美'와 '반항미反抗美'에 기반을 둔 창조적 문예의 필요성을 주장하는 급진적 평론을 발표하여 문단의 주목을 끌었다. 이로 인해 평론가 혼마 히사오本間久雄와 이른바 민중예술民衆藝術 논쟁을 벌이기도 했다.[7] 그러나 그는 이에 만족하지 않고 잡지를 폐간한 뒤 본격적인 사회운동을 일으키기 위해 노동자계급에 대한 접근이 필요함을 자각하게 되었다. 그러한 무렵에 그는 로맹 롤랑의『민중예술론』을 번역, 출간하게 된다.

유치진이『민중예술론』을 접하게 된 계기가 로맹 롤랑의 책 자체에 대한 관심 때문이었는지, 아니면 번역자 오스키 사카에의 영향 때문이었는지는 분명치 않다. 1920년대에 일본의 자유주의적, 진보적 지식층 사이에서 로맹 롤랑의『민중예술론』과 오스키 사카에의 아나키즘은 모두 큰 영향력을 미치고 있었다. 유치진에게 이 둘 사이의 구별은 큰 의미가 없었을 것으로 보인다. 오스키의 평론 자체에 이미 로맹 롤랑의 민중예술론에 대한 지지가 내포되어 있기 때문이다.[8]

그러면, 엘렌 케이가 '한마디도 남김없이 찬성했다'고 했을 때, **로망 롤랑의 민중예술론의 요지는 무엇인가? 그의 민중예술론은 주로 민중극론**民衆劇論**이라고 할 수 있을 것**이다. 이해될 수 있는 대로 롤랑 자신의 말에 의해 그 요지를 살펴보려고 한다.

지금이야말로 구舊사회는 그 번영의 절정을 넘어 이미 노후의 내리막길을 걷고 있다. 혹은 빈사상태에 있다고 보아도 좋다. 그래서 그 폐허 위에 민중의 새로운 사회가 바야흐로 발흥하게 된 것이다.

이 새로운 발흥계급은 그 자신의 예술을 가지지 않으면 안 된다. 그들의 사상과 감정을 어쩔 수 없이 표백함으로써, 그들의 젊고 발랄한 생명력의 발현으로써, 그리고 또한 늙고 기울어진 오래된 사회에 대한 투쟁의 기관으로써 새로운 예술을 가지지 않으면 안 된다. **민중에 의해, 민중을 위해 만들어진 예술을 가지지 않으면 안 되는 것이다. 새로운 세계를 위해서는 새로운 예술을 가지지 않으면 안 된다.**[9]

오스키의 대표적인 평론 「새로운 세계를 위한 새로운 예술新しき世界の爲めの新しき藝術」(『와세다문학早稲田文學』, 1917.10)의 대체적 골자는 민중의 새로운 세계를 위해서는 '민중에 의해by the people, 민중을 위해 for the people 만들어진 예술을 가지지 않으면 안 된다'는 논리인데, 이는 사실상 로맹

아나키스트 오스키 사카에

롤랑의 민중극론에 근거를 둔 것이다. 오스키는 아나키스트답게 '민중을 위한 예술arts for the people'보다 '민중에 의한 예술arts by the people'을 더 중요한 것으로 인식하였다. 오스키의 비평은 로맹 롤랑의 민중극 이론을 적극 수용하여 그 이론적 토대로 삼았다. 따라서 유치진의 『민중예술론』 독서체험을 통한 사상의 섭취는 결국 오스키의 사상에 대한 경도와 크게 다르지 않다. 오스키는 로맹 롤랑의 단순한 번역자 이상의 의미를 지니는 것이다.

오스키는 새로운 사회건설의 주역인 평민노동자의 예술이 진정한 민중예술이라고 주장하였다. 이처럼 로맹 롤랑과 오스키의 민중예술론은 일본 아나키즘 연극운동의 토양이 된 스이헤이샤水平社, 노동연극, 향토연극, 농촌연극 등이 형성되는 데 큰 영향을 미쳤다. 특히 사이코 만키치西光万吉가 기초한 스이헤이샤의 창립 취지서는 로맹 롤랑이 유럽 각지에 산재해 있는 민중극운동의 노력을 결집하여 대大민중극을 건설하자고 제창한 평민극平民劇 국제대회 개최를 촉구하는 초안을 본떠서 작성되었을 정도로, 로맹

롤랑의 민중예술론은 일본 아나키즘운동에 상당한 영향력을 발휘하였다.[10]

유치진은 릿쿄대학 예과 시절부터 아나키즘에 대해 관심을 가지기 시작한 사실을 자신의 자서전에서 다음과 같이 술회하였다.

태어나면서부터 내 마음 속에 드리워진 어두운 그림자가 동경대진재를 지나고서는 그 두께를 더했다. 나는 쇼펜하우어의 현실 기피적 회의, 비관주의로부터 적극적이고 행동적인 현실 부정으로 조금씩 옮겨갔다. 그것을 나는 아나키즘에서 찾은 것이다. 그 당시 일본에서는 사회주의와 아나키즘에 관한 글과 책이 젊은 인텔리 층에 널리 읽혔었다. 나라고 예외일 수 없었다. 일본 지식인들 중에는 군국주의를 달갑지 않게 생각한 사람들이 꽤 있었기 때문에 자연히 아나키즘과 사회주의에 경도되었던 것이다.

나는 크로포트킨과 바쿠닌의 글, 이를테면 바쿠닌이 쓴 책『신과 국가』도 읽어보았다. 아나키즘에 심취할 수 있었던 것은 모든 기존 체제의 파괴라는 데 매력이 있었다. 국가라는 것이 도대체 무어란 말인가. 나는 **집산주의적**集産主義的 **무정부주의**가 좋다는 생각을 갖기에 이른 것이다. 나는 **국가 없는 속에서 리버럴리스트**로 살고 싶었다. **정치적 예속도 경제적 의존도 없고 따라서 지배와 피지배도 없는 삶이 좋다는 생각**이었다.

그 점에서 크로포트킨과 바쿠닌의 아나키즘은 안성맞춤이었다. 사실 아나키즘이 사회주의의 한 유파라고는 하지만 사회주의와 조금 달랐던 것은 **프롤레타리아 계급 독재를 배격**하기 때문이었다. 내가 아나키스트가 된 것도 그런 연유로 해서이다.[11]

아나키스트 바쿠닌

위의 인용문을 보면, 유치진의 아나키즘에 대한 관심은 당시의 유행 사조에 대한 일시적 영합으로만 보기 어려운 측면이 있다. 크로포트킨과 바쿠닌의 아나키즘 사상에 심취하여 바쿠닌의 책을 탐독하였고, 혁명 정부에 의한 프롤레타리아 계급 독재에 반대하기 때문에 아나키즘사상을 선택했다고 사상 선택의 근거를 밝혔다. 그리고 아나키즘의 여러 경향 중에 특히 생산수단은 공유하되 개인의 자유로운 소유권을 인정하는 바쿠닌의 집산주의 集産主義적 아나키즘(아나코 집산주의Anarcho collectivism)을 선호했다고 자신의 사상적 성향도 공개했다. 생산수단을 공유하되 화폐 및 임금제도를 철폐하고 공동분배를 주장한 크로포트킨의 공산주의적 아나키즘(아나코 공산주의Anarcho communism)과는 거리를 둔 것을 보면, 그는 자신의 분석대로 자유주의적(리버럴리스트) 아나키스트 기질이 강했다고 할 수 있다.[12] 이를 볼 때, 그의 아나키즘에 대한 이해가 단순치 않은 것이라고 할 수 있다.[13]

실제로 유치진은 아나키즘운동과도 상당한 관련을 맺고 있다. 오스키의 아나키즘은 특히 1920년대에 재일 한인 유학생들에게 많은 영향을 끼쳤는데,[14] 그러한 점에서 유치진도 마찬가지였다. 당시 재일 유학생들이 아나키즘에 공명한 것은 아나키즘 사상이 조선의 독립과 해방운동에 유용한 측면이 있기도 했지만, 오스키를 비롯한 많은 아나키스트가 1923년 9월 관동대진재關東大震災가 일어났을 때 재일在日 조선인들과 함께 학살당하는 공동운명을 맞았다는 데도 원인이 있다. 일제는 관동대진재 사건을 '주의자主義者'와 '불령선인不逞鮮人'의 박멸 기회로 보고 유언비어를 퍼트려서 6,000여명의 재일 조선인이 학살당하도록 유도하였다. 재일 조선인뿐만 아니라 많은 일본 사회주의운동가와 아나키스트들도 학살당하였다. 일본 경찰은 1923년 9월 3일 경찰서에 갇혀있던 극작가 겸 노동극 운동가 히라사와 게이시치平澤計七를 비롯한 8명의 아나키스트 노동운동가들을 참살하였다. 9월 16일에는 일본 아나키스트의 사상적 지도자 오스키 사카에가 일본 헌병에 의해 학살당하는 끔찍한 사건이 벌어졌다.[15] 1923년 9월에 벌어진 광란의 대참사에서 일본 아나키스트들과 조선인들은 일본제국주의라는 공동의 적을 둔 공동의 희생자들이었기에 자연스레 친근

감을 느끼기에 충분하였다. 실제로 관동대진재 이후 1920년대에 많은 재일 유학생들이 아나키즘에 공명해서 아나키즘운동에 가담하였다. 유치진도 그중 하나였다.

유치진은 『일본아나키즘운동인명사전日本アナキズム運動人名事典』(ぱる出版, 2004)의 인명人名 색인에 이름이 등재되어 있을 만큼 아나키즘운동에 상당히 적극적으로 참여한 인물로 분류할 수 있다.[16] 1926년 도쿄 유학생 학우회 총회에서 아나키스트계와 볼셰비키계 학생들 간에 이데올로기 논쟁이 벌어져 서로 결별한 뒤에 유치진은 안종호安鍾浩, 최학주崔學柱 등과 함께 아나키즘을 추종하는 학생단체 '학생연맹學生聯盟'을 조직하고, 도쿄에 사무소를 설치하기도 했다.[17] 유치진과 함께 도쿄에서 유학한 둘째 동생 유치상柳致祥도 재일 한인유학생 아나키즘운동의 근거지 역할을 한 '계림장鷄林莊' 그룹에 소속되어 정찬진丁贊鎭 등과 함께 아나키즘운동에 가담한 바 있다.[18] 이 이외에도 유치진은 대학시절을 아나키즘운동과 관련을 맺으면서 보냈는데, 그것은 연극 활동을 통해서였다.

긴다이게키죠近代劇場의 레퍼토리와 '메이어홀드[19] 현상'

유치진은 대학 본과생이었던 1928년에서 1929년 사이에 본격적으로 연극 활동에 가담하기 시작하였다. 도쿄의 대학생들이 만든

연극단체 긴다이게키죠近代劇場와 아나키스트 작가 이이다 토요지
飯田豊二가 만든 극단 카이호우게키죠解放劇場에 가담해 활동하게
된다. 특히 카이호우게키죠는 이른바 아나키스트 극단을 표방한
것이었다. 그는 극단 긴다이게키죠가 메이어홀드의 연출텍스트로
〈공기만두空氣饅頭〉와 〈검찰관〉을 상연하였을 때 단역배우로 참여
하였다. 그리고 극단 카이호우게키죠의 밀보 작 〈악지도자惡指導
者〉, 이이다 토요지 작 〈우리들은 범인이다〉, 싱클레어 작 〈보스
턴〉의 공연에서도 단역배우로 출연하였다고 한다.[20] 긴다이게키
죠는 도쿄의 대학생들이 만든 아마추어 연극단체에 불과하지만,
카이호우게키죠는 아나키스트 연극인에 의해 만들어진 전문극단
이라는 점에서 그 특징이 구별된다.

비록 긴다이게키죠가 아마추어극단이긴 하지만 〈공기만두〉와
〈검찰관〉 공연에서 메이어홀드의 연출텍스트를 접할 수 있었다
는 점에서 긴다이게키죠에서의 연극경험은 무시하기 어렵다. 당
시 긴다이게키죠란 어떤 성격의 극단이었을까. 대학생들의 소인
극素人劇에 불과해서였을까 일본연극사 문헌에서 그에 대한 기록
을 찾아보기는 어렵다. 다만, "나는 내 동경 유학시절에 일본서
정통적인 소극장운동의 실천집단인 쓰키지소극장에는 그다지 흥
미를 가지지 않고 메이어홀드의 연출텍스트로 〈공기만두〉, 〈검찰
관〉 등을 상연하던 **극단 근대극장**에서 가담해서 **현실을 극화하는 운동**
에 흥미를 품고 있었고, **극단 해방극장**이란 **아나키스트 극단**에 따라
다니면서 **인간의 절대자유를 끈질기게 추구하는 전투적 예술 활동**에 공

연극연출가 메이어홀드

감하고 있었던 것이다."[21]라는 유치진의 술회를 보건대, 긴다이게
키죠는 '현실現實을 극화劇化하는 운동運動' 차원의 연극, 즉 '운동
運動으로서의 연극'을 추구했던 것으로 보인다. 그 운동이 구체적
으로 무엇을 말하는지는 분명치 않지만 운동 차원에서 '현실의
극화'를 표방한 것을 보면 '사회적 연극'을 추구하는 다소 진보적
성향을 가진 것 같다. 자서전에서, 유치진은 긴다이게키죠를 '동
경의 대학생들이 조직한 이념성이 강한 학구적 극단'이라고 진술
한 바 있다.[22]

중요한 것은 긴다이게키죠가 메이어홀드의 연극에 큰 관심을
가진 연극 단체라는 사실이다. 사실 그 무렵 일본에서 메이어홀
드의 연극에 대한 관심은 긴다이게키죠의 전유물은 아니었다. 다
이쇼 말기에서 쇼와 초기(1920년대 중, 후반)의 일본 좌익 연극계
에는 이른바 '메이어홀드 현상メイエルホリド現象'이라고 부를 만
큼 러시아 연출가 메이어홀드의 연극이 대유행하고 있었다. 당

시 좌, 우익을 떠나 일본의 연극인들 사이에서 극장주의劇場主義, theatricalism 연극의 선구자로서 메이어홀드의 아방가르드적 연극 활동은 주목의 대상이 되었다. 그에 대한 탐구는 크게 두 계열을 중심으로 전개되었다. 첫째로는 오사나이 가오루小山內薰가 이끄는 쓰키지소극장 계열, 그리고 둘째로 일본 프로연극의 대표적 연출가 사노 세키佐野碩의 극단 문두ムンヅ 계열이라 할 수 있다. 아방가르드 성향의 연출가인 메이어홀드는 1923년 루나찰스키가 주도한 소비에트의 새로운 예술정책이 아방가르드적 경향을 견제하는 고전복귀정책으로 선회하자 1924년부터 새로운 정책에 따라 고전작품을 레퍼토리로 결정하지만 자신의 아방가르드적 연출방식은 고수했다. 이에 따라 메이어홀드의 연출 계열은 크게 둘로 나뉘는데, 첫째가 소비에트 혁명연극이라는 의미에서 '연극의 10월'이라는 불리는 아지프로연극의 연출방식이고, 둘째가 〈검찰관〉과 같이 러시아 고전희곡을 메이어홀드적 방식으로 재해석하는 고전의 아방가르드적 연출이라 할 수 있다. 오사나이 가오루의 쓰키지소극장은 후자 쪽에 관심을 갖고 있었고, 사노 세키의 문두는 주로 전자에 해당하는 아지프로연극의 연출방식을 수용하였다.[23]

쓰키지소극장이 발간한 연극전문잡지 『쓰키지소극장築地小劇場』에는 메이어홀드에 관한 글들이 여러 편 실려 있을 만큼 메이어홀드에 대한 관심이 컸다. 메이어홀드에 대해 소개한 글로는 「메이어홀드와 D.E.의 연출メイエルホリドとD.E.の演出」(1924.12), 「오늘의

러시아 연극今日の露西亞の演劇」(1925.9), 「메이어홀드メイエルホリド」 (1925.12), 「메이어홀드에게 배우고メイエルホリドに就て」(1926.9) 등이 있고, 「골든 크레이그ゴオルヅン·クレエグ」(1926.2)와 같이 메이어홀드가 직접 쓴 글을 게재하기도 했다. 당시 쓰키지소극장의 문예부는 러시아의 문헌과 자료를 통해 직접적 경로로 메이어홀드의 연극을 받아들였다. 심지어 오사나이 가오루는 1927년에 러시아 혁명 10주년을 맞아 모스크바를 방문했는데, 그의 방문 목적은 메이어홀드 연극의 구체적인 방법론을 상세하게 관찰하기 위해서였다. 특히 그는 메이어홀드가 개발한 새로운 연기방법론인 '바이오메카니카'(bio-mechanics, 생체역학生體力學)를 직접 확인하고 싶어 했다고 전해진다.[24] 쓰키지소극장의 문예부는 1928년에 『메이어홀드 연구メイエルホリド研究』라는 책자를 발행하기도 했다. 그러나 쓰키지소극장의 메이어홀드에 대한 관심은 생체역학이나 구성주의 무대기법에 대한 상세한 이해까지는 미치지 못하였다.

한편, 사노 세키는 쓰키지소극장에 비해 메이어홀드의 연출방법을 모방, 수용하는 데 주력하였다. 특히 '연극의 10월'이라 불리는 메이어홀드의 아지프로연극에 영향을 받아 스피디하고 박력 있는 연출로 프로연극다운 활력을 표현하려고 하였다. 특히 젠에이자前衛座의 연극 〈해방된 돈키호테解放されたドンキホテ〉(1926)를 연출하면서 종이 의상을 사용하거나 노동자들의 집단적 표현 등에서 메이어홀드식의 아방가르드적 연출방식을 추구하였다.[25]

그리고 1929년 6월 일본의 대표적 프로극단 사요쿠게키죠左翼劇場가 무라야마 토모요시村山知義 작 〈전선全線〉(〈폭력단기暴力團記〉의 개제改題)을 공연하였을 때, 사노 세키는 연출을 맡아 정교하게 훈련된 배우들의 집단연기를 선보여 큰 인기를 끌기도 했다.[26] 이로써 사노 세키는 일본에서 메이어홀드 연극의 전문가로 이름을 얻게 되었다.[27]

긴다이게키죠가 공연한 〈공기만두〉와 〈검찰관〉은 모두 쓰키지 소극장이 이미 공연(〈공기만두〉 1927년, 〈검찰관〉 1925년, 1927년)한 바 있는 작품이다. 쓰키지소극장과 긴다이게키죠의 영향관계에 대해서는 자세히 알 수 없으나 이러한 레퍼토리의 공통점만으로 두 극단의 성격이 유사하다고 보긴 어려울 것 같다. 앞서 유치진이 "정통적인 소극장운동의 실천집단인 쓰키지소극장에는 그다지 흥미를 가지지 않고 메이어홀드의 연출텍스트로 〈공기만두〉, 〈검찰관〉 등을 상연하던 극단 근대극장에서 가담해서 현실을 극화하는 운동에 흥미를 품고 있었"다고 술회한 것으로 볼 때, 비록 공통의 레퍼토리를 사용했지만 긴다이게키죠는 쓰키지소극장과 같은 정통적인 소극장운동보다 '이념성이 강한 학구적 극단'을 추구한 것으로 보인다. 레퍼토리의 중복 문제는 당시 일본 연극계에서 메이어홀드와 러시아 연극에 대한 관심이 그만큼 높았다는 사실을 반증해주는 근거로 이해할 수 있을 것이다.

〈공기만두〉와 〈검찰관〉은 모두 러시아 희곡이다. 〈공기만두〉(1924)는 러시아 혁명 이후의 급격한 변화를 보여준 사회상을 반

영하는 소비에트 희극이 절실하게 요구되는 시점에서 신인 극작가 보리스 로마쇼프ベ·ロマシヨフ가 혁명극장革命劇場의 의뢰를 받고 쓴 사회희극社會喜劇이다. 이 작품은 혁명 이후 레닌 정부의 신경제정책이 시행된 후에 소비에트 사회의 어두운 이면을 통렬하게 해부한 희극이다. 그 내용은 실제로 있었던 국립산업은행 총재 크라스노시쵸코프 형제의 독직瀆職사건을 극화한 것이다. 1923년 가을에 극동공화국 수반 크라스노시쵸코프는 자신의 수완을 발휘하여 연방공화국과 합병 후 국립산업은행 총재로 임명되었는데, 신경제정책 이후 경기가 좋아지자 동생과 작당하여 회사를 세우고 매점매석, 청탁, 이권개입을 자행하였다. 그는 국립은행의 공금을 몰래 빼돌려 개인 사업을 벌이고 젊은 여배우와 호화생활을 누리는 데 유용하였다. 이러한 사실이 은행 내의 공산당원에 의해 폭로되어 재판에 회부, 처벌된 사건을 극화한 것이 바로 〈공기만두〉다.[28] 당시 러시아의 사회상을 이보다 더 통렬하고 심각하게 반영한 문학작품을 찾기 어렵다고 할 만큼 이 작품은 높은 평가를 받았다. 이 작품을 가리켜 '현대의 〈검찰관〉'이라는 평가가 있을 정도였고, 희극적 흥분성과 연극성의 풍부함에 있어서 고골의 〈검찰관〉보다 더 뛰어나다는 고평高評을 받기도 했다.

이 연극은 영화의 형식과 수법을 적용하여 각 장면을 15개의 장場으로 분할함으로써 무대에 변화감과 운동감을 부여하였다. 격동적인 리듬과 템포를 가진 현대적 감각의 프롤레타리아연극으로 평가받는 작품이며, 당시 혁명연극계의 대표적 작품으로 인정받았다. 공교롭게도 〈공기만두〉가 지닌 영화적 리듬과 템포, 역동성은 1926년 메이어홀드가 연출한 〈검찰관〉에서도 흡사하게 나타났다. 메이어홀드 연출작 〈검찰관〉(고골 작, 1836)은 그의 연출 작품들 중에 가장 훌륭한 공연으로 평가되고 있으며, 연극사상 어떤 작품보다도 많은 비평의 대상이 되었던 화제작이기도 하다.[29] 메이어홀드는 이 연출에서 고골 원작의 배경을 러시아 소도시에서 페테르부르크로 변경하여 혁명 이후 러시아 관료사회의 부정부패를 풍자하려고 시도하였다. 이 과정에서 4막의 원작을 15개의 에피소드로 구성된 3부로 재편집하고 개개의 에피소드에 제목을 붙여 독립성을 추구하였다. 그리고 무대 위에 두 개의 작은 이동무대를 설치하여 각 에피소드들을 작은 이동무대에서 재현하여 영화와 같은 역동성과 리듬, 템포를 부여하였다. 영화의 클로즈업과 같은 효과를 내고 싶을 때는 이동무대를 객석 쪽으로 가까이 근접시켜 연출하기도 했다.[30] 이렇게 15개의 에피소드들은 두 개의 이동무대와 전체 무대를 넘나들며 활력적으로 전개되었다.[31]

긴다이게키쬬가 〈공기만두〉와 〈검찰관〉을 레퍼토리로 선정한 것은 이 원작과 연출텍스트들이 갖는 내용적, 형식적 진취성 때문이 아니었을까 싶다. 〈공기만두〉의 경우, '현대의 〈검찰관〉'으로 평가받는 통렬한 사회비판적 희극이라는 점, 또 1920년대 중반 러시아의 새로운 대표적 혁명극革命劇으로 평가받고 있었던 점도 젊은 대학생 극단의 호감을 살만한 요소가 되었으리라고 보인

다. 이러한 점은 〈검찰관〉의 경우도 역시 마찬가지였다. 메이어홀드가 재해석한 〈검찰관〉은 혁명 이후 소비에트 관료사회의 부정부패를 풍자하는 사회비판적 요소가 강렬하게 부각되어 있기에 〈공기만두〉와 마찬가지로 '현실을 극화하는 운동'에 적합한 연극이었다. 그뿐만 아니라 〈공기만두〉와 〈검찰관〉에는 소비에트 연극의 참신한 전위적 연극기법들이 내포되어 있었다. 그것은 영화기법을 응용한 빠르고 활력적인 리듬감과 변화감, 역동성과 운동성을 지닌 무대기법과 연출방식을 보여주는 것이었다. 당대 혁명 소비에트 연극의 전위적 실험성과 운동성은 쓰키지소극장이나 문두ムンツ와 같은 일본 신극계 최전선最前線의 극단들에 의해 일본 연극계에 풍문風聞처럼 빠르게 전해졌고, 이는 진보적 성향의 젊은 연극인들의 호기심을 자극하기에 충분했던 것이다.

카이호우게키죠解放劇場의 혁명연극 체험과 유치진의 연극론

긴다이게키죠의 활동이 부진해지자 유치진은 긴다이게키죠를 나와 아나키스트 극단 카이호우게키죠解放劇場에 참여한다. 카이호우게키죠는 카이호우자解放座와 더불어 1920년대 일본 아나키즘 연극의 출발을 보여준 전문극단이다. 물론 일본 아나키즘연극의 기원은 이보다 빠른 1910년대부터 시작된다. 로맹 롤랑의 『민중예술론』의 영향과 함께 다이쇼 데모크라시의 물결을 타고 민중극

民衆劇이 등장하게 되는데, 이것을 아나키즘연극의 시작으로 보는 것이다. 예를 들어, 고리키의 〈밑바닥〉, 아일랜드 연극, 창작오페레타, 슈프레히콜[32] 등 다채로운 전위극을 공연하여 오스키 사카에, 다니자키 준이치로谷崎潤一郎 등과 같은 당대 지식인들로부터 지지를 받았던 '아사쿠사노무라시바이淺草の村芝居'(1919)라는 단체의 공연이 아나키즘연극의 효시로 분류된다.[33] 그러나 본격적인 아나키즘연극은 1927년에 결성된 카이호우자, 카이호우게키죠에 의해 나타난다. 두 극단의 설립자는 모두 프롤레타리아 소설가 이이다 토요지이다. 그는 무라야마 토모요시 등과 함께 『분토우文党』라는 잡지를 창간했고, 1927년에 아나키즘 계열 분케이카이호우文藝解放 동인으로 활동하다가 아나키즘 극단 카이호우자와 카이호우게키죠를 조직하게 된다.[34]

유치진은 카이호우게키죠에 1928년에 가담하여 1929년까지 약 1년 정도 활동하였다. 그렇다면, 이 무렵 일본 프로연극계의 판도는 어떠했을까. 1928~1929년경의 일본 프로연극계는 그야말로 가파른 수직상승의 전성기를 구가하기 시작할 때였다. 1928년 3월 나프NAPF, 全日本無産者藝術同盟가 결성되자 사노 세키의 프롤레타리아게키죠プロレタリア劇場와 무라야마 토모요시의 젠에이게키죠前衛劇場가 통합하여 나프의 연극부로서 도쿄사요쿠게키죠東京左翼劇場(1928.3.25)가 출범하게 된다. 그리고 이듬해에는 일본 프로연극 단체들을 총집결한 조직체로서 일본프롤레타리아극장동맹(프로트)(1929.2)이 창립하여 중앙집행위원장에 사사키 다카마루佐佐木孝丸,

일본 프로연극의 대본들

1920~30년대 나프NAPF 산하의 일본 프로연극단체들이 공연한 프롤레타리아 연극의 대본들이다.
1926년 도쿄 교도인쇄 직공들의 투쟁사건을 다룬 토쿠나가 스나오의 소설을 각색한 연극 〈태양없는
거리〉가 가장 대표적인 프로연극이다.

서기장에 사노 세키가 임명된다. 프로트의 창립 당시 소속 극단은 도쿄사요쿠게키죠, 오사카사요쿠게키죠大阪左翼劇場, 가나자와젠에이게키죠金澤前衛劇場, 시즈오카젠에이자静岡前衛座, 교토세이후크게키죠京都青服劇場 등이 있었다. 역시 프로트의 핵심극단은 도쿄사요쿠게키죠였고, 그 집행위원장은 무라야마 토모요시였다. 사요쿠게키죠는 1929년 6월에 무라야마 작 〈전선全線〉을 공연하여 엄청난 반향을 불러일으켰는데, 이로 인해 일본 프롤레타리아 연극운동은 확고한 지위를 정립하게 된다.[35] 심지어 흥행업자인 쇼치쿠松竹의 사장이 사요쿠게키죠에게 사업 제휴를 약속할 만큼 좌익연극의 대중적 인기는 매우 높았다.[36]

이러한 프로연극의 위세에 비하면 당시 아나키즘연극의 위상은 초라할 정도였다고 할 수 있다. 그럼에도 불구하고 유치진은 자신의 신념인 아나키즘 정신을 구현할 연극단체로 카이호우게키죠를 선택했던 것이다. "극단 해방극장이란 아나키스트 극단에 따라다니면서 **인간의 절대자유**를 끈질기게 추구하는 **전투적 예술 활동**에 공감하고 있었던 것"이라는 그의 술회에 주목하게 되는 것은 이러한 이유에서다. 카이호우게키죠의 선택은 '인간의 절대자유' 추구라는 인간해방人間解放의 정신에 입각한 아나키스트로서의 결정이었던 것이다.

그런데 이 근대극장에는 변변한 연출가가 없어서 연극도 수준이 낮았지만 마땅한 극장을 빌리지 못해서 언제나 창고 같은 데서 공연을 갖곤 했다. 아마추어라고는 하지만 너무 비참한 생각이 들었고 그렇다고 관중이라도 많으면 버텨보겠는데 그렇지가 못해서 슬그머니 그만두었다. 그리고 얼마 있다가 내 성향에 들어맞는 아나키스트들만의 극단 해방극장에 가입했다. 나는 거기서도 단역배우 이상이 못 되었다. 한번은 이태리 극작가가 쓴 작품(〈보스턴〉, 인용자)[37]에 출연케 되었다. 그 유명한 쓰키지소극장을 빌어 공연한 작품은 아나키스트 사코, 반체티가 저항하다가 처형당하는 내용이었다.

결국 그 작품은 제국주의 정부가 허락할 리 만무했고 공연 도중에 막을 내렸음은 두말할 나위도 없는 것이다.[38]

유치진은 카이호우게키죠에서 이이다 토요지의 〈우리들은 범인이다〉, 싱클레어의 〈보스턴〉 등의 공연에 직, 간접적으로 참여했다. 특히 〈보스턴〉에는 단역배우로 직접 출연했음을 스스로 밝혔다. 업튼 싱클레어Upton Beall Sinclair의 〈보스턴〉(1928)은 이탈리아 출신의 미국 아나키스트 사코와 반체티 처형 사건(1927)을 고발한 작품이다. 이탈리아 이민자인 제화공 사코와 생선 상인 반체티는 1920년 매사추세츠주의 신발공장에서 일어난 강도, 살인사건의 용의자로 체포되었는데, 열성적 아나키스트라는 편견 때문에 재판과정에서 그들의 변론이 수용되지 못하고 사형 판결을 받게 된다. 이들의 문제는 국제적 관심사로까지 비화되었지만 결국 그들은 1927년 전기의자에서 처형되고 말았다.[39] 아나키스트 극단인 카이호우게키죠가 '사코와 반체티 처형사건'에 관심을 갖고, 이를 연극의 소재로 삼아 아나키스트에 대한 부당한 탄압에 항의하는 연극을 만든 것은 매우 자연스러운 일이다. 그러나 이 작품을 어떤 방식으로 공연했는지에 대해서는 자세히 알기 어렵다.

이이다의 〈우리들은 범인이다〉의 경우도 희곡이 남아있지 않아 구체적 내용에 대해서 알기 어려운 것은 마찬가지다. 다만 이 작품의 공연에 대한 경험을 유치진은 다음과 같이 서술한 바 있어 그 정황을 살필 수 있다.

여기에 소개하려는 바 일본인 이이다 토요지飯田豊二 작 〈우리들은 범인이다〉는, 작가는 **청복극**青服劇이라고 주註하였지만 필자가 본 한에 있어서는 **구락부의 특성**을 규지窺知할 수 있는 작품으로 다른 어느 외국 작품보다 우수하다 생각한다.

〈우리들은 범인이다〉의 일 장면을 소개하자면,

템포가 가속도적으로 고조하여 그 절정에 달할 때에 그때이다! 무대 속에서나 관람석에서나 전기부電氣部에서나 프롬프터 복스에서나 어느 곳에서나 분개한 군중은 무대를 맹화같이 습격한다.

그들은 이구동성으로 부르짖는다.

우리들은 범인이다! 우리에게 사형을 내려라!

이같이 고조된 감격으로 막이 내린다. 여기에 이 극의 **관객석과 무대의 혼일한 조화**가 있다.

이때 배우와 관객은 뗄래야 뗄 수 없는 완전한 일체가 된다. (중략)

1928년, 이 극(〈우리들은 범인이다〉)이 아나키즘 극단인 해방극장의 손으로 동경 아사히朝日강당에서 상연되었을 때에 과연 **관중은 격하여 총립**總立**하고**

그 일부는 무대로 밀렸다.

장내 정리 차로 **임석하였던 ×관**官**은 놀라서 관중을 제어하기에 땀을 쥐었다.
그러나 짓궂은 사실은 이 ×관의 활동하는 광경이 이 극의 전체의 효과에 비
상한 성적을 내어주었다** 한다.

만일에 현대연극의 가장 진보된 이상이 객석과 무대의 황홀한 일치에 있다면
(1933년 가을에 준공됐다는 **메이어홀드 씨의 창안인 '무대 없는 신극장'도 이
정신의 가장 단적 발로**라 볼 수 있지 않을까?) 이 노동자구락부극은 이미 그 이
상을 실현하고 있다 하겠다.[40]

〈우리들은 범인이다〉의 줄거리에 대해서는 상세히 알 수 없지
만, 그 공연방식의 단면을 엿볼 수 있다는 점에서 위 구절은 매우
의미심장하다. 첫째, 이 연극에서 관객석과 무대의 혼연한 일체
감을 볼 수 있다는 점, 둘째, 이 연극이 표면적으로는 청복극靑服劇
을 표방하였지만 실제로는 노동자구락부勞動者俱樂部 연극의 성격
이 강하다는 점이 그러하다. 우선, 무대와 객석의 합일이 이루어
졌다는 점이다. 이것이 공연 주체의 의도와 무관하게 극장의 일
시적 분위기에 휩싸여 무대와 객석의 경계가 무너지는 현상이 나
타난 것인지, 아니면 공연 주체가 애초부터 그것을 의도한 것인
지를 분명히 하는 것이 중요하다. 겉으로 드러내지는 않았더라도
아마 극단 측은 연극의 절정 부분에서 선전선동(아지프로)의 효과
로 감정이 격해진 관객들이 자연스럽게 무대로 진입하리라는 것
을 충분히 예측할 수 있었을 것이다. 유치진의 노동자구락부극의

정의에 따르면 무대에서 진행되는 극에 대한 관객의 개입은 매우 자연스럽고 당연한 현상인 것이다.

막을 폐하는 대신 될 수 있는 대로 무대를 노출하여 연기자와 관람자의 분위기를 상통하게 하고 극에 있어서 그의 접촉면을 광대하게 하는 것이다.

연기자와 관람자가 잡연雜然한 속에 혼일한 일체가 되어서 관중이 즉 연기자요, 연기자가 즉 관람자이다. 그리고 조명은 등장자의 세계와 관람자의 세계를 동일한 분위기에서 생활시키기 위하여 입센 이래의 요지경식 무대조명을 타파하여 될 수 있는 대로 무대와 객석을 다 같은 정도로 밝게 하는 것이 보통이다. (중략)

- 등장한 것이 복남이다!
- 개똥아 잘해라!
- ××를 타도하라!
- 만세!

진동하는 만세소리! 박수! 욕설! 야지! 히히 하는 웃음소리 ― 이와 같은 소란한 가운데 극은 진행하는 것이다.[41]

유치진의 설명에 따르면, 암시적인 대소도구, 일상복 차림의 의상, 간단한 분장을 갖추고, 무대와 객석을 동일한 조도照度의 조명을 켜놓고 공연하는 노동자구락부극은 매우 자연스럽게 무대와 객석의 경계를 허물고 관객의 개입을 이끌어내는 형식을 갖고 있다. 이러한 극장주의적 연극기법을 그는 매우 이상적인 연극의 형태로 인식했고, 그러한 연극기법이 메이어홀드의 아방가르드적 연극정신의 발로라는 점도 분명히 알고 있었다. 이러한 점에서 그는 긴다이게키쬬와 카이호우게키쬬의 연극체험을 거치면서 메이어홀드식의 극장주의 연극에 깊은 매력을 느끼고 있었음을 알 수 있다.

〈우리들은 범인이다〉의 공연에서는 연극에 동화된 관객이 자연스럽게 무대에 개입하고, 마침내는 이를 제지하는 임석경관臨席警官까지 한데 엉켜서 마치 극장 전체가 연극무대가 되는 코믹한 상황이 연출되는 것이다. 아나키스트의 연극을 통제하러온 임석경관이 오히려 그들의 의도에 말려 자신도 모르게 연극의 일원으로 참여하는 웃지 못 할 상황이 연출된 셈이다. 이 장면은 카이호우게키쬬의 연극이 메이어홀드 식의 극장주의 연극을 성공적으로 구현한 것이었다는 점을 말해주는 것이다.

당시 카이호우게키쬬는 〈우리들은 범인이다〉를 일본 최초의 '청복극青服劇' 공연으로 소개한 것 같다. 사실 청복극은 소비에트 러시아에서 건너온 혁명연극, 즉 아지프로연극의 일종이다. 러시아에서 아지프로연극으로 여러 가지 형태들이 시도되었지만 대체로 실패로 끝난 것들이 많았고, 심지어 그 흔적조차 남지 않은 것도 있었다. 그중에 이동극단移動劇團과 노동청년극장勞動靑年劇場이 커다란 족적을 남기고 살아남을 수 있었다. 이 중에서도 특히 이동극단의 활동이 주목을 끄는 것이다. 이동극단의 활동 중에 가장 특색 있는 것은 청복극과 산신문극生きた新聞劇, living newspaper

산신문극living newspaper

이다. 산신문극은 청복극과 비슷한 이동연극의 일종이지만, 신문
보도를 연극의 재료로 사용하고 의상, 분장 등 많은 연극적 재료
들을 활용하였다.

반면, 청복극은 처음부터 배우들이 의상, 분장, 대소도구 등을
거의 사용하지 않고 푸른색 노동복(청복靑服)을 입고 연기했기 때
문에 청복극이라는 명칭을 갖게 되었는데, 정치적, 시사적, 풍자
적 내용을 지닌 이동연극의 일종이었다. 의상, 분장, 대소도구를
거의 사용하지 않고 노동자 복장을 입고 연기한 것은 노동자구락
부나 공장, 직장 등 임의의 조건에서 신속하게 출동하여 공연하
기 위해서였다.[42] 그러한 점에서 청복극은 노동자 자신이 스스로

연극을 소유하고 자신들을 위해 연극을
만들어 공연하는 일종의 '자립연극自立演
劇'이라는 점에서 노동자구락부극과 공
유할 수 있는 여지가 많았던 것이다. 유
치진이 〈우리들은 범인이다〉를 청복극
보다 노동자구락부극이라고 규정한 것
은 이러한 이유에서일 것이다.

대학졸업 직후의 유치진

　노동자구락부극을 소개하는 글에서,
유치진은 소비에트의 자립연극 실태와 현황에 대해 N. N. 에프
레이노프의 보고서 「자립적 연극의 건설」이라는 문건을 몇 차례
에 걸쳐 인용하면서 참고하고 있다.[43] 그뿐만 아니라 그의 견해에
대한 자신의 논평까지 밝히고 있다. 이 글은 1927년 러시아 혁명
10주년을 맞아 개최된 소련연방공산당 연극회의에서 보고된 것
이므로 당대에 접할 수 있었던 혁명연극에 관한 문건으로는 최선
의 자료였던 셈이다. 유치진이 노동자구락부극에 관해 소개하면
서 이 문건을 참고하고, 인용하였다는 것은 당시 소비에트 혁명
연극에 대한 유치진의 식견이 상당히 높았음을 보여주는 것이다.
　이뿐 아니다. 당시 유치진이 관심을 가졌던 아지프로연극의 형
태로는 '산신문극', '행장연극行裝劇場', '브나로드연극', '농민극'
등이 있다. 이는 그가 1930년대 초반에 평론의 형식으로 지면
을 통해 소개한 바 있다.[44] 산신문극에 대해서는 앞에서 언급했
지만 나머지 연극들도 모두 앞에서 살핀 청복극이나 노동자구락

부극처럼 이른바 이동연극의 성격을 갖는 것들이다. 행장극장은 일본 프로연극의 '토랑쿠게키죠トランク劇場'를 모방하여 유치진이 구상해본 것이다. 토랑쿠게키죠는 1926년 1월 도쿄 코이시카와小石川의 '교도인쇄共同印刷'에서 대쟁의大爭議가 발생했을 때 쟁의단爭議團 간부 토쿠나가 스나오德永直가 쟁의단을 고무, 격려하는 의미로 프로연맹 연극부에 연극을 보내달라는 의뢰를 해서 만들어진 극단이다. 1926년 2월에 만들어진 토랑쿠게키죠(트렁크극장)는 일본 이동연극의 선구로서 연극에 필요한 최소한의 재료들을 트렁크 가방에 넣고 언제 어느 곳에서 요청이 있으면 현장에 투입되어 공연 활동을 전개하였다.[45] 브나로드연극은 행장연극과 매우 유사한 형태를 갖고 있다. 다만, 러시아 대학생, 지식청년들이 주도한 문자보급운동에서 착안한 것인데, 문자文字 대신 연극을 보급하는 운동으로 변형한 것이다. 연극보급의 방법론은 행장연극과 유사한 것이다. 농민극도 브나로드연극과 크게 다르지 않다. 브나로드연극이 사실상 농촌을 대상으로 하는 운동이기 때문이다.

여기서 주목해야 할 부분은 이러한 연극 형태를 추구한 유치진의 연극관이다. 그는 현대연극이 도시 중심의 중앙집권적 형태를 띠고 있기 때문에 연극의 본질에서 벗어나서 타락하고 있다고 주장한다. 그는 연극은 오광대놀이나 산대놀이에서 보듯이 본래 흙에서 발생하고 자란 것인데, 도시의 실내극장으로 유폐되어 도시민을 위한 위선적, 기형적 오락물로 타락하고 말았다고 주장한다.

이러한 도시 중심, 소수 엘리트 중심의 근대연극을 가리켜 그는 '사도邪道'의 연극이라고 표현한다. 서재書齋적 형태의 근대극을 추구하는 쓰키지소극장의 연극을 가리켜 사도의 연극이라고 비판한 것도 바로 이 같은 이유에서였다.

그가 이동연극, 자립연극의 형식을 중시하는 연극론을 펴는 이유는 분명하다. "연극은 일반 민중의 창작이요, 그의 오락이요, 드디어 그들의 의지"[46]라는 신념체계를 갖고 있기 때문이다. 이는 그의 표현에 따르면 '연극 본질의 탈환'에 대한 의지에서 비롯된 것이다. 연극이라는 예술은 본질적으로 민중의 것이므로 그것을 소유하고 창작하고 향유하는 주체는 바로 민중 자신이어야 한다는 예술관이 그의 청년시대를 지배하고 있었기 때문이다. 물론, 이와 같은 예술관은 로맹 롤랑의『민중예술론』에서 유래한 것이며, 새로운 예술은 '민중에 의해, 민중을 위해 만들어진 예술'이 아니면 안 된다고 주장한 오스키 사카에의 아나키즘 예술론의 자장 속에 있는 것이기도 하다. 유치진에게 사상적 영향을 끼친 아나키스트 크로포트킨은 청년들에게 주는 한 전언傳言을 통해 학문은 일부 특권층을 위해서 존재해서는 안 되며, 그것이 이룬 진리는 모든 사람의 공동의 소유가 되어야 한다고 주장하였다.[47] 릿쿄대학시대에 유치진이 연극예술에 대해 가졌던 인식도 바로 이러한 것이 아니었을까.

그가 아나키스트 극단 카이호우게키죠를 나와 다시 도쿄 이케부쿠로池袋의 릿쿄대학 캠퍼스로 돌아간 것은 1929년이었다. 외관상 이것으로 그와 아나키즘과의 공식적인 인연은 끝이 난 것처럼 보인다. 그렇다고 그것이 아나키즘과의 사상적 단절을 의미하는 것은 결코 아니었음은 그가 1930년대에 쓴 연극평론들을 통해 확인할 수 있다. 문제는 그가 카이호우게키죠를 탈퇴하고 릿쿄대학에 복귀해서 숀 오케이시에 관한 졸업논문을 쓰고, 또 숀 오케이시의 영향을 받아 〈토막〉, 〈버드나무 선 동리 풍경〉, 〈빈민가〉, 〈소〉와 같은 희곡 창작을 하는 것을 1920년대 후반 아나키즘 사상의 영향과 결부해서 어떻게 해석하느냐 하는 것이다.[48]

오영진,
일본어 글쓰기로
민족주의를 꿈꾸다

오영진과 일본어 소설 〈진상〉

오영진吳泳鎮은 이른바 '민속의례民俗儀禮 삼부작'이라고 불리는 시나리오 〈배뱅이굿〉(1942), 〈맹진사댁 경사〉(1943), 〈한네의 승천〉(1972)을 썼다. 한국의 대표적 민속의례인 관혼상제冠婚喪祭 중에서 〈배뱅이굿〉은 상례喪禮, 〈맹진사댁 경사〉는 혼례婚禮, 〈한네의 승천〉은 제례祭禮를 소재로 삼아 창작되었다. 이 일련의 시나리오들은 오영진 자신의 대표작일 뿐만 아니라 한국적 정체성identity을 잘 대변하는 극작품으로 널리 인정받고 있다. 이러한 작품의 특성 때문에 그는 희곡과 시나리오 장르 부문을 막론하고 한국을 대표하는 극작가로 알려져 있다.

더욱이 그는 민족주의 사상을 지닌 극작가로도 유명하다. 한국적 정체성을 담은 작품의 경향도 그러한 측면을 말해주지만, 식민지시기와 해방기, 그리고 1950~60년대에 걸쳐 나타난 적극적인 반공, 반일 민족주의 사상과 활동은 오영진이 민족주의 성향의 작가라는 사실을 보여주는 확실한 단서가 된다. 오영진을 민족주의 극작가로 분류하는 데 대해서는 커다란 이견을 찾아보기 어려울 것이다.[1] 그러나 그가 소설가로 문학의 첫걸음을 시작했다는 사실, 그리고 그가 쓴 소설들이 모두 일본어 작품이었다는 사실은 그다지 잘 알려져 있지 않은 것 같다. 물론 오영진이 일제 말기에 발표한 시나리오 〈배뱅이굿〉(『국민문학』, 1942.8)과 〈맹진사댁 경사〉(『국민문학』, 1943.4)도 모두 일본어로 창작되었으나 이는 이미 학계에 잘 알려진 사실이다. 문제는 일본어('고쿠고國語') 사용이 강제된 일제 말기에 발표된 시나리오뿐만 아니라 조선어로 창작이 가능했던 1930년대에 그가 쓴 작품이 모두 일본어로 창작되었다는 사실이다. 오영진은 민속의례라는 소재를 통해 한국적 정체성을 잘 표현한 작가라는 점, 또 일생을 반공, 반일 민족주의 활동에 투신했다는 점으로 미루어 단정적으로 '민족주의 극작가'라는 이름을 부여받아왔다. 그러나 오영진을 민족주의 작가로 곧바로 등치시키는 것에 대해 차분한 숙고가 필요하다고 보인다.

공식적인 지면에 발표된 오영진의 처녀작품은 1934년 경성제국대학 예과京城帝國大學 豫科 동인지 『청량淸凉』18호에 수록된 단편소설 〈할머니婆さん〉(1934.7)이다. 동인지『청량』에는 당시 조용만

趙容萬, 고정옥高晶玉, 김영년金永年, 구자균具玆均 등 다수의 조선인 학생들의 작품이 실린 것이 확인되고 있다.[2] 오영진은 경성제대 예과 시절부터 문학창작에 상당한 관심을 기울였던 것으로 보인다. 그의 창작열은 경성제국대학 본과本科 재학 시절에도 꾸준히 이어져서 1936년에 성대城大 본과생 문학동인지『성대문학城大文學』에 모두 4편의 단편소설을 발표하였다.『성대문학』 2호(1936.2)에 〈진상眞相〉을 비롯해 3호(1936.5)에 〈친구가 죽은 뒤에友の死後〉, 4호(1936.7)에 〈거울かがみ〉, 그리고 5호(1936.10)에 미완성작 〈언덕 위의 생활자丘の上の生活者〉 등 1년간 4편의 소설을 연달아 발표하는 왕성한 창작 활동을 보여주었다.

『성대문학』은 경성제대에 재학하는 일본인 문학 지망생들이 대거 참여하여 만든 문학동인지였다. 일본인 학생 잇시키 고一色豪가 줄곧 동인지의 편집 겸 발행인으로 표기되어 있는 것으로 보아 그가 이 동인지의 대표였던 것으로 보인다. 그 밖의 일본인 동인으로는 미야자키 세이타로宮崎淸太郞, 와타나베 마나부渡部學, 다나카 마사미田中正美, 이즈미 세이이치泉靖一, 모리다 시로森田四郎 등이 있었으며, 조선인 동인으로 오영진과 이석곤李碩崑이 있었다. 오영진은『성대문학』 2호(1936.2)에 〈진상〉을 발표함으로써 동인에 가담하게 된다.『성대문학』 2호 편집후기를 보면, 새로운 동인으로 참가하게 된 오영진의 역작을 얻게 되어서 기쁘며, 이석곤도 동인이 되어서 "금후今後 반도학생半島學生 양군兩君의 활약이 기대된다."라고 하였다.[3] 이를 통해 볼 때, 당초 이 동인지의 창립

『성대문학』 표지

당시에 조선인 회원은 없었던 것으로 보이며, 2호 발간의 준비 시점에 두 사람이 가담하게 된 것으로 보인다. 오영진은 일본인 학생들이 만든 일본어 문학동인지에 보기 드문 조선인으로서 참여하여 일본어로 소설을 썼던 것이다. 그만큼 그에게 창작에 대한 열망이 매우 절실했던 것으로 보인다.

오영진이 『성대문학』에 발표한 4편의 소설 중에 특히 〈진상〉은 주목을 요하는 작품이다. 그것은 이 작품이 훗날 발표되는 시나리오 〈한네의 승천〉의 창작 원천이 되는 작품이라는 사실 때문이다.[4] 〈진상〉은 〈한네의 승천〉의 창작원천이 되는 작품일 뿐만 아니라 오영진의 작가의식을 규명하는 데 있어서 매우 중요한 의미가 있는 작품이다. 따라서 〈진상〉의 분석을 통해 〈한네의 승천〉과의 상관성을 규명하는 작업은 매우 의미심장한 문학사적 의미를 갖는다. 앞서 언급한 대로, 〈한네의 승천〉은 오영진의 '민속의례 3부작' 가운데 한 편이자 그 완결판으로서 오영진의 민족주의적 성향을 잘 보여주는 작품의 하나로 손꼽힌다. 그런데, 식민지시대 일본어 문학동인지에 일문日文으로 창작된 소설 〈진상〉이 민족적 정체성을 대변하는 작품이자 한국 극문학의 정전正典으로 인식되는 〈한네의 승천〉의 오리지널이라는 이 모순된 상황을 어떻게 이해해야 하는 것일까.

오영진의 〈진상〉과 이중어 글쓰기

일본어로 쓴 소설 〈진상〉(1936)은 사용된 언어와 관계없이 1930년
대 식민지 조선의 농촌 현실을 사실감 있게 반영한 작품이라고
할 수 있다. 이 소설에서 주인공 철수哲洙는 지독한 술꾼大酒飲み
이자 난봉꾼ならずもの으로 마을에서 유명한 소작인小作人이다. 이
로 인해 그는 본처 김 씨金氏와 하루가 멀다 하고 다투는 관계이
다. 김 씨가 철수와 싸우고 나서 가출하여 며칠째 돌아오지 않던
어느 날 철수는 시내 거리에서 구걸하는 젊고 예쁜 여인 서 씨徐
氏를 자기 집으로 데려와 함께 살게 된다. 성정이 거친 본처 김 씨
와 달리 '선녀仙女'와 같이 아름다운 심성과 용모를 지닌 서 씨와
함께 살면서 철수의 방종한 생활태도는 하루가 다르게 변화하게
된다. 음주와 난봉질을 그만두고 착실한 농사꾼으로 변모하게 된
것이다.

"올해도 풍년이야."

그는 석양빛을 받아 일종의 따뜻함마저 감도는 누렇게 여문 벼들을 둘러보
았다.

"풍년에, 새색시인가!"

그의 가슴은 이루 말할 수 없는 행복감으로 가득했다.

"이 정도면 이 년 안에 빚을 완전히 갚을 수 있어. 각시를 위해서 돈을 모아 두
지 않으면 안 되겠어. 우선 돈을 모아서 집을 고쳐야지. 정말이지 지금 사는 집

은 돼지우리간이나 마찬가지니까."

그는 서 씨를 들이고 나서 새해 아침을 맞이한 소년처럼 "술을 마시지 말 것", "한가할 때는 물고기를 잡거나 땔감을 모으러 나갈 것"이라고 결심했다. 그리고 이 일주일 동안만큼은 결심을 한 치도 뒤엎지 않고 지켜왔기에 그는 공연히 신이 났다.

달이 떴다 달이 떴다.
돈 벌러 가세.[5]

젊고 예쁜 새 아내 서 씨를 얻은 행복감으로 인해 철수는 술을 끊고 착실히 일하면서 돈을 벌 궁리를 하게 된다. 그러나 철수에게 젊고 예쁜 아내가 생기게 되자 주변의 마을 사람들은 은연중 철수를 질투하게 된다. 특히 지주이자 마을의 자력갱생회自力更生會 회장인 성삼成三의 질투는 매우 집요한 것이었다. 한편, 면사무소 서기書記인 부기富基는 성삼을 매우 싫어해서 은근히 철수를 도와주려 하는데, 그것은 성삼이 "병적으로 질투심이 깊고 음험한 남자"이기 때문이다. 부기가 알기로 성삼은 "아우의 아내를 몰래 좋아하다가 자기 뜻대로 되지 않자 사오백 원을 동생 부부에게 쥐여 주고 내쫓았다."는 나쁜 소문도 있고, "칠팔 년 전 부기의 모교인 M고등보통학교를 중도에 퇴학하고서 대학에 간답시고 다롄으로 도쿄로 기생을 끼고 어슬렁거렸던" 적이 있을 만큼 행실이 좋지 않았던 인물이면서 마치 자신이 도덕적인 사람인 척 위선적

행동을 하는 인물인 것이다.[6]

성삼 역시 이번 일을 못마땅하게 여기고 있었다. 지금껏 그는 소작인의 집안에서 일어나는 일에 구태여 간섭한 적이 없었다. 옆집 최 씨가 자기 남편의 방탕함을 하소연해 왔을 때도 "곧 나아지겠지요." 하고 한 마디 대꾸할 뿐 도무지 상대하려 들지를 않았다. 그런데 이번에는 이상하게도 이 사건에 관심을 갖고 있는 듯했다. 그는 'X촌 자력갱생회 회장으로서 근본도 모르는 여자를 이런 **모범촌**에 둘 수는 없다'는 의견이었다. 이것이 그들 동네 사람들, 즉 성삼의 소작인들로 하여금 철수의 신혼살림이 도저히 있어선 안 될 괘씸한 것인 양 여기게끔 만든 원인이었는지도 모른다. **성삼은 재력과 청렴함과 도덕심과 학식으로 이 마을 사람들(특히 여자들)의 칭찬과 동경을 한 몸에 받고 있었다. 따라서 그의 의견은 거의 절대적인 것이었다.**[7]

대부분의 마을 사람들은 성삼의 위선적 태도를 알지 못하고 있으며, 재력과 청렴함, 도덕심, 학식을 지녔다고 알려진 마을의 절대적 존재인 자력갱생회 회장 성삼에게 존경을 표하고 있을 뿐이다. 면 서기 부기만이 그의 위선을 꿰뚫어 보고 있다. 그러나 지주인 성삼이 철수를 불러내 마을('모범촌')의 '체면'을 생각해서 서 씨와 헤어지고 본처 김 씨와 재결합하라는 강요에 대해 소작인인 철수는 저항할 수 없는 처지이다. 성삼의 요구를 들어주지 않으면 소작을 떼일지도 모르며 마을 공동체로부터 외면받을 수도 있다는 불안감 때문에 철수는 결국 성삼의 요구대로 서 씨와 헤어지고 만다. 주위의 강요로 인해 자신의 인생을 변화시킨 '선녀'를 잃고 만 것이다. 서 씨와 헤어진 뒤 철수는 실의에 빠져 다시 술꾼이자 난봉꾼인 예전의 생활방식으로 돌아간다. 집으로 돌아온 김 씨는 얼마 못가서 철수와 다투다가 또 다시 집을 나가고 마는데, 그녀가 성삼의 집을 자주 드나드는 것이 부기에 의해 목격된다. 결국 서 씨를 빼돌린 것을 비롯해 김 씨를 뒤에서 움직인 것이 모두 성삼의 계략이었음이 밝혀지게 된 것이다. 성삼과 사이가 나쁜 부기는 이 모든 사실을 철수에게 폭로하리라고 결심한다.

이 소설은 표면적으로 보면, 마치 인간의 근원적 욕망과 질투의 문제를 다룬 통속적인 작품처럼 보인다. "일간잡지에서나 발견할 수 있는 통속적인 내용의 현실소재로 쓰여진 것"[8] 이라는 지적은 이러한 맥락에서 비롯된 것이라고 할 수 있다. 그러나 심층적으로 볼 때, 이 소설은 일제의 식민지 농촌정책(특히 농촌 자력갱생운동)이 보여준 모순을 비판하고 있는 작품이라고 할 수 있다. 술꾼이자 난봉꾼인 소작인 철수가 아리따운 걸인乞人 여성('선녀')을 만나 착실한 농사꾼으로 다시 태어나고자 하는 것, 즉 갱생하고자 하는 것을 자력갱생운동회 회장인 성삼과 그 회원들(마을 사람들)의 질투가 가로막고 있기 때문이다. 한 타락 농민의 자발적인 갱생 기회를 자력갱생회가 좌절시키고 만다는 웃지 못 할 아이러니를 보여주는 것이 바로 이 소설의 핵심적 의도인 것이다.

이 소설에 나타난 자력갱생운동의 아이러니는 1933년부터 조

眞相

吳泳鎭

一

　哲洙「ＴＯＬＩ」が、新しい縣吏を趣へて、もう一週間になる。今度になつて始めて、村の人々はこの騒がしい事件が、現實に行はれたことであると信ずるやうになつた。然し今度になつてもやはり、彼等の心には、この事を信じ切つてしまふには少し疑り惜しいやうな、「いや、もつとはつきり言へば、どことなく不滿な席があつた。

　もし、今度の結婚が仲人を立てての正式なものであつたら、又「女」、即ち四十に近い哲洙の所へ嫁がず、誰か他の人、例へば彼等は名錢か借りか、若者であり、且つ縄等の地主である成三の所へでも嫁いだら、これ程までに、哲洙の所から物を持ち去つたりするものだらうか。と云ふのは「女」徐氏もし、はあまりにも思ひがけなく、細からば村（×村とする）の持て餘しものの（フランケンシュ ）で、大酒飲みである成三の所に、轉り込んで來たのである。彼等は、この村で稼でも手にはいる、その×村の居酒屋へ行つて、酒飲みのならずものだつた。どこの村にも、一人位は居る、酒飲みのならずものはあつた。なら若者だつた。彼はちようど大金でも手にはいると、その×村から歩いて十五分かゝる、×徒の居酒屋へ行つて、金のあらうだけ飲んだ。それでも見らぬ時は、無理に借金を邸へては、ぐでん～になるまで飲むのだつた。その擧げ句は、酒屋の綠坂の間に寝込むのまゝで、翌朝まで死んだほど寝込むのだのだつた。

1

오영진은 1934년 일본어 단편소설 〈할머니〉를 경성제대 예과동인지 『청량』에 발표한 것을 시작으로, 1936년에는 단편소설 〈진상〉, 〈친구가 죽은 뒤에〉, 〈거울〉, 〈언덕 위의 생활자〉를 일본어로 창작하여 경성제대 문학동인지 『성대문학』에 발표하였다.

선총독부가 추진하던 농촌진흥운동의 주요 사업인 이른바 '농가갱생계획農家更生計劃'의 허구성을 통렬하게 폭로한 것이라 해도 지나치지 않을 것이다. 1930년대 농촌진흥운동은 1932년부터 1940년까지 조선총독부가 주도한 일종의 관제官製 농민운동이라고 할 수 있다. 이는 1929년경에 불어 닥친 세계 경제공황의 직접적 피해계층인 농민들이 소작쟁의, 농민조합운동 등 생존을 위한 저항운동을 뜨겁게 전개하자 농민 계층의 불만을 해소하고 농촌 사회를 통제하기 위한 일종의 자구책으로 내놓은 것이라고 할 수 있다.[9] 자력갱생운동의 본질이 식민지 농촌 사회의 근본적인 발전을 목표로 삼은 것이 아니라 지주, 재력가 등 농촌의 지역 유지를 중심으로 한 농촌의 자율적 통제조직을 만드는 데 있었기 때문에 그것은 애당초 허구적이고 기만적인 프로젝트일 수밖에 없었다. 1937년 중일전쟁 이후 농촌진흥운동의 방향이 '자력갱생'에서 전쟁 물자의 조달을 위한 '증산增産'으로 수정된다는 것은 농촌진흥운동의 설치 목적이 조선 농민을 위한 것이 아니라 총독부를 위한 것이었음을 말해주는 것이다.

그러한 점에서 1930년대 중반 식민지 조선 농촌 사회의 기간 조직을 이루던 자력갱생회가 개별 농민의 욕망을 억압하는 모순적 상황을 폭로하고 비판하는 이 소설은 1930년대 중반 농촌 사회의 근본 모순을 날카롭게 비판한 사실주의적 소설이라 할 수 있다. 식민지 관립대학의 미숙한 학생 신분인 오영진이 대담하게 제국대학의 문학동인지에 이처럼 당대 농촌 사회의 모순을 통렬

극작가 오영진(좌)과
소설가 김사량(우)

하게 비판하는 작품을 발표할 수 있었던 점은 오영진 개인의 예리한 통찰력도 있었지만, 1930년대 중반 들어 농촌진흥운동의 반反시대성에 대한 비판 여론이 비등해지기 시작한 사회적 분위기도 작용했던 것이다. 심지어 경성공립농업학교 교장 노무라野村와 같은 책임 있는 위치에 있는 사람까지 농촌 갱생계획의 문제점에 대해 비판하는 상황이었던 것이다.[10] 이러한 사회적 분위기 속에서 오영진의 소설 〈진상〉이 창작되었던 것이다.

〈진상〉이 보여준 당대 농촌 사회의 모순에 대한 비판이라는 문학적 특징은 여러 가지 점에서 1940년 아쿠타가와상芥川賞 후보작 작가였던 김사량金史良의 일본어 소설과의 친연성을 잘 보여준다. 특히 그의 〈덤불 헤치기草深し〉(1940)를 보면 이러한 현상이 잘 나타난다. 김사량의 〈덤불 헤치기〉는 동경제대東京帝大 의과생 박인식朴仁植이 연구조사를 위해 숙부가 군수郡守로 있는 조선의 한 산골 마을을 방문하여 겪게 되는 조선 농촌의 현실을 묘파한 작품이다. 군수인 숙부의 일본어 연설을 통해 강조되는 총독부의 색의色衣권장정책이 지닌 허구성, 농촌의 처참한 빈궁 현실을 직시하지 못한 화전민火田民 대책의 비현실성을 의학도 박인식의 시선을 통해 심도 있고 예리하게 파헤치고 있다. 특히 색의장려를 주장하는 군수의 연설 장면에서 색의장려 주장을 일본어로 말하는 '연설자'(군수), 또 이를 조선어로 옮기는 '통역자'(코풀이 선생), 그리고 듣는 '청중'(농민들)이 모두 같은 조선인이라는 사실은 식민지 언어 상황의 아이러니를 매우 연극적으로 드러내는 희극적 장면이라고 할 수 있다.[11]

그런데 여기서 특히 주목해야 하는 것이 바로 색의장려정책에 대한 희화화일 것이다. 이 정책 또한 식민지 농촌진흥운동의 일환으로 전개되는 사업 중의 하나였는데, 초창기 진흥운동은 색의장려, 금주단연禁酒斷煙과 같은 생활개선운동이 주류를 이루었다고 한다.[12] 전통적인 흰옷을 입지 못하게 하고 색의色衣를 억지로 강권하는 희극적 상황을 김사량은 〈덤불 헤치기〉에서 일본어 연설이라는 우스꽝스러운 연극적 상황을 동원하여 풍자하고 있는 것이다. 이는 〈덤불 헤치기〉의 심층적 의도 역시 오영진의 〈진상〉과 마찬가지로 식민지 농촌정책의 실패와 모순을 폭로하는 데 있었다고 볼 수 있는 것이다. 이러한 점에서 오영진의 〈진상〉과 김사량의 〈덤불 헤치기〉는 매우 친연성이 깊은 작품인 것이다.

그런데, 흥미롭게도 오영진과 김사량, 두 사람은 개인적으로도 공통점이 매우 많다. 평양(평양고보) 출신, 기독교 명문가 출신, 제국대학 출신, 일본어 창작, 민족주의적 성향 등이 두 사람이 모두 공유하는 공통점이다. 첫째, 두 사람은 모두 비슷한 시기에 평양에서 출생했고, 평양고보를 다녔다. 김사량이 1914년생이고, 오영진이 1916년생으로 2년 차이가 나지만 고보에 입학한 해가 같고, 비슷한 시기에 함께 평양고보를 다녔다. 1928년에 평양고보에 입학한 김사량은 광주학생운동에 호응하는 동맹휴교 사건의 주모자로 몰려 1931년에 퇴학 처분을 받고 도일渡日하였다.[13] 반면, 6세에 소학교에 입학한 오영진은 연령 미달로 평양고보에 바로 들어가지 못하자 1928년 양정고보養正高普에 입학한 뒤 1930년에 평양고보로 전학했으므로 두 사람이 함께 평양고보를 다녔던 기간은 대략 1년 남짓하다.[14] 비록 두 사람이 함께 학교에 다닌 기간은 길지 않지만 평양고보의 동급생이었기에 적어도 서로의 존재에 대해 알고 있었거나 교유했을 가능성은 매우 크다고 할 수 있다.

둘째, 두 사람이 모두 평양 기독교 명문가의 자제였다는 사실도 두 사람의 친연성을 말해주는 사실이다. 서북西北(평안도)의 지역성은 진취적이고 개방적이어서 외래 문물에 대해 유연한 수용력을 보여주었고, 보수적 규범의식으로부터도 비교적 자유로운 분위기여서 일제 강점기에 평양을 비롯한 서북 지역은 기독교의 세력이 매우 강한 곳이었다. 더구나 서북 지역의 기독교는 재력 있는 토착세력, 상공인, 민족주의자들과 결합하여 강력한 민족주의적 기독교의 성격을 갖고 있었다. 평양 산정현 교회 주기철 목사의 순교 사건으로 기억되고 있듯이 일제 말기 신사참배의 결사적 반대의 진원지가 바로 평양의 기독교였던 것이다.[15] 오영진의 부친은 도산島山 안창호安昌浩, 고당古堂 조만식曹晚植, 주기철朱基徹 목사 등과 함께 활동한 서북 지방의 명망 있는 기독교 계열 민족운동가 오윤선吳胤善 장로이다. 오영진의 회고에 따르면, 당시 오영진의 자택 사랑방은 도산 안창호, 고당 조만식 등이 드나들며 민족운동의 현안을 논의하는 집합소였다고 한다.[16] 한편, 김사량의 모친은 기독교 계통의 숭의여학교 출신이자 독실한 기독교 신자로서 평양의 유명 음식점과 백화점을 운영한 재력가였다. 김사량의 처가 역시 기독교 가문으로서 평양의 고무공장을 경영한 성공한 상공업자 계층이었다.[17] 오영진과 김사량, 두 사람의 성장 환경과 종교적 배경은 매우 흡사하다.

셋째, 두 사람 모두 제국대학 출신의 엘리트 문인이었다. 김사량은 동경제대東京帝大 독문학과獨文學科를, 오영진은 경성제대京城帝大 조선어문학과朝鮮語文學科를 다녔으며, 재학 중에 각각 문학지 동인으로 활동하면서 일본어 소설을 창작하였다. 김사량은 동경제대의 일본인 친구들과 어울려 문학동인지 『제방堤防』를 발행하고, 소설 〈토성낭土城廊〉(1936) 등을 발표하면서 본격적으로 일본어 소설을 창작하였다. 반면, 오영진은 앞서 살펴본 대로, 소설 〈진상〉(1936)을 발표하면서 경성제대 문학동인지 『성대문학城大文學』의 동인으로 활동하게 된다. 일본어 글쓰기literacy에 능숙한 제국대학 출신의 엘리트 문인으로서 서로 공유할 수 있는 의식세계가 있었으리라 판단된다.

　넷째, 두 사람 모두 창작과 삶을 통해 민족주의적 성향을 보여 주었다. 〈진상〉과 〈덤불 헤치기〉를 통해 살펴본 바와 같이 두 사람 모두 비록 일본어로 작품을 썼지만 작품 내면에서 조선총독부 식민지 정책의 모순과 실패를 비판하는 민족주의적 성향을 은연 중 보여주었다는 점은 분명하게 드러나고 있다. 또 두 사람은 모두 실제 삶에서도 민족주의자의 길을 걸었다. 김사량은 일제 말기에 중국에서 연안延安 지구로 탈출하여 독립운동단체인 조선의용군朝鮮義勇軍에 가담하였다.[18] 오영진은 부친 오윤선 장로의 민족주의운동에 직, 간접적으로 관여하였고, 조만식의 민족주의운동에 협조하였다.[19]

　실제로 오영진과 김사량은 이와 같은 친연관계를 갖는 데 머문 것이 아니라 구체적인 교류가 있었던 것으로 보인다. 이에 대해 오영진의 회고를 참고해보면 다음과 같다.

동경에만 가면 모든 것이 뜻대로 될 것만 같았다. 뜻대로가 무엇인지 물론 나 자신도 확실히는 몰랐지만. 아버지의 허락이 떨어지기가 무섭게 현해탄을 건넜다.

동경에는 아직 동대東大 학생인 김사량金史良이 유력한 동인잡지에 소설을 쓰고 있었고, 안영일安英一이 신협극단新協劇團에서 조연출을 보았고, 황헌영黃憲永이 이과전二科展에 출품하고, 문학준文學準, 임동혁任東赫이 음악으로 날렸고, 주영섭朱永涉이 학생예술좌를 거느리고 있었다. 그들은 자유주의자이며, 사회주의자이며, 민족주의자로 자처하고 있었다. 그들은 활동사진을 공부하겠다고 찾아온 식민지대학 출신의 문학자를 정답게 맞아들였다. (중략)

학자가 되려고 조선문학을 공부한 것이 아니었던 것처럼 예술가가 되려고 영화공부를 한 것은 아니다. 성급한 나로서는 소설로는 내가 의도하는 바를 급속한 시일 안에 달성하지 못할 것이라고 단정했기 때문에 **문학을 사량史良에게 맡기고 영화를 선택했던 것이다. 글재주에 있어 사량史良에게 뒤떨어진다고 생각하지는 않았다.** 내가 영화를 선택한 것은 예술가가 되려는 욕심보다는 '그 누구를 위하여' 일해 보겠다는 정열에서이다. 신문 한 장 읽을 줄 모르고 이야기 책 한 줄 제대로 못 읽는 그 누구를 위해서.[20]

영화에 뜻을 둔 오영진이 경성제대를 졸업하고 영화 공부를 위해 동경으로 건너간 것은 1938년 9월이었다. 그는 동경에서 동경발성영화제작소東京發聲映畵製作所(약칭 '도쿄핫세이')[21]라는 영화사에서 영화 수업을 받으면서 김사량, 안영일, 황헌영, 문학준, 임동혁, 주영섭 등을 만나 교유했던 것으로 보인다. 동경에서 김사량과의 만남이 이루어질 수 있었던 것은 앞서 열거한 두 사람의 공통점이 작용했을 것이라 여겨진다. 평양의 기독교 명문가 출신이면서 고보 동창생이자 같은 문학의 길을 걸어온 제국대학 출신의 두 엘리트 문학인 사이에는 아마도 서로에 대한 존중심과 경쟁심 같은 것이 함께 작용하고 있었을 것이다. 그렇기 때문에 오영진이 소설을 접고 영화의 길을 선택하면서도 "문학을 사량에게 맡기고 영화를 선택했던 것이다. 글재주에 있어 사량에게 뒤떨어진다고 생각하지는 않았다."라고 진술했던 것이 아닐까. 오영진이 소설의 길을 접고 영화의 길로 전환하는 것이 김사량과의 소설쓰기 경쟁에서 이길 자신이 없기 때문이 아니라는 것, 자신이 김사량보다 소설을 더 잘 쓰지만 뜻한 바 있어서 영화의 길로 간다는 것을 굳이 스스로 밝히지 않으면 안될 만큼 그의 자존심과 엘리트 의식은 강고했다.

　오영진과 김사량, 민족주의적 성향을 갖는 이 두 명의 식민지 엘리트 지식인이 일본어로 문학작품을 창작하게 된 동기는 무엇일까. 이미 많은 연구에서 언급되었듯이, 이러한 현상은 1930년대 중반 이후 '동양東洋의 국제어(보편어)'로 부상한 일본어의 지위와 연관된다고 볼 수 있다. 더군다나 식민지 강점 기간이 30년 가까이 흘러 한 세대가 교체되면서 이제 조선에서 일본어는 어느새 교육어, 정치어, 문화어로서 '고쿠고國語'의 지위를 차지하게 되었다.[22] 김사량은 식민지 조선 민중이 처한 현실을 세상에 널리 알리고 싶어서 일본어로 작품을 쓰게 되었다고 말한 바 있다. 이 당시 일본어는 이미 조선의 식민지 엘리트가 세계적 보편성으로 통하기 위해 반드시 거칠 수밖에 없는 매개체, 다시 말해 '세계문학世界文學으로의 입구入口'였던 것이다.[23] 또, 당시 조선에 존재하는 언어적 이중성의 상황, 즉 '국어國語로서의 일본어/토착어土着語로서의 조선어'라는 이중언어적 상황이 조선에서 문학 창작을 하려는 작가의 앞에 놓여있는 글쓰기의 현실이었다. 학교, 관공서 등 공공기관에서 일본어를 '공용어公用語'로 사용하고, 그 밖의 사적

경성제국대학 법문학부

영역에서 조선어를 '자연어自然語'로 사용하는 이중언어의 사용이
자연스럽게 받아들여지는 언어 현실이었던 것이다.[24] 이러한 선
택적 이중언어 상황이 1937년 중일전쟁 이후부터 급격하게 변화
하더니 '고쿠고 상용國語常用'이 강요되는 1940년대에 들어서는
'표준어로서의 일본어/방언으로서의 조선어'라는 비선택적 이중
언어 상황으로 변모하게 되는 것이다.

이러한 언어 상황에서 세계적 보편을 향해 문학적 재현욕구를
표현하려는 식민지 엘리트에게 일본어 창작은 그야말로 피할 수
없는 길이었을 것이다. 더군다나 제국대학 출신의 식민지 엘리
트들에게는 일본어로 창작하는 것은 그리 어려운 일이 아니었다.
같은 이중언어 상황에서도 유독 제국대학 출신 작가들(유진오, 이효
석, 조용만, 오영진, 김사량 등)에게 일본어 창작이 많이 나타나는 것은

그들의 탁월한 일본어 실력이 작용하였다고 볼 수 있을 것이다. 일본인 학생들과 일본어로 치열하게 입시 경쟁을 치러 제국대학 입학에 성공한 그들이었기에 일본어로 창작하기는 별다른 난관이 아니었을 뿐 아니라[25] 동양의 국제어, 문화어에 능통한 제국대학 출신의 문화적 우월함을 뽐내는 방법이 될 수도 있었던 것이다. 이러한 의식의 근저에는 제국대학 특유의 교양주의 의식, 즉 제국의 언어로 읽고 쓰는 것literacy을 우월한 것으로 여기는 의식이 자리 잡고 있었던 것이다. 당시 제국대학의 식민지 학생(또는 제국대학 출신의 식민지 지식인)에게는 은연중 현실에서의 차별을 특권적 교양주의를 통해 상상적으로 극복하고자 하는 욕망이 내재하여 있었다고 볼 수 있다.[26]

물론 이러한 문화적 우월의식, 특권적 교양주의 속에서나마 그들은 민족주의를 추구하고자 하였다. 그러한 현상은 작품의 내용, 주제에서뿐만 아니라 언어 형식에서도 드러난다. 가령, 제국의 언어인 일본어를 비틀어 사용하면서 조롱하고 희화하는 전유專有, appropriation의 현상이 김사량, 오영진의 작품에 부분적으로 나타나고 있다. 〈진상〉의 경우에는 이름이나 의성어를 표현할 때 음성기호를 통해 조선어의 음을 표현하려고 했다. 가령, 이름 '서씨徐氏'는 '徐氏Səsi'로 조선어 발음을 병기하고, 의성어 '허허'는 이와 유사한 일본어 의성어를 사용하지 않고 'həhə'와 같이 조선어 의성어를 그대로 사용하였다. 또, 치마나 갈보와 같이 조선적 정서가 배어있는 단어는 일본어 단어를 사용하지 않고 '치마'

를 'チマの裾', '갈보'를 'ガルボ'와 같이 조선어 단어를 히라가나나 가타카나로 그대로 노출하는 방법을 쓰기도 했다.[27] 즉, 오영진은 식민지시대 이중언어적 상황에서 이유 여하를 막론하고 일본어를 선택하여 창작을 했다는 작가적 한계를 보였지만, 그러한 한계 안에서 작품의 내용이나 형식을 통해 소극적으로나마 민족주의적 성향을 드러내고자 했다.

소설 〈진상〉과 연극 〈한네의 승천〉의 관계

오영진의 초기 작품 〈진상〉(1936)과 만년 작품 〈한네의 승천〉(1972) 사이에는 발표 시점으로만 보았을 때 무려 36년간의 거리가 있다. 이 두 작품 사이의 거리는 공교롭게도 일제의 식민지 기간과 일치한다. 그러나 이 두 작품은 매우 가까운 관계가 있다. 〈진상〉이 오영진 작품세계의 피날레를 장식하는 대표작으로 손꼽히는 〈한네의 승천〉의 원작이 되기 때문이다. 오영진은 일제 말기에 소설 〈진상〉을 시나리오로 개작하여 〈선녀의 새서방〉이라는 제목으로 『국민문학國民文學』에 발표하기로 되었으나 국책문학國策文學으로서 어울리지 않는다는 이유로 게재가 거부되는 바람에 실리지 못했다고 한다.[28] 현재 〈선녀의 새서방〉이라는 시나리오는 전하지 않고 있어서 1936년작 〈진상〉을 토대로 시나리오 개작과정을 추정하는 수밖에 없다. 어쨌든 이 작품이 시나리오의 형태로

초고가 창작된 것이 1940년대 초반이라고 본다면 오영진이 죽기 2년 전인 1972년에 발표될 때까지 30년이라는 오랜 숙고의 기간이 놓여있다고 볼 수 있다.

오영진은 해방 이후부터 죽을 때까지 철저한 반공, 반일 민족주의의 길을 걸었고, 자신의 작품에 그러한 정치적 성향을 분명하게 드러냈다. 서북 출신의 기독교계가 편집진의 주종을 이루고 있었던 『사상계』의 필진[29]이었던 그는 1965년 한일 국교정상화를 추진하는 박정희 정부에 대해 비판적인 태도를 보이기도 했다. 그러나 그의 이러한 민족주의적 성향에도 불구하고 그는 해방 이후 상당 기간 한국어와 일본어를 뒤섞어 일기를 썼다.[30] 그가 쓴 일기는 그가 죽은 뒤 미망인 김주경이 보관해오다가 한 연극연출가에게 넘겨졌다. 그럼에도 불구하고 그가 만년에 쓴 극작품에는 반일 민족주의적 성향이 극단적으로 노골화되어 있음을 알 수 있다. 특히 희곡 〈아빠빠를 입었어요〉(1970), 〈모자이크 게임〉(1970), 〈동천홍〉(1973) 등을 보면 일본에 대한 적대감과 증오심이 하늘을 찌를 듯하다. 〈아빠빠를 입었어요〉에서는 일본인 부인과 결혼한 재일교포 김상훈이 모든 재산을 처분하여 한국으로 귀국하려 하자 부인 기요꼬가 일본인 정부情夫와 공모하여 남편을 살해한다는 내용을 갖고 있다. 〈동천홍〉은 김옥균의 갑신정변 실패 원인을 일본의 조선 침략 야욕에서 찾고 있다. 그러다 보니 김옥균, 박영효 등과 같은 갑신정변의 주역보다 정변을 이용하여 조선 침략을 도모하려는 다케조에 일본 공사, 시마무라 서기관, 무라카미 중대장 등 일본 정부의 음모에 작품의 초점이 맞춰져 있다.

김: 비둘기장 같은 동경? …… 그것 역시 나 때문인가?

기요꼬: 당신 때문만은 아니겠죠. 그러나 그 누구의 탓임엔 틀림없어요.

김: 그 누구의 탓?

기요꼬: (차츰 격해지며) 양미간이 넓고, 광대뼈가 펀펀한 사람들! 둘만 모여
두 떠들구 싸우구 칼부림허구, 게으르구, 마눌 냄새가 코를 찌르는!

김: (화를 낸다) 듣기 싫어!

기요꼬: (더욱 흥분하며) 그 사람 탓이 아님, 누구 탓이죠? 쓰레기, 니꼬용,
깡패, 밀주, 마약!

김: (누른 소리로, 그러나 항의하듯) 누가 그 사람들을 그렇게 만들었
지? 그 사람들을 억지루 이 땅에 끌어다 놓구 오늘 저렇게 만든 건
누구냐 말야?[31] — ①

가와까미: 지난간 일이지만 재작년 군란 때 우리 정부의 조치가 너무 미온적
이었어요. '요보상'들의 밸만 길러준 셈이거든요. 그저 그때, 따끔히
본땔 뵈줬어야 는걸.

시마무라: 처치 곤란한 백성이야.

가와까미: 그저 씨두 없이 멸종을 시켜야 해요! 구제헐 도리가 없는걸요. 자
기넬 도우려구 온 우리헌테 총뿌릴 겨누다니![32] — ②

인용문 ①에 나타난 김상훈의 일본인 처 기요꼬의 대사에는 그

동안 가슴에 묻어두었던 일본인 특유의 본심本心(혼네)이 쏟아져 나온다. 한국인을 멸시하는 기요꼬의 말에 김상훈은 한국에 대한 일본의 책임을 주장하며 항의한다. 인용문 ②에서 일본인 공사관 관리들이 퍼붓는 한국인에 대한 모멸적 발언 역시 마찬가지다. 이러한 장면들은 자연스레 관객, 혹은 독자로 하여금 일본에 대한 증오의 감정을 유도하는 것이다. 작품을 통해 관객, 혹은 독자의 일본에 대한 증오와 적개심을 이끌어내는 방식은 〈아빠빠를 입었어요〉, 〈모자이크 게임〉, 〈동천홍〉에 일관되게 나타나는 현상이다.[33] 이처럼 작품에 나타난 일본에 대한 증오심이 보여주듯이, 만년에 오영진의 일본에 대한 적대적 강박관념은 극도에 이르게된다.

그는 1960년대 후반 명동의 한 찻집에서 갑자기 "일본 놈들이 쳐들어온다."며 문을 박차고 뛰어나간 일화가 있었으며, 부인 김주경이 어느 대담에서 오영진이 때때로 일본이 금방 쳐들어올 것 같은 착각에 빠지곤 했다고 증언하기도 했다.[34] 결국 그는 정신분열증으로 동대문 이대부속병원 정신과에서 입원 치료를 받기에이른다. 반일주의가 심화할수록 그는 더욱더 일본어, 일본영화, 일본음식 등 일본적인 취향에 빠진 자기 삶에 대한 죄의식과 자기검열, 자기부정에 깊이 시달리게 되었다고 한다.[35] 어린 시절부터 뼛속 깊이 일본어가 배어있어서 일본어로 사유하고 일본어를섞은 일기까지 써야했으며 일본적인 취향에 은연중 빠져있던 오영진에게 극단적인 일본 증오와 혐오의 태도는 결국 자기모멸과

영화 〈맹진사댁 경사〉, 제공: 한국영상자료원

오영진의 시나리오를 이용민 감독이 연출한 영화 〈맹진사댁 경사〉는 1962년에 제작·상영되었다. 원작 시나리오는 1943년에 『국민문학』에 발표되었으나 당시 영화화되지 못했다.

자기부정에 이르고 정신분열증에 빠지게 한 것으로 보인다.

이 무렵 〈아빠빠를 입었어요〉(1970), 〈모자이크 게임〉(1970), 〈동천홍〉(1973) 등과 같은 반일 민족주의 성향의 작품들이 갖고 있는 이념 과잉의 편향성에 비하면, 〈한네의 승천〉(1972)은 민족적 성향을 가졌다는 점에서 공통점을 갖지만 이념 과잉의 편향성은 찾아보기 어려운 작품이다. 윤회의 사상과 한恨의 정서, 그리고 마을굿, 가면극 등과 같은 전통 연희적 기법들을 통해 민족 정체성을 표현하고자 했다는 점에서 민족주의적 성향의 작품으로 볼수 있다. 그러나 그것은 같은 시기의 다른 작품들에 나타난 이념적 민족주의 성향과는 매우 구별되는 것이다. 첫째, 다른 작품들이 한일 국교정상화 이후 일본의 신식민주의를 경계하면서 산출된 당대적 산물인 데 비해 〈한네의 승천〉은 1930년대의 〈진상〉에 기원을 두고 1940년대의 시나리오 〈선녀의 새서방〉을 거치면서 오랫동안 숙고한 작품이라는 점이다. 따라서 〈한네의 승천〉은 상대적으로 〈아빠빠를 입었어요〉 등과 같은 반일 민족주의 작품들에 비해 과도한 이념적 성향이 덜 나타날 뿐 아니라 극적 완성도에서도 더 뛰어나다고 할 수 있다. 둘째, 1970년대 초부터 일기 시작한 전통극의 현대적 재창조라는 연극계의 흐름에 맞춰 한국의 민족정체성을 담은 〈허생전〉(1970), 〈한네의 승천〉(1972)이 나오게 되었다는 것이다. 물론 현대극에서의 전통 수용은 오영진이 1940년대에 〈배뱅이굿〉, 〈맹진사댁 경사〉를 통해 이미 선구적으로 시도했던 작업이었음은 주지의 사실이지만 1950~60년대의 공백기를 지나 1970년대에 다시 전통 수용의 작업을 재개하는 맥락 위에 시나리오 〈한네의 승천〉이 놓여 있다는 것이다. 〈한네의 승천〉은 비록 최초에 시나리오 형식으로 발표되었지만, 이후 극단 민예가 1975년에 음악극 형태로 각색(장소현 각색, 김영동 음악, 손진책 연출)하여 공연하였고, 1976년에 문화체육관, 1979년에 세종문화회관, 1983년에 국립극장, 문예회관에서 연이어 공연하여 '한국적 음악극 개발의 이정표'라는 찬사를 받으며 커다란 호응을 이끌어내기도 해서 연극사적으로도 의미가 있는 작품이다.[36] 이러한 관점에서 볼 때, 〈한네의 승천〉은 오영진의 만년작품으로서 매우 주목할 만한 작품이라고 할 수 있다.

〈한네의 승천〉은 그 원작이 되는 소설 〈진상〉을 계승하면서 일층 발전시킨 작품이라고 할 수 있다. 오영진은 〈진상〉에 나타난 일제의 식민지 농촌정책 비판이라는 내용적 민족주의를 소거하고 그 대신에 한국인의 민족 원형 심성과 불교적 윤회사상, 민속의례의 구조(마을굿)와 전통연희의 표현형식(가면극, 남사당패놀이) 등 한국적 정체성의 표현방식에 중점을 두는 양식적 민족주의에 치중하는 선택을 하였다.

선녀동仙女洞의 술꾼이자 난봉꾼인 만명은 선녀仙女못에 투신하려던 한네를 구해서 같이 살게 됨으로써 새로운 삶으로 거듭나려고 한다. 사당패 부모로부터 돈에 팔려 전전하다가 창녀娼女로 전락한 자신의 삶을 비관하여 자살하려던 한네도 만명과 더불어 살면서 비로소 삶에 애착을 갖게 된다. 만명은 한네가 자살한 자신의 어머니와 닮았기에 더더욱 그녀에 대해 애착을 가진다. 그런 이유에서 그는 한네에게 어머니가 남긴 치마를 준다. 선녀仙女 같은 여인을 얻은 만명은 동네 사람들로부터 은연중 비난과 질시의 대상이 된다. 마을굿(洞祭)이 벌어지는 기간에 신원을 알 수 없는 외지인을 마을에 들이는 것이 부정不淨한 것이라 인식되었기 때문이다.

이장: 그래 만명이 녀석이 계집을 끌어들였다구?

쇠돌이네: 예, 마님…….

박씨: 이 마누라가 똑똑히 제 눈으로 봤다는구려, 영감.

쇠돌이네: 예, 틀림없이 읍내 술집 계집이예요. 막 웃티를 뻘거벗구 설랑 아랫목에 척 누워서…… 아이구, 하느님 맙소사, 마님!

(울먹이는 쇠돌이네를 달래며,)

박씨: 그만해요, 쇠돌이네. 영감이 알아서 좋게 처리할테니까. 영감, 쇠돌이네 사정두 딱허지만 영감 꼴은 뭣이 되구, 동넨 어떻게 됩니까. 금줄을 치구 온통 동네가 치재를 드리는 이 마당에 외관 것들이 들구남, 부정을 타거든요.

이장: 아따! 그걸 모르지 않으니까 걱정이지. 쇠돌이네, 그만하면 알았으니 어서 나가보세. 제삿날 전으루 가부간 규정을 냄세.

쇠돌이네: 영감마님만 믿어요.

(총총히 밖으로 나간다. 박씨, 쇠돌이네를 내보내고,)

박씨: 영감, 글쎄 그 놈이 미쳤지. 하필임 제살 앞두구 어쩌자구 외관계

집을 끌어들인다우?

이장:　　누가 아니래…… 언제나 만명이 놈이 말썽이라니까.[37]

　술꾼, 난봉꾼으로 소문난 만명을 짝사랑하는 쇠돌이네가 만명이 금기를 어기고 외지사람인 한네를 마을로 끌어들여 같이 사는 것을 이장 부부에게 일러바치는 것은 질투에서 비롯된 행동이다. 마을의 금기를 어긴 만명의 행동, 더군다나 '술집 계집'을 마을로 끌어들인 행동은 마을공동체의 비난을 얻기 쉬운 것이다. 이러한 장면은 〈한네의 승천〉이 소설 〈진상〉의 기본적 갈등구조를 차용했다는 사실을 말해준다. 술꾼, 난봉꾼인 만명이 '선녀' 같은 여인을 얻어 개과천선하여 새로운 삶으로 거듭나고자 하는데 마을 사람들의 질투와 비난에 가로막혀 곤란함을 겪게 되는 갈등구도는 〈진상〉의 그것과 매우 흡사하다. 여기서 만명은 〈진상〉의 철수에, 한네는 〈진상〉의 '선녀' 같은 여자 서 씨에, 그리고 쇠돌이네는 〈진상〉의 본처 김 씨에 해당하는 인물이 되는 것이다. 이장은 〈진상〉의 성삼에 비견되는 인물이라고 할 수 있다.

　마을굿을 수행하는 걸립乞粒패들의 요구에 의해 한네가 만명 어머니가 남긴 한 벌밖에 없는 치마를 내주게 되자 만명은 어쩔 수 없이 마을굿이 행해지는 동안 마을을 벗어날 수 없는 금기를 어기고 한네의 치마를 장만하기 위해 마을을 떠나 장터로 간다. 장터에서 돈을 마련하기 위해 노름에 손을 댄 만명은 한네를 위해 장만한 옷감을 뺏으려는 여인을 우발적으로 살해하고 만다. 마을굿 기간에 외지인을 들이고 임의로 마을을 벗어나는 금기를 위반했을 뿐만 아니라 도박을 하고 살인을 저지르는 죄악까지 저지르면서 상황은 극한에 이르게 된다. 만명이 마을로 돌아가지 못하고 몸을 피하는 사이에 상황은 더 악화된다. 만명의 실부實父이자 마을굿의 제주祭主인 필주가 만명 어머니의 치마를 입고 소지燒紙를 하기 위해 나타난 한네를 보고 20년 전에 자기가 능욕했던 만명 어머니로 착각하여 한네를 겁탈하게 되는 것이다.

필주: 바루 그 치마였다! 이십년 전…… 아무말 없이 내 앞을 떠난 그 계집두 바루 그 치말 입었었다. …… 아무 소리두 없이 내 앞에서 사라졌지만…… 언젠가는 돌아오리라구…… 언젠가는 다시 내 앞에 나타나리라구 믿구 기다렸다.

(더욱 가까이 한네에게 육박하며, 애원하는 필주)

필주: 아가, 날 몰라보느냐? 내가 누군지 모르겠단 말이냐?

한네: 아, 제수마님!

필주: 나를 잊었느냐, 아가! 이십년 전의 나를!

한네: 아! 영감마님, 쇤넨, 쇤넨…… 모르는 일이예요. 마님!

필주: 아가, 네가 동네에 들어오던 날 새벽부터 네가 내 것이란 걸 알구 있었다. 오늘 입때까지 기다렸다. 아가…… 넌 내 것이야. 널 뺏길 순 없단 말이다!

한네: 마님! 전, 이 댁 주인을…… 모시기루 정한 몸이예요.

필주: 만명인 돌아오지 않는다!

한네: 예?

필주: 내 말을 믿어라, 아가. …… 넌 산신님이 점지하신 내 계집이다![38]

만명 어머니와 필주 사이에 벌어진 20년 전의 악몽이 한네와 필주에게 다시 재현되는 것이다. 20년 전에 만명의 어머니가 그랬던 것처럼, 필주에게 겁탈당한 한네는 삶에 대한 마지막 희망을 모두 잃어버리고 선녀못에 올라가 투신자살하고 만다. 뒤따라온 만명도 한네를 따라 투신자살하게 된다.

〈진상〉에서 '선녀' 서 씨를 둘러싼 철수와 성삼의 갈등은 〈한네의 승천〉에서 '선녀' 한네를 사이에 두고 만명과 필주의 애욕 갈등으로 변주된 것이다. 여기서 중요한 것은 만명의 적대자가 앞서 등장한 이장이 아닌 만명의 실부實父이자 마을굿 제주祭主인 필주가 된다는 사실이다. 만명과 필주의 갈등구조는 필주가 제주이며, 극의 사건이 마을굿 기간에 벌어진다는 점에서 극이 단순히 한네를 둘러싼 애욕의 삼각 갈등구조에 머무는 것을 막아준다. 따라서 이 극의 시작과 해결의 장소인 '선녀담'에 피어오르는 '물안개'가 죽음과 재생의 신비스러운 원초적 심상으로 관객, 또는 독자에게 비치는 것은 매우 의미심장하다.[39] 이는 만명과 필주의 갈등구조가 현실주의적 차원을 넘어서 인간 욕망으로 인해 빚어진 원초적인 숙명의 비극으로 작품을 재구성해 가는 것이다. 〈한네의 승천〉이 〈진상〉으로부터 일층 발전된 양상을 보여준 것은 바로 이러한 지점에서 배태되는 것이라 할 수 있다.

나가며

〈맹진사댁 경사〉와 〈한네의 승천〉은 한국의 민족정체성을 잘 구현한 작품으로서 한국 극문학의 정전正典으로 꼽힌다는 점에 대해 이론을 제기하기 어려운 것이 사실이다. 이로 인해 오영진은 자신의 민족주의자로서의 활동과 결부되어 한국의 정체성을 성공적으로 재현한 극작가라는 평가를 받아왔다. 그러나 그는 식민지 시대에 5편의 일본어 소설과 2편의 일본어 시나리오를 발표했다. 특히 그가 1930년대 일본어로 쓴 소설 〈진상〉은 한국적 정체성을 잘 구현한 극문학 정전으로 인식되어온 시나리오 〈한네의 승천〉의 원천이 되는 작품이다. 가장 민족적인 작품으로 인식되었던 작품이 일본어 소설을 원작으로 삼고 있다는 모순적 상황을 어떻게 받아들여야 하는가가 이 글이 갖는 문제의식이었다.

지난 수십 년 동안 일본 제국주의의 침략과 강제점령에 시달렸던 동아시아의 여러 나라에는 자연스레 일본어로 쓰고 발표된 이른바 '외지外地 일본어문학'이 양산되었고, 이를 두고 한국, 중국, 대만 등에서는 '친일문학', 또는 '한간漢奸문학', '윤함구淪陷區 문학'이라는 시비와 논란이 벌어졌다. 그러나 최근 들어 이 '외지 일본어문학'을 단순하게 민족을 배신한 문학행위로 재단하기보다는 1930~40년대 일본 점령 하의 동아시아 대제국에서 발생한 초민족적trans national 문화 현상으로 이해해야 한다는 인식이 한국뿐만 아니라 동아시아 여러 나라에 널리 확산되고 있는 현실이다.[40]

1930년대 일본어소설 〈진상〉은 이러한 관점에서 이해할 필요가 있다. 앞서 살펴본 바와 같이, 〈진상〉은 표면구조를 보면 인간의 애욕과 질투라는 욕망의 갈등을 다룬 통속적 작품으로 비치지만 심층구조를 분석해보면 당대 총독부의 식민지 농촌진흥정책(자력갱생운동)의 허구성을 예리하게 꼬집고 비판한 작품이라는 사실을 직시할 수 있다. 이는 오영진과 동향의 평양고보 동창생 작가 김사량의 소설 〈덤불 헤치기〉와의 비교를 통해서 잘 알 수 있었다. 식민지시대 일본어에 능숙한 엘리트 문인들에 의해 창작된 일본어문학이 지닌 양가성, 즉 상대적으로 일제의 검열이 허술한 일본어창작을 통해 식민지 현실을 비판하고자 한 민족주의적 욕망을 표출한 측면,[41] 그리고 일본어 글쓰기를 통해 피식민지의 차별을 극복하고 제국의 문단 중심, 세계적 보편성으로 진입하고자 하는 제국 주체로의 욕망이 병존하고 있었다고 해석할 수 있다.

〈진상〉과 〈한네의 승천〉, 두 작품 사이에 술꾼, 난봉꾼인 주인공이 새로운 사랑을 얻어 갱생하려고 하지만 적대자의 방해로 인해 실패하고 만다는 서사구조에서는 매우 유사한 점이 있다. 〈진상〉에서는 서 씨를 둘러싼 철수와 성삼의 삼각 갈등구조가, 〈한네의 승천〉에서는 한네를 둘러싸고 만명과 필주의 삼각 갈등구조가 빚어진다는 점은 매우 유사하다. 욕망의 대상이 되는 여주인공을 '선녀仙女'의 이미지로 표상한 점도 동일하며, 기본적인 인물 설정 방식 또한 유사하다. 다만, 〈진상〉에서는 일제 식민지 농촌정책의 실패를 신랄하게 비판하는 데 초점이 놓여있었던 것에 비해, 〈한네의 승천〉에서는 현실 비판적인 요소는 소거한 채 피할 수 없는 인간의 욕망과 숙명, 그리고 불교적 윤회輪廻의 사상을 표현하고자 하는 데 주력했다. 더 나아가 마을굿이라는 민속제례의식과 탈춤, 사당패놀이 등 전통연희를 통해 우리 민족의 정서와 의식을 담아 작품 속에 한국의 민족적 정체성을 재현해내고자 하였다.

〈진상〉에서 〈한네의 승천〉으로 나아가면서 오영진의 민족주의는 분명 진화된 양상을 보여준다. 민족의 삶에 나타난 질곡을 사회적 구조와 제도의 관점에서 바라보는 태도에서 벗어나 이를 인간의 보편적 욕망과 한민족의 근원적 정서(한恨), 동양적 윤회의 세계관이라는 내면적 민족정체성을 마을굿, 탈춤, 남사당놀이 등 전통 민속연희양식 등 외형적 민족정체성과 결부시켜 심오하게 표현하려 했다는 점에서 한층 깊이 있는 내면적 숙성을 획득하고 있다. 〈한네의 승천〉이 같은 시기 오영진의 다른 작품들이 겪는 이념과잉의 분열양상에 비해 민족적 정체성을 보다 완숙하게 표현해낼 수 있었던 것은 36년 전 〈진상〉의 창작 체험이 그의 의식 심층세계에서 오랫동안 무르익어 자연스럽게 결실을 보았기 때문일 것이다.

월경하는
식민지 극장:
다이글로시아와 리터러시

들어가며

오영진의 〈배뱅이굿ベベンイの巫祭〉(『국민문학』, 1942.8)과 〈맹진사댁 경사孟進士邸の慶事〉(『국민문학』, 1943.4)는 일제 말기의 대표적인 친일 문학잡지 『국민문학』에 발표된 일본어 시나리오 작품이다. 그럼 에도 불구하고 오늘날까지 이 작품들은 한국의 민족정체성을 표 상하는 한국 극문학의 정전으로 평가받고 있다. 특히 〈맹진사댁 경사〉는 현재 여러 종의 고교 교과과정 국어 및 문학 교과서에 수 록되어 있는 작품이기도 하다. 친일문학잡지에 일본어로 발표된 시나리오가 한국의 민족정체성을 대표하는 문학정전으로서 고교 교과서에 실리고 있는 이러한 현상은 상당히 모순적으로 비칠 수

오영진, 제공: 한국영상자료원

있다.

　더 흥미로운 것은 이 시나리오들이 단순히 문학잡지 『국민문학』
에 발표되는 데 만족한 작품이 아니라는 사실, 애초부터 1942년
조선영화제작주식회사에 입사한 오영진의 감독 데뷔 작품으로
기획되었다는 사실이다.[1] 즉, 이 시나리오들은 태평양 전쟁기에
식민지 조선의 극장에서 상영될 것을 전제로 쓰였다는 것이다.
물론 이 시나리오들은 식민지 극장에서 끝내 빛을 보지 못하고
말았다. 당대 유일의 친일문학잡지 『국민문학』의 주간 최재서로
부터 높은 평가를 받았고, 국책영화사인 조선영화제작주식회사가
오영진의 감독 데뷔 작품으로 제작을 추진했던 이 시나리오들이
당시 영화로 제작, 상영되지 못한 것은 무슨 이유일까.

1940년대 오영진 시나리오에 담긴 민족성의 요소와 식민성의 요소 사이에서 빚어지는 양가적 모순은 많은 호기심을 불러일으킨다. 그러나 이러한 호기심을 해명하는 작업은 단지 문학 텍스트의 분석 작업만으로는 일정한 한계에 이를 수밖에 없다. 특히 상연 및 상영을 전제로 쓰인 극문학의 경우에는 그것이 공연(상영)되는 극장의 문화적 맥락에 대한 고려가 필요하다. 식민지 극장을 둘러싼 문화적 동역학dynamics은 매우 복잡다단한 측면을 갖고 있다. 언어, 종족, 자본, 계급, 교양(교육), 성별의 다층적 위계성hierarchy이 식민지 극장의 환경을 둘러싸고 있다. 이 복잡다단한 식민지 극장의 문화적 동역학이 어떻게 당대 시나리오 및 희곡의 창작과 연관되며 영향을 미치는가 하는 점에 대한 세밀한 고려가 필요한 것이다. 이와 아울러, 당대 식민지 극장의 문화상황에 대한 검토는 단지 조선이라는 일국—國적 관점만으로 이해가 곤란하다. 이는 제국 일본의 '대동아 신질서체제'와 연동하는 식민지 극장의 문화정치학에 대한 이해가 전제되어야 비로소 실효를 거둘 수 있다. 다시 말해, 식민지 조선의 극장 상황에 대한 정확한 이해는 당대 동아시아적 문화 판도에 대한 시각을 필요로 한다는 것을 의미한다. 이러한 관점에 입각하여 이 글에서는 1940년대 전반기 식민지 극장의 문화적 동역학에 대한 이해를 통해 이것이 오영진의 시나리오 두 편과 서로 어떠한 연관을 갖는지에 대해 검토하고자 한다.

다이글로시아diglossia의 식민지 극장

1937년 7월 중일전쟁 이후에 식민지 조선은 일제 당국에 의해 급격한 다이글로시아 상황(이중언어 사용)으로 치닫게 된다. 조선어를 필수과목에서 선택과목으로 바꾼 1938년 3월 제3차 조선교육령의 발표는 식민지 조선에서의 강제적인 '고쿠고國語'(=일본어) 상용 정책의 추진을 예고하는 것이었다. 중일전쟁 직후 전황이 확전 양상으로 치닫게 되면서 일본은 부족한 병력을 조선과 대만에서 보충하고자 했으며, 이를 위해 전격적으로 조선에서 지원병 제도를 도입하고자 했다. 조선인을 황군皇軍으로 입대시키기 위해서 일본어 교육은 필수적이었다. 1941년 12월 태평양전쟁이 발발하게 되자 전황은 더욱 급박해지고, 조선의 지원병 제도는 징병제 시행으로 강화되기에 이른다. 이에 따라 국어 상용의 추진은 더욱 시급해지게 된다. 1942년 5월 '국어보급운동 요강'의 발표는 이러한 맥락을 말해준다.[2] 국민총력 조선연맹이 발표한 국어보급운동 요강에서 문화 방면에 대한 방책을 보면, "문학, 영화, 연극, 음악 방면에 대하여 극력 국어사용을 장려할 것"[3]이라고 기술되어 있다. 이에 따라 조선 유일의 문학잡지『국민문학』은 전격적으로 일본어 전용잡지로 전환되었으며, 영화와 연극 분야에서도 국어 상용이 강화되기에 이른다.

1930년대 후반부터 1940년대 전반에 이르는 시기에 연극, 영화에서 일본어 사용이 강화되는 조치가 이루어짐에 따라 식민지 극장의 언어상황은 조선어와 일본어 사용이 혼재하는 다이글로시아 상황으로 급변하게 된다. 식민지 조선의 극장은 식민지 편입 초기부터 경성 내에 대규모 일본인 거류지가 형성됨에 따라 종로통을 중심으로 한 '조선인 극장'(경성 북촌北村: 단성사團成社, 조선극장朝鮮劇場, 우미관優美館, 동양극장東洋劇場 등)과 을지로, 충무로를 중심으로 형성된 '일본인 극장'(남촌南村: 대정관大正館, 명치좌明治座, 희락관喜樂館, 황금좌黃金座 등)이라는 종족별 공간 분리가 이미 진행되고 있었다.[4] 이에 따라 연극의 경우 조선인 극장에서는 조선어 대사로, 일본인 극장에서는 일본어 대사로 공연하였으며, 무성영화의 경우에는 조선인 극장에서는 조선인 변사가 조선말로, 일본인 극장에서는 일본인 변사가 일본말로 해설/공연하는 종족별, 언어별 공간의 분리가 이미 1910-20년대에 일반화되어 있었다. 물론 경성고등연예관京城高等演藝館의 경우와 같이 한 극장 안에 조선인 관객과 일본인 관객이 병존함으로써 조선인 변사와 일본인 변사가 각각 조선어와 일본어로 번갈아 해설하는 언어와 종족 공간의 미분리 현상이 나타나기도 했다.[5] 토키영화시대에는 조선인 관객은 주로 서양영화를 즐겨 보았고, 일본인 관객은 상대적으로 일본영화를 선호하는 현상이 나타났는데, 이는 극장의 종족별 감수성과 민족의식 사이의 연관성을 보여주는 대목이다. 이와 같은 현상은 극장의 다수를 차지하는 관객audience의 종족성種族性, ethnicity이 무엇이냐에 따른 구분이기에 식민지 점령에 따른 다민족국가 상황에서 극장의 종족, 언어별 공간 분리는 자연스러운 현상일 수 있

단성사. 조선인 극장거리인 종로 북촌극장가의 대표적인 극장으로서 1907년에 설립되었다. 연극, 악극 공연과 영화 상영이 이루어졌다.

명치좌. 1935년 당시 일본인 거리였던 명동 지역에 세워진 극장으로서 남촌 극장가의 대표적인 극장이다. 주로 영화상영관으로 쓰였고, 1957년부터 국립극장으로 사용되었다.

을 것이다.

　문제의 복잡성은 1940년대에 들어 급변하는, 조선인 극장의 언어 상황에서 나타난다. 당시 '조선인 극장'은 관객의 다수가 조선인이었지만 극장의 언어는 조선어와 일본어가 혼재하게 된 것이다. 이를 연극, 영화로 다시 세분해보면 상황은 더 복잡해진다. 1940년대에 들어 조선의 토키영화는 제국 일본의 메이저 영화사가 주도하는 '대동아영화권大東亞映畵圈'[6]의 제작, 배급, 상영 체제 속에 편입되어 일본어 대사로 된 영화 제작이 강요되는 상황에 놓이게 된다. 하지만, 연극계는 상대적으로 일본어 상용의 압박으로부터 비교적 자유로운 지점에 놓여있었다. 1942년부터 1945년까지 세 차례에 걸쳐 열린 국민연극경연대회에서 공연된 이른바 국책연극國策演劇인 '국민연극國民演劇'들도 일부 대사를 제외하고는 거의 대부분 조선어 대사로 상연되었던 것이다.

　1942년 10월 「조선연극의 신발족」이라는 글에서 조선총독부 경무국 사무관 호시테 가즈오星出壽雄는 "국어연극國語演劇이 이상理想이기는 하나 현 상황에서는 그렇게 할 수도 없고, 그렇게 해서도 안 된다. 연극이라는 측면에서 볼 때, 미묘한 말로써 나타내야 할 필요가 있으므로, 단순히 국어를 말할 능력이 있다고 해서 국어연극이 되는 것은 아니다. 그것은 부자연스럽고 연극으로서 성립되기 어려운 위험성이 아주 많다."[7]라고 말하고 있다. 비슷한 시기의 영화계와 비교하면 당시 조선총독부가 연극에 대해서는 매우 관대한 언어정책을 취하고 있음을 알 수 있다. 이는 당시 연극 극장/영화 극장, 달리 말해 연극 관객/영화 관객 사이의 문화적 위계를 반영하는 것이기도 하다. 조선어를 위주로 사용하는(즉, 일본어가 통용되지 않는) 연극 극장과 일본어가 통용되는 영화 극장이라는 언어적 위계성과 신분, 계층적 위계성을 말해주는 것이다.[8] 동일한 다이글로시아 상황임에도 불구하고 일제 당국이 연극과 영화에 대해 미디어별로 다른 언어정책을 취했다는 것인데, 이는 연극, 영화 극장의 리터러시 문제와도 결부되어 있는 것이다. 즉, 연극 극장에는 상대적으로 학력, 교양 수준이 떨어지는 서민 관객층이 더 많았기 때문에 조선어 연극 공연을 묵인해주고, 상대적으로 일본어 해득 능력을 갖춘 관객층이 많았던 영화 극장에서는 일본어 영화의 상영을 강요했던 것이다.

특히 조선에서 연극이 그 관객의 숫자상 영화에 도달하지는 못하나, 강렬한 민중에의 침투력, 계몽력을 지니고 있고, 또 **국어(일본어)로 하는 토오키를 알아듣지 못하는 문화수준이 낮은 많은 대중**의 마음에 깊이 파고드는 사실을 생각할 때, **연극을 잘 이용하여 국책의 방향, 시국의 인식은 물론 조선 통치에 기여하는 방향으로 추진**하여 가는 것을 우리가 염원함은 당연하다.[9]

호시테의 진술에 따르면, 연극은 "국어(일본어)로 하는 토오키를 알아듣지 못하는 문화수준이 낮은 많은 대중"을 주요 관객층으로 삼고 있으므로 이러한 "연극을 잘 이용하여 국책의 방향, 시국의 인식은 물론 조선 통치에 기여"하기 위해서는 연극에 대해 조선어 사용을 묵인할 수 있다는 논리인 것이다. 즉, 연극 극장에서의 조선어 대사 허용은 일본어 리터러시literacy가 떨어지는 연극 관객층에 대해 전시戰時 시국인식을 전파하기 위해 불가피하게 조선어를 선전의 도구로 활용할 수밖에 없었던 측면이 있는 것이다.

물론, 연극＝조선어, 영화＝고쿠고(일본어)라는 이원적인 극장 언어 상황의 배경에는 일본어 리터러시(언어해득능력) 문제만 있었던 것은 아니다. 그만큼 극장의 언어 문제가 단순하지 않았던 것이다. 그 이면에는 '조선 로컬예술로서의 연극 / 대동아공영권 광역예술로서 영화'라는 미디어적 특성의 문제가 자리하고 있었던 것이다. 상대적으로 막대한 제작비 투입과 거대 소비시장을 요구하는 영화의 경우에는 굳이 총독부의 강요가 아니더라도 영화제작자 측의 입장에서 동아시아 국제어로 자리 잡은 일본어 사용에 대한 유혹이 클 수 있었던 것이다.

조선적 로컬리티와 1942년의 극장 상황

오영진은 자신의 첫 번째 시나리오 〈배뱅이굿〉의 창작 동기를 밝히면서 일본 시나리오 작가 야기 야스타로八木保太郎[10]의 격려가 창작에 중요한 요소로 작용했다고 말했다.[11] 오영진이 야기 야스타로를 처음 만난 것은 도쿄핫세이東京發聲映畵製作所에서였을 것으

야기 야스타로

로 보인다. 1938년 경성제국대학을 졸업한 오영진은 영화를 공부할 목적으로 일본으로 건너가 영화사 도쿄핫세이에 들어가게 되는데, 당시 시나리오 작가 야기 야스타로는 도쿄핫세이에서 일하고 있었다. 오영진은 1940년 여름에 도쿄 쓰키지의 한 식당에서 김사량, 안영일 등과 함께 야기 야스타로를 만나 자신의 시나리오 구상에 대해 이야기하던 중 '배뱅이굿' 이야기가 나왔는데, 야기가 이 이야기에 흥미를 가지며 시나리오로 써볼 것을 권유했던 것이 시나리오 창작의 동기가 되었다고 진술했다. 본래 오영진은 이기영의 소설 〈고향〉이나 "명랑하고 건설적인"[12] 아리랑의 시나리오 각색에 더 많은 관심을 갖고 있었으나 야기의 권유에 의해 배뱅이굿을 시나리오로 쓸 것을 결심하게 된 것이다.

그렇다면, 야기는 왜 배뱅이굿 이야기에 흥미를 가졌을까. 이에 대한 야기의 진술을 확보하지 못한 상태에서 정확한 판단을 내리기는 어렵다. 추정컨대 제국 주체가 낯선 식민지의 민속에 대해 야릇한 호기심을 느끼는 것, 다시 말해 제국 작가로서 식민지 민속지에 대한 일종의 엑조티시즘exoticism과 같은 반응이 아닌가 생각할 수 있을 것이다.

오영진의 〈배뱅이굿〉에 대한 관심은 어릴 적에 서도西道소리의 명창이 공연하는 배뱅이굿을 직접 접한 체험과 연관된다. 그리고 오영진의 정신적 지주였던 도산 안창호安昌浩가 배뱅이굿에 각별한 관심을 가졌다는 것도 한 가지 이유가 될 것이다.[13] 배뱅이굿의 기원에 관한 제설 가운데 1907년경 도산 안창호가 민중을 계몽할 목적으로 당대 서도 명창인 김관준金寬俊으로 하여금 미신타파의 내용을 담은 배뱅이굿을 만들게 했다는 설이 제기되고 있다.[14] 도산을 평생 민족지도자로 섬겼던 오영진과 그 가문의 내력을 생각해볼 때, 배뱅이굿 기원의 안창호 관련설은 오영진이 우리 민속 이야기를 영화화하면서 하필 배뱅이굿에 관심을 가졌을까 하는 의문을 푸는 데 의미 있는 실마리를 제공할 수 있을 것이다.[15]

또, 오영진이 제국대학 시절부터 조선 고전과 민속에 대해 깊은 관심을 가졌다는 것도 중요한 이유가 될 것이다. 그는 경성제국대학 졸업논문으로 「영남여성의 내방가사內房歌辭」를 작성했는데, 이때부터 형성된 한국 고전과 민속에 대한 취미가 자연스럽게 일생 그의 극작 활동에 영향을 끼쳤을 가능성이 크다. 그는 시나리오 〈배뱅이굿〉을 쓰면서 자료의 부족함을 절감하고 아카마쓰 지조赤松智城와 아키바 다카시秋葉隆가 쓴 『조선무속의 연구』(1937-38)를 참조하고, 실제로 굿을 현지조사하기도 했다.[16] 아카마쓰와 아키바는 조선의 무속巫俗 연구에 천착한 경성제대 법문학부 종교학 및 사회학 교수로서 오영진의 대학시절 은사이기도 했다. 더욱이 서도소리 배뱅이굿은 오영진의 경성제대 선배인 김재철, 김태준이 진작부터 관심을 두고 자료조사를 시도했던 것이기도 하다. 김재철이 채집을 시도하다가 요절하자 그의 동창인 김태준이 평안북도 운산의 명창 김흥섭金興燮으로부터 구술을 받아 배뱅이굿 채록본을 완성하였다.[17]

오영진의 시나리오에 표명된 조선민속(조선적인 것)에 대한 애착은 자연스럽게 최재서의 지방주의 기획과 조우하게 된다. 즉, 『국민문학』을 통해 최재서가 추구했던 조선문학의 독자성 확보라는 명제는 조선이 제국 일본의 로컬(지방)로 자리매김하여 그 존재성을 인정받는 것이다. 즉, 조선적인 것을 추구하는 그의 지방주의 기획은 제국 일본(식민 본국) 문단을 향한 식민지 조선문학의 인정투쟁認定鬪爭 성격을 갖는 것이라 할 수 있을 것이다. 이러한 최재서의 관점에서 볼 때, 〈배뱅이굿〉은 조선적인 향토색鄕土色, 즉 조선적 로컬리티를 전시하는 작품으로서 만족할 만한 것이었다. 그러므로 그는 시나리오 〈배뱅이굿〉을 "근래의 역작"이라고 고평하면서 오영진을 정비석, 조용만, 함세덕과 더불어 "전도가 촉망되는 네 명"의 신진 작가로 꼽을 수 있었던 것이다.[18]

최재서가 〈배뱅이굿〉을 높게 평가한 이유가 단지 이 작품이 조선적 로컬리티를 추구한 점에만 있었던 것은 아니다. 이 작품이 가진 대중성과 희극성에 나름의 가치를 부여한 것이다. 이 점은 당대 조선영화의 폐단으로 지적되었던 "어둡고 비극적인" 경향과 차별화되었던 부분이었다. 그럼에도 불구하고 〈배뱅이굿〉은 조선영화제작주식회사 상무이사 나카다 하루야쓰中田晴康로부터 마차가득히 쌓인 패물이 점점 떨어져나가 줄어드는 허무주의적 결말이 치명적 약점이라는 지적을 받았다.[19] 물질에 대한 욕망을 초탈하는 〈배뱅이굿〉의 풍류정신마저도 식민자의 시선에는 식민 지배 체제를 균열시키는 불순한 의도로 인식되었다는 것을 알 수 있는 대목이다.

〈배뱅이굿ベベンイの巫祭〉(1942)과 〈맹진사댁 경사孟進士邸の慶事〉(1943)는 모두 일본어로 창작된 시나리오인데, 오영진의 일본어 글쓰기는 경성제대 예과 시절에 일본어소설 〈할머니婆さん〉(『청량』18호, 1934.7)부터 비롯된다. 그는 이후 경성제대 본과 재학시절(조선어문학 전공)에도 문학동인지 『성대문학城大文學』에 〈진상〉(2호, 1936.2), 〈친구가 죽은 뒤에〉(3호, 1936.5), 〈거울〉(4호, 1936.7), 〈언덕 위의 생활자〉(5호, 1936.10) 등 모두 4편의 일본어소설을 연달아 발표할 만큼 왕성한 일본어 글쓰기 활동을 보여주었다.[20] 물론 이는 오영진 개인의 탁월한 일본어 리터러시 능력에 의해 가능할 수 있었다. 그의 일본어 리터러시는 일본어로 된 책을 읽고 일본어로 글을 쓰는 것이 계급적 차별의 표지로서 '교양'을 갖춘 엘리트로 인식되었던 당시 경성제국대학 특유의 '교양주의'(교양취미) 분위기를 반영하는 것이기도 하다.[21] 즉, 일본어 리터러시가 특권적 지위를 표상하는 '교양'의 척도로 작용했던 것이다. 당시 『성대문학』은 경성제대에 재학하는 일본인 문학 지망생들이 대거 참여하여 만든 문학동인지였다. 잇시키 고―色豪, 미야자키 세이타로宮崎清太郎, 와타나베 마나부渡部學, 이즈미 세이이치泉靖― 등 일본인

영화감독 최인규. 제공: 한국영상자료원

학생들이 주요 멤버로 활동하였고, 조선인 학생 오영진, 이석곤李碩崑이 2호 발간부터 이에 가담하였다.[22] 그가 조선인으로는 희귀하게 일본인 학생들과 함께 일본어 문학 동인지 멤버로 활동했다는 사실로 볼 때, 그의 교양주의와 일본어 리터러시에 대한 자부심은 다른 조선인 제국대학 학생들에

비해 더 유별난 부분이 있었다고 말할 수 있다. 그렇다고 해서 그의 일본어 시나리오 쓰기가 단순하게 그의 개인적인 교양주의 차원에서 비롯되었다고 보기는 어려울 것 같다. 일본어 전용잡지 『국민문학』이라는 매체의 제약성, 그리고 일본 내지內地 진출을 시도했던 영화 〈집 없는 천사〉(1941)의 문부성 추천 취소 사건 등이 반면교사로 작용했을 가능성이 있는 것이다.

최인규가 연출하고 조선총독부 촉탁 니시키 모토사다西龜元貞가 시나리오를 쓴 영화 〈집 없는 천사〉 (1941)는 조선총독부의 검열을 거쳐 조선군 보도부의 추천을 받았고, 조선영화 최초로 문부성 추천을 받았으나 내무성에서 '클레임'(이의)를 제기해 재검열을 받은 끝에 결국 문부성 추천이 취소되고 말았다. 일본 내지에서의 상영에서도 냉담한 반응을 얻었다. 〈집 없는 천사〉 상영은 도쿄 긴자영화극장銀座映畵劇場의 하루 매표수입이 500엔대, 도쿄 국제극장國際劇場이 2,000엔대에 불과해서 거의 "빈집에 가까운" 흥행 참사 상태였다.[23] 경성의 부랑아들을 교화하여 충량한 황국 신민으로 키워낸다는 건설적인 시국영화 〈집 없는 천사〉가 어떤 이유로 문부성 추천이 취소된 것일까. 당시 일본 당국에서는 추천 취소의 이유를 명백히 밝히지 않았으나 조선어 대사와 조선 복장, 기독교 정신의 미화가 부각된 점, 경성 부랑아들의 어두운 세계를 사실적으로 묘사한 점, 일본정신이 자연스럽게 녹아들지 못하고 과장되게 표현되어 역효과를 낸 점, 계몽주체와 대상이 조선인만으로 구성된 점 등이 제국 주체의 시선을 불편하게 만들었을 것이라고 분석되었다.[24]

특히 조선어 대사 사용에 대한 거부감이 크게 작용했을 것으로 판단된다. 당시 한 일본 잡지에 실린 글에서, 나가스 요시오 長洲義雄는 "〈집 없는 천사〉가 전편 조선어를 사용한 것은 조선영화의 시장 문제가 있다손 치더라도 완전히 시대의식을 망각한 반시대적인 작품이라고 단정 짓지 않을 수 없다. 현재 반도半島동포 중에는, 특히 영화 관객층에 일본어를 이해하지 못하는 사람이 도대체 얼마나 있겠는가."[25]라면서 조선영화에서 일본어 대사를 사용하지 않은 것에 대해 분통을 터트렸다. 조선어 대사를 사용했다는 이유만으로 〈집 없는 천사〉가 '시대의식을 망각한 반시대적 작품'으로 매도되었던 것이 당시 일본 내지인의 시선이었던 것이다.

토키영화 제작시대로 접어들면서 영화제작비가 무성영화에 비해 3배 이상[26]으로 상승한 관계로 만주, 일본 내지 등 해외시장 개척이 필요했던 조선영화계의 사정을 생각할 때, 〈집 없는 천사〉

영화 〈집 없는 천사〉, 제공: 한국영상자료원

니시키 모토사다 작·최인규 감독의 영화 집 없는 천사(1941)는 고려영화협회가 조선영화의 시장 확
대를 꾀하기 위해 최초로 일본 내지 상영을 시도한 식민지 조선영화였다.

의 문부성 추천 취소와 내지 시장의 냉담한 반응은 매우 충격적인 현실로 받아들여졌을 것이다. 〈집 없는 천사〉 사건을 계기로 대략 1941년 이후 조선영화계는 내지 시장 진출을 위해서 일본어 대사를 사용하고, 밝고 명랑한 영화를 만들지 않으면 안 되었던 것이다. 또 한일 합작 배우진을 구성하여 일본인을 계몽주체로, 조선인을 계몽대상으로 설정하는 인물 구성의 기획이 요구되었던 것이다.

조선영화의 어둡고 우울한 비전에 대해서도 문제점으로 지적되었다. 좌담회 「조선영화의 전모를 이야기하다」에서 일본인 참석자들은 어두운 것이 조선영화의 폐단이라면서 조선영화는 "지금과 같은 어두운 장면은 어느 정도 개선하여 더욱 밝게 즐길 수 있는 영화로 만들 필요"[27]가 있다고 주장하였다.

이에 따라 오영진이 1942년 시점에서 시나리오를 쓰면서 창작 언어를 일본어로 선택하고, 희극을 소재로 취한 점은 당시 조선 영화계의 사정에 비추어 볼 때 불가피한 측면이 있었던 것이다. 이듬해 발표한 〈맹진사댁 경사〉도 이러한 점에서 마찬가지였다. 『국민문학』의 주간 최재서로부터 호평을 받고, 당시 영화계의 상황에 비교적 충실했음에도 불구하고 〈배뱅이굿〉과 〈맹진사댁 경사〉는 끝내 영화화되지 못하고 말았다. 그렇다면, 그 이유는 무엇일까. 더군다나 오영진에게 〈배뱅이굿〉을 시나리오로 써볼 것을 권유한 야기 야스타로가 조선영화제작주식회사(약칭, 조영)의 중역을 맡고 있었고, 1942년 조영에 입사한 오영진의 감독 데뷔작품으로 〈배뱅이굿〉이 계획되어 있었음에도 불구하고 〈배뱅이굿〉의 제작이 불발로 끝난 것은 무엇을 의미하는 것일까.

조선영화제작주식회사가 설립되는 1942년의 시점은 이른바 '조선영화의 필요성', '조선영화의 독자성' 담론이 위기를 맞고 있음을 잘 말해준다고 할 수 있다. 1940년 1월에 총독부가 조선 영화의 제작, 배급, 상영을 통제할 목적으로 조선영화령朝鮮映畵令을 공포하면서 조선영화에 대한 통제가 점차 강화되고, 마침내 1942년에 조선의 영화사들이 통폐합되어 단일영화사인 조선영화제작주식회사가 설립된다. 조선 영화제작의 기획은 조선총독부에 의해 장악되었다. 총독부의 도서과장을 중심으로 보안과장, 경무과장, 정보과장, 학무과장, 그리고 조선군 사령부 보도과장, 경성제대 가라시마 다케시辛島驍 교수, 조영의 다나카 사부로 사장, 나카다 하루야스 상무 등이 조선영화의 기획 심의에 관한 업무를 주도하였다.

조영 설립 이전인 1941년만 해도 히로카와 소요廣川創用(이창용의 창씨명)는 좌담회에서 조선어 대사를 사용하는 조선영화의 필요성과 독자성을 주장하였는데, 그 근거는 80% 이상을 차지하는 일본어 문맹자인 조선 민중에게 영화를 통해 시국인식을 계몽해야 한다는 논리였다. 즉, 조선 연극계에 통용되었던 리터러시 논리를 영화계에 그대로 적용하고자 했던 것이다. 그러나 이러한 논리는 반론에 부딪혀 다소간의 논쟁에 봉착하게 된다.

히로카와: 조선총독부에서는 영화령이 시행된 후 제1회 추천영화로 〈말馬〉
　　　　을 채택했습니다. 〈말〉을 채택한 게 잘못되었다는 것이 아니라 **조**
　　　　선영화를 좀 더 육성해나갔으면 합니다. 그런데 조선군軍은 〈집
　　　　없는 천사〉를 추천한 것입니다.

기쿠치: 　**현재는 조선영화가 필요하지 않다고 생각하는 곳까지 와 있습**
　　　　니다.[28]

　　조선영화의 필요성을 주장하는 이창용(히로카와 소요)의 발언에
대해 조선영화협회 기쿠치 모리후미菊池盛央는 '조선영화 해소론解
消論'을 언급하고 있는 것이다. 그러나 조영 설립 이전인 1941년
까지만 해도 조선 영화인 및 지식인들을 중심으로 조선영화의 필
요성이 주창되었던 것이다. 내지인과 조선 영화인 사이에 벌어진
'조선영화 필요성' 논쟁의 핵심은 '조선어' 문제에 놓여 있었다.
조선 민중의 일본어 리터러시 능력(문맹률)이 그 논거가 되었다.
조선 영화인 측에서는 조선인의 일본어 문맹률이 80%에 이르기
때문에 여전히 조선어 영화가 필요하다고 주장했고, 일본 영화인
측은 농어촌 지역과 유아, 노인을 제외하면 실질적인 일본어 문
맹률이 40~50%밖에 안 되므로 리터러시 문제 때문에 조선어 영
화를 계속 제작해야 한다는 논리는 설득력이 떨어진다고 압박하
는 형국이었다.

히로카와: 현재의 문맹률을 어떻게 지도할까? 글자를 모르는 이에게는 어려

운 글자를 늘어놓아봤자 이해하지 못할 것이기 때문에 역시 영화
를 통해 그들을 지도하는 것이 최선의 방법이 아닌가 하는 생각을
하는 거지요.

조선영화라는 특수한 존재를 필요로 하는 점도 바로 거기에 있는
게 아닐까요?[29]

영화제작자 이창용은 조선영화 필요성의 근거로 일본어를 해
득하지 못하는 조선 관객에 대한 계몽을 이유로 삼고 있다. 조선
의 높은 일본어 문맹률을 이용하여 제국 일본에 대해 조선어 영
화의 독자성을 지키는 보루로 삼으려 했던 셈이다. 이는 연극(대
중극) 극장에서 연극 관객이 상대적으로 교육수준이 낮아서 일본
어 해득률이 떨어지므로 조선어 연극을 묵인받은 사례를 영화
극장에 똑같이 적용받아보려 했던 조선 영화인들의 의중을 반영
하는 것이라 볼 수 있다. 이는 기본적으로 조선인 다수를 차지하
는 일본어 문맹자를 조선영화의 관객으로 확보하고자 했던 영화
제작자들의 상업적 이해가 크게 작용했을 터이지만, 한편으로는
일제에 협력하면서도 어떻게 하든 조선어 영화를 지켜내려는 조
선 영화인의 민족적 의지로 해석될 측면도 있을 것이다. 그러나
1942년 조영 설립 이후에는 이러한 논쟁마저도 불가능한 시점
에 이르게 된다. 조영의 설립 목적이 궁극적으로 '조선영화의 해
소解消'에 있다고 하는 기쿠치 모리후미의 언급처럼, 조영의 출
범으로 인해 조선영화의 독자성은 거의 사라질 위기에 놓이게

된다.

1940년 시점에 야기 야스타로에게 격려 받은 경험을 토대로 1942년에 조영에 입사하여 스스로 감독이 되어 〈배뱅이굿〉을 쓰고 영화화하고자 했던 오영진의 계획은 애초부터 실패로 귀결될 가능성이 매우 농후했다. 설사 제국언어인 일본어로 시나리오를 쓰고 식민자의 호기심을 유발하는 로컬리티 전략을 취한다고 해도 그러한 기획은 전시 국책영화國策映畵가 요구되는 1942년 당시 영화계의 사정과는 너무도 거리가 먼 것이라고 할 수 있기 때문이다. 〈배뱅이굿〉은 지원병志願兵 주제와 같이 시국에 부합하는 내용을 담지 못한데다가 일본인이 지도하고 조선인이 협력하는 내선일체의 모양새도 전혀 갖추지 못했던 것이다.

물론 〈배뱅이굿〉과 〈맹진사댁 경사〉는 조선적인 것을 담은 민속 소재의 작품이지만 당대의 맥락에서는 동양적 도의道義의 윤리 이데올로기를 강조하고, 서구적 개인주의와 물질주의를 비판한다는 점에서 제국 일본의 지배담론인 동양주의의 범주에 속해 있는 것이라 볼 수 있다. 특히 〈배뱅이굿〉에서 가짜 박수무당 허풍만이 배뱅이의 혼령이 빙의된 것처럼 속여 굿을 하고 배뱅이 가족과 마을 사람들에게 수레 한가득 재물을 받고 나오는 장면, 그리고 얻은 재물을 모두 길에 흘려버리고 표표히 떠나는 장면은 주목을 요하는데, 이는 물신숭배에 대한 조롱과 풍류風流의 정신[30]을 보여주는 것으로 해석될 수 있다.

집 앞

이 흥분은 온 마을로 퍼진다.

저번의 노새에는 이상한 모양을 한 짐차가 연결되었고, 그 위에 옷감이나 갖

가지 재화가 산더미처럼 실린다.

마을 집집마다 사람들이 배뱅이 아씨의 먼 여로를 위해 진심이 담긴 선물을

가지고 온다.

계란 파는 여자는 계란을

목면 파는 여자는 목면을

바가지, 짚신, 쌀이나 조를 가지고 오는 남녀노소

젊은이가 살아있는 돼지를 끌고 온다.

마차가 당장이라도 무너질 듯하다. ― ①

(중략)

마을 길

노래 부르는 허풍만

집들마다 여자와 아이들이 뛰어나와 그를 울며 보낸다.

그의 뒤에서는 배좌수, 한씨를 선두로 충량忠良한 마을 사람들이 긴 행렬을

지어 이어진다.

눈물과 노래가 끓어오르는 듯한 감격의 한복판을 허풍만은 꿈처럼 나아간다.

― ② ³¹

#①에서 마을 사람들이 자발적으로 정성이 담긴 온갖 재물들을

들고나와 허풍만의 수레에 싣는 모습은 일제 말기 전시동원체제에서 자발성의 형식을 빌려 식민지 민중을 수탈한 공출供出제도의 단면을 연상케 한다.

한편, #②에서는 마을을 떠나는 허풍만을 보고 "충량忠良한 마을 사람들"이 거리로 뛰쳐나와 긴 행렬을 지어 눈물과 노래로 전송하는 모습은 영화 〈지원병〉(1941)에서 주인공 청년이 마을 사람들의 감격 어린 전송을 받으며 지원병으로 출전出戰하기 위해 장도에 오르는 장면을 떠오르게 만든다. 이러한 점은 〈배뱅이굿〉이 비록 조선적인 민속을 소재로 한 민족적 정서가 담긴 시나리오이지만 1942년이라는 발표 시점에서 다소간 일제에의 협력을 암시하는 장면들을 포함시키지 않으면 안 되었던 당시의 극장 상황을 단적으로 보여준다고 할 수 있다.

〈맹진사댁 경사〉에서 신분상승을 노리며 김판서댁과 사돈을 맺으려 한 맹진사의 탐욕성이 김판서 아들 미언의 기지로 인해 무산되고 마는 것, 탐욕성보다 마음의 진실을 중시하는 미언이 갑분이와 바꿔치기한 몸종 이쁜이와 결혼하게 되는 것 또한 물신주의에 대한 조롱이자 풍자이며, 도의적 정신주의의 승리를 보여주는 주제라고 할 수 있다. 이러한 측면은 〈맹진사댁 경사〉가 넓은 의미에서 일제의 지배담론인 동양주의 담론을 수용하고 있음을 말해주고 있다. 더 나아가 은유적 측면에서 보면, 〈맹진사댁 경사〉의 경우 조선의 풍경과 조선의 여성이 식민 주체에게 보이는 대상으로 타자화되고 있다는 점에서 조선을 여성으로 타자화하여 남성 주체로 상징되는 일본과의 협력을 강조하는 내용으로 읽힐 가능성도 은연중 내포되어 있다고 볼 수 있다.[32]

따라서 거시적 측면에서 보자면, 〈배뱅이굿〉과 〈맹진사댁 경사〉는 서구의 개인주의와 물질주의에 대한 동양적 도의道義의 승리를 강조하는 내용을 담고 있으므로 아시아에서 '미영귀축米英鬼畜'의 구축을 위한 전쟁을 벌이고 있는 제국 일본의 국책에 부합하는 측면이 있다고 볼 수 있다.

〈제트기 아래서〉의 행방, 그리고 영화 〈우러르라 창공〉

〈배뱅이굿〉과 〈맹진사댁의 경사〉의 분석을 통해 오영진이 전시 국책영화의 요구라는 당대 영화계의 상황과 관계없이 로컬리티의 기획에만 입각해 창작 활동을 했던 것으로 보기 어렵다는 것을 어느 정도 짐작할 수 있다. 한옥근과 김윤미가 오영진의 경성제대 동창생인 방용구와 대담한 기록을 보면, 오영진은 1944년에 일본 해군청의 요청을 받고 해군 항공대를 격려하는 내용의 시나리오 〈제트기 아래서ジェト機の下に〉를 썼던 것으로 되어 있다. 한옥근이 1988년 10월 15일 을지로 2가 고당기념관에서 방용구와 대담을 나누면서 그에게서 들은 이야기는 다음과 같다.

1944년? 여름 내가 청주에 있을 때, 우천(오영진의 아호, 인용자)이 부인과 함

께 다녀간 일이 있는데, 뒤에 알고 보니, 그 사람들 내외가 진해에 있는 일본 해군청의 부름을 받고 내려간 것이지. 그때 일본 해군청으로부터 전쟁을 승리로 이끌기 위해 병사들을 격려할 시나리오를 써달라는 청탁을 받고 어쩔 수 없이 쓴 것이 「제트기노 시다니ジェト機の下に」였지. 그것을 쓴 뒤로는 가책이 되어 영화에 손을 뗀 것 같았어.[33]

즉, 오영진이 1944년에 해군청의 요청으로 진해로 내려가 해군 항공대를 찬양하는 시나리오 창작을 의뢰받고 〈제트기 아래서〉라는 시나리오를 쓰게 되었다는 것이다. 이와 더불어, 방용구는 2009년 4월 25일 김윤미와의 대담에서 시나리오 〈제트기 아래서〉는 영화로 만들어져 해방되기 한 달 전에 개봉되었다고 진술했다. 그리고 그는 이 영화가 작가명도 바꾸고 제목도 바뀌어서 개봉되었는데, 시나리오는 일본인 친구가 가져갔다고 말했다.[34] 물론 이 시나리오는 현재 발견되지 않았으며, 그 상세한 실체를 알기 어렵다.

방용구의 증언과 오영진의 취재기 「젊은 용의 고향若い龍の鄕」(『국민문학』, 1944.11)이 내용상 거의 유사하다는 점을 미루어 볼 때, 1945년에 조선영화사가 제작한 5편의 영화 중에 최인규 감독의 〈사랑과 맹서愛と譬ひ〉가 오영진의 시나리오 〈제트기 아래서〉를 영화화한 것일 가능성이 크다고 추정해보는 것도 가능하다. 그 근거로 「젊은 용의 고향」은 주인공이 영화사의 각본 의뢰를 받고 시나리오 취재를 위해 진해 해군부대를 견문한다는 줄거리를 가

영화 〈사랑과 맹서〉. 제공: 한국영상자료원

최인규 감독이 연출한 영화 〈사랑과 맹서〉(1945)는 일본인이 계몽주체로서 조선인의 '국민' 만들기를
지도한다는 취지로 제작된 전형적인 국책영화다.

지고 있다는 점을 들 수 있다.

두 작품 사이에 시점, 정황이나 맥락이 유사한 것은 분명하다. 그러나 두 작품 간의 내용상 연관성을 근거로 〈사랑과 맹서〉를 오영진의 시나리오로 아직 예단하기 어려운 측면이 있다. '계몽 주체로서의 양아버지'와 '계몽대상으로서의 고아'라는 설정의 유사성 때문에 조영판 〈집 없는 천사〉로 비유되는[35] 〈사랑과 맹서〉는 조선인 고아 출신인 양아들 에이류가 일본인 양아버지의 계도와 가미가제 특공대 무라이 소위의 죽음에 감화를 받고 해군특별지원병(가미가제특공대)에 지원하게 된다는 내용을 갖고 있다.

반면, 오영진의 취재기 「젊은 용의 고향」은 진해 해군기지에서 해군 장교와 병사들의 훈련과 생활의 취재를 통해 해군특별지원병 제도를 찬양하고, 일본인 장교의 강인한 남성다움과 조선인 지원병의 용기를 미화하는 내용을 담고 있다. 해군특별지원병이라는 소재만 일치할 뿐 두 작품 사이의 직접적인 연관성은 찾기 어렵다.

그러나 방용구의 진술로 볼 때, 오영진이 국책영화 시나리오 〈제트기 아래서〉라는 작품을 쓴 것은 분명해 보인다. 다만, 시나리오의 행방이 묘연한 것, 그리고 그것을 영화화한 작품이 무엇인지에 대한 여부가 불분명한 점이다. 여기서, 무엇보다도 중요한 사실은 오영진이 〈배뱅이굿〉, 〈맹진사댁 경사〉 이외에 전시 국책 시나리오 〈제트기 아래서〉를 창작했다는 점일 것이다. 이 작품은 증언대로라면 앞의 두 시나리오와는 달리 마침내 극장 상영에 성공하였다는 점에서 주목을 요한다. 극장 상영의 성공 이유는 일본어 대본, 시국성 부합 등도 있지만 계몽주체인 일본인의 지도와 대상인 조선인의 협력이라는 내선일체, 대동아 신질서의 구도를 만들어냈기 때문일 것이다.

일본어 대사와 희극이라는 점을 빼고서 국책에 적극 호응하는 작품 창작을 회피하고 조선적인 로컬리티를 추구하던 오영진이 변화하게 된 이유는 무엇일까. 두 가지 추정이 가능하다. 하나는 민족주의를 포기하고 일제의 강요에 굴복한 것, 또 다른 하나는 식민지 극장에서 더 이상 조선적 로컬리티의 기획이 불가능함을 깨닫고 현실에 맞게 창작 방향을 전환한 것. 이 두 가지 추정은 모두 가능성을 갖고 있다. 오영진의 회고에 따르면, 1942년에 그는 조영 촉탁을 사직하고 고향에 내려가 어려움에 처한 아버지 오윤선 장로가 운영하는 숭인崇仁학교 일을 돕다가 학생들에게 학병 지원을 반대하는 선동을 했다는 죄목으로 1943년 12월에 검거, 투옥된다.[36] 어려움에 처한 아버지의 학교를 건지고, 위태로움에 처한 자신의 일신을 보존하기 위해서 그는 국책영화의 시나리오를 쓰지 않을 수 없었을 것이다. 1944년에 진해 해군기지의 해군지원병을 찬양하는 취재기 「젊은 용의 고향」을 쓰지 않으면 안 되었던 것도 이런 이유에서였을지도 모른다.

그러나 필자는 두 번째 추정에 더 무게를 두고 싶다. 그는 1943년 12월의 검거, 투옥 사건 이전에 이미 국책영화의 시나리오를 창작한 바 있다. 조선군 보도부와 체신국 항공과가 후원하고 김영화가 연출하여 1943년 4월 5일 명치좌明治座에서 개봉[37]한 영화 〈우러르라 창공〉의 시나리오를 〈집 없는 천사〉의 작가 니시키 모토사다와 오영진이 공동창작을 한 것으로 되어 있다. 비행기 헌금과 항공航空사상의 보급을 주제로 한 조선 최초의 항공영화로 알려진 이 작품은 영화통제 이전의 구舊조선영화사가 1941년 가을부터 제작에 착수하여 1943년에 개봉한 영화로 소개되고 있다.[38] 1941년 가을에 제작에 착수하여 1943년 봄에 개봉한 영화의 시나리오 공동창작을 맡았다면 적어도 1941년에 이미 오영진은 국책영화 시나리오의 창작에 적극 개입하였다는 이야기가 된다. 그렇게 볼 때, 아버지의 교육 사업을 지키고, 학생들의 학병 지원을 선동해서 검거되었기 때문에 불가피하게 국책영화 시나리오 창작에 관여하게 되었다는 이야기는 설득력을 잃게 되는 것이다.

니시키 모토사다와 오영진의 공동창작이라고 하지만 실제로 작품의 대체적인 원안은 오영진이 창작했을 가능성이 있다. 〈집 없는 천사〉의 작가 니시키의 역할은 전반적인 국책영화의 방향성, 일본어 대사의 수정에 국한되었을 가능성이 있다. 당시 시나리오 작가의 결핍에 시달렸던 조선 영화계에서 오영진은 매우 희소한 존재였다. 1942년 12월 『국민문학』의 한 좌담회에서, 최재서는 현재 조선에서 시나리오 작가가 몇 명이냐고 묻는데, 조선영화제작주식회사 상무이사인 나카다 하루야스中田晴康는 니시키와 오영진이 있다고 대답한다. 더 넓게 보더라도 이들 이외에 당시 조선의 시나리오 작가로는 임용균, 주영섭 정도에 불과했던 것이다.[39] 당시 오영진은 조선 유일의 영화사 중역이 조선의 시나리오 작가는 니시키와 오영진이 있다고 말할 만큼 조영이 내세우는 대표적인 전속 작가 중 하나였던 것이다. 이러한 사실로 미루어 볼 때, 식민주의적 요소를 암시적으로 표현하고 조선적인 것을 강조한 오영진의 〈배뱅이굿〉(1942), 〈맹진사댁 경사〉(1943)가 비록 제작 불발로 끝나고 말았지만 애초부터 조영의 기획과 결부되어 창작된 것처럼 〈우러르라 창공〉(1943)과 〈제트기 아래서〉(1945) 역시 조영의 기획에 오영진이 작가로 참여한 작품이라는 점은 분명해 보인다.

즉, 일제 말 오영진이 창작한 시나리오는 모두 4편으로 추정되며, 이 작품들은 모두 당시 유일한 국책영화사인 조영을 통해 영화 제작을 기획하고 창작한 것이다. 다만, 1942년을 기점으로 크게 달라진 조선 영화계의 제작 판도에 의해 앞의 두 작품은 영화화가 불발로 끝나고 뒤의 두 작품은 제작, 상영되었다. 영화 제작이 불발된 두 작품은 훗날 오영진 스스로 한글로 재창작하여 한국인의 민족정체성을 표상한 정전으로 재탄생하게 되었고, 영화로 상영된 뒤의 두 작품은 작가 스스로에 의해 존재가 지워져 버린 작품이 되어버리고 만 것이다.

나가며

오영진은 해방 후에 〈배뱅이굿〉에 대해 "이 작품은 귀국 후 '조선 영화제작회사'에서의 나의 최초의 감독 작품으로 예정했던 것이다. 그러나 그 기회는 이미 사라져버렸다."[40]라며 영화화되지 못한 것에 대한 아쉬움을 토로했다. 〈맹진사댁 경사〉 또한 마찬가지의 운명이었다. 오영진은 조선적인 로컬리티를 추구하는 이 작품들을 일본어로 창작하였지만 끝내 영화로 제작, 상영되지 못하였다. 시나리오에서 일본어 대사를 사용한 것은 당시 내지 진출 영화인 〈집 없는 천사〉에 비해 오히려 한 발 더 나간 것이었으나 당시 전시국책의 흐름을 반영하지 못한 점이 '치명적인 한계'가 되었던 것이다. 조선 유일의 단일영화사 조선영화제작주식회사가 등장하는 1942년의 시점에서 '조선영화'는 이제 해소의 길을 향해가고 있었기에 동양주의의 큰 방향을 유지하더라도 조선적 로컬리티를 추구하는 영화가 제작되기는 어려웠다. 더군다나 1941년 태평양전쟁 개전 이후 생生필름의 품귀 현상이 매우 심각하여 영화사가 한정된 생필름을 배급 받는 상황에서 조선적 로컬리티를 추구하는 영화 제작을 위한 생필름이 제공되기는 매우 어려운 현실이었다.[41]

1942년 생필름의 공급이 제한적이었던 조선영화의 제작 환경에서 영화가 제작, 상영되기 위해서는 일본어 대사, 밝고 명랑한 분위기, 전시 시국인식, 계몽주체로서의 일본과 계몽대상으로서의 조선이라는 구성 요소가 필수적으로 요구되었던 것이다. 〈배뱅이굿〉, 〈맹진사댁 경사〉의 경우에서 볼 수 있듯이, 당시 조영의 희소한 시나리오 작가로서 가치를 인정받던 오영진 역시 이러한 조건을 충족시키지 못하는 한 영화화의 빛을 볼 수 없었던 것이다. 이러한 조건은 제국 일본이 주도하는 대동아영화권 신질서 내에서 점차 해소의 길을 강요당하던 조선영화가 살아남기 위해서 수락하지 않으면 안 되는 생존조건이었던 것이다. 〈배뱅이굿〉과 〈맹진사댁 경사〉의 영화화에 좌절을 맛본 오영진은 마침내 〈우러르라 창공〉(1943), 〈제트기 아래서〉(1945)를 창작하여 자신의 시나리오를 영화로 제작, 상영하는 데 성공할 수 있었다. 그것은 그 스스로를 대동아영화권의 신질서 내로 편입시켰기에 가능했던 것이다.

1940년대 오영진의 시나리오 창작과정을 통해 우리는 작가의 시나리오, 희곡 창작에 관한 진의 파악은 텍스트 내적 분석만으로는 불가능하며, 당대 극장의 문화정치학과 연관 지어 살펴보는 관점이 필요하다는 것을 알 수 있다. 극장의 문화정치학이 예술 창작의 태도와 방향을 결정하는 측면이 크다는 점에 대한 인식이 중요함은 두말할 필요도 없을 것이다. 이와 아울러 일제 말기에 창작된 희곡 및 시나리오 작품에 대한 연구는 식민지 조선만을 염두에 두는 일국주의—國主義적 관점만으로는 본질에 대한 해명이 곤란하다는 것도 주목을 요하는 사항이다. 제국 일본이 주도하는 대동아공영권 체제라는 동아시아 문화블록의 관점에서 그것을 고찰하지 않으면 1940년대의 영화, 연극에 대한 작품 이해가 어려운 것이다. 이 시기 희곡과 시나리오 연구에 트랜스내셔널transnational한 관점이 요구되는 것은 당대 식민지 극장 자체가 민족, 종족 단위에서 벗어나 동아시아 문화블록 내에서 스스로 월경越境하는 존재였기 때문이다. 1940년대 전반기에 창작된 오영진의 시나리오들은 이러한 측면을 잘 반영해주는 하나의 바로미터가 된다.

4

영화인의
극장정치

신상옥은
영화 <꿈>을
왜 두 번 만들었을까

이광수의 소설, 오영진의 시나리오, 그리고 신상옥의 영화

들어가며

영화감독 신상옥의 필모그래피filmography를 훑어볼 때 가장 먼저
눈에 들어오는 작품 가운데 하나가 〈꿈〉이다. 이 영화는 〈악야〉
(1952), 〈코리아〉(1954)에 이은 신상옥의 세 번째 작품이면서 그의
생애에 두 차례 제작되었을 정도로 그가 각별한 애착을 보인 작
품이기 때문일 것이다. 신상옥은 이광수의 원작소설 〈꿈〉(1947)을
토대로 1955년, 그리고 1967년 두 차례에 걸쳐 동명영화 〈꿈〉을
제작하였다. 이 글은 신상옥 감독이 만든 두 편의 〈꿈〉에 나타난
각색의 양상을 비교, 분석하는 것을 일차적 목적으로 삼고자 한
다. 더 나아가 신상옥이 같은 영화를 두 번이나 만들 만큼 이광수

의 소설 〈꿈〉에 매료된 이유는 무엇인지, 그리고 이광수의 소설을 각색, 극화한 첫 번째 〈꿈〉과 이광수 원작을 오영진의 시나리오 각색을 거쳐 제작한 두 번째 〈꿈〉에서 각각 표현하고자 했던 것 사이에 어떤 차이가 존재하는지에 대한 의문점을 밝히는 것이 주요 과제가 될 것이다.

이러한 분석이 가능할 수 있게 된 것은 오랫동안 필름이 전해지지 않았던 1955년작 〈꿈〉이 발굴, 복원된 덕분에 비로소 영화 텍스트 간의 비교, 분석이 가능해졌기 때문이다.[1] 신상옥의 〈꿈〉 두 편을 비교, 분석하는 작업은 그 자체만으로도 매우 흥미롭고 가치가 있는 것이다. 영화 텍스트의 관점에서 보면 영화작가 신상옥 작품세계의 변화양상을 읽어내는 의미를 가질 수 있을 것이다. 그리고 문학, 문화연구의 관점에서 보면 이광수의 원작소설에 대한 매체 전환과정에 나타난 텍스트 해석의 차이, 각색의 전개양상을 살펴보는 계기가 될 수 있을 것이다. 이보다 더 흥미롭고 의미심장한 것은 신상옥의 영화에 기원이 되는 문학작품들과 영화 텍스트와의 상관성을 파헤침으로써 신상옥 작품을 둘러싼 문화사적 맥락을 짚어보는 일이 될 것이다. 이광수의 소설 〈꿈〉이 영화화되기 위해 선택된 이유는 무엇인지, 소설 〈꿈〉은 신상옥의 영화에 어떤 영향을 미쳤는지, 그리고 오영진의 시나리오는 이광수의 소설과 어떤 차이를 보이는지 등을 따져보는 것은 신상옥의 영화 〈꿈〉에 나타난 텍스트 의미의 두께를 확장시키는 데 매우 흥미로운 기여를 할 수 있으리라 생각한다.

신상옥의 〈꿈〉은 이른바 사극영화로 분류될 수 있는 작품이다.[2] 신상옥은 특히 사극 장르에 일관성 있게 관심을 보여준 영화작가라고 할 수 있다. 그는 데뷔 초기에 〈꿈〉(1955), 〈젊은 그들〉(1955), 〈무영탑〉(1957) 등 일련의 사극영화를 잇달아 제작하면서 사극 장르에 각별한 관심을 보이기 시작했고, 1960년대에 들어서면서 〈성춘향〉(1961), 〈연산군〉(1961), 〈폭군 연산〉(1962), 〈이조잔영〉(1967), 〈내시〉(1968), 〈이조여인잔혹사〉(1969) 등과 같은 주목할 만한 사극영화를 만들어 영화계의 화제를 집중시키기도 했다.[3] 〈꿈〉은 이광수의 소설을 영화화했다는 점에서 문예영화의 계열로 분류될 수도 있는 작품이다. 동시에 〈꿈〉은 〈젊은 그들〉, 〈무영탑〉과 더불어 신상옥 사극영화의 시발점이 되는 작품이라는 점에서 주목할 만한 작품이다.

그동안 유실되었던 신상옥의 1955년작 〈꿈〉이 발굴, 복원된 것은 이광수, 오영진, 신상옥에 이르는 〈꿈〉의 작품 계열이 갖는 문화사적 의미를 규명하는 데 매우 좋은 계기가 된다.[4] 이를 통해 세 작가가 이룩한 〈꿈〉의 각색 양상을 분석해보고자 한다.

1955년작 〈꿈〉: 이광수의 소설과 신상옥의 영화

일제 말기에 도쿄미술학교를 다닌 미술학도였던 신상옥은 해방을 맞아 고려영화사 미술부에 입사하면서 영화계에 입문하게 된

영화감독 신상옥, 제공: 한국영상자료원

다. 고려영화사에서 그는 당시 한국영화계 최고의 테크니션이라
고 불리던 최인규 감독 문하에 들어가 조감독으로 활동하게 된
다. 1952년 〈악야〉를 발표함으로써 그는 감독으로 데뷔한다. 〈악
야〉는 잡지 『백민』의 33인 단편 특집의 하나로 게재된 김광주의
단편소설을 각색한 것으로서 전후 한국 사회의 암울한 현실을 반
영한 작품이었다.[5] 현재 필름이 전하지 않는 이 작품은 한 지식인
과 양공주의 조우를 통해 전쟁기의 궁핍한 참상을 반영하였다는
점에서 볼 때, 전후의 암담한 현실을 생생하게 카메라에 포착한
신상옥의 〈지옥화〉(1958)를 연상시키는 것이었다. 이러한 작품경
향은 신상옥이 영화스승 최인규로부터 받은 영향이라고 볼 수 있
다. 최인규의 〈집 없는 천사〉(1941), 〈자유만세〉(1946)에 나타난 네

오리얼리즘Neo-realism 스타일과 분위기가 초기 신상옥의 영화 〈악야〉, 〈지옥화〉에 녹아 있었다.[6]

그러나 이 시기에 네오리얼리즘보다 신상옥의 관심을 더 끌었던 것은 한국 고유의 문화정체성에 관한 것이었다고 보는 것이 옳을 것이다. '6.25 사변 후 최초의 35미리 영화'[7]로 제작된 다큐멘터리 영화 〈코리아〉(1954)는 그러한 작업의 시발점이었다. 그는 한국의 문화정체성을 세계에 알리고자 하는 의도로 한국의 대표적인 문화재와 명승지를 카메라에 담아 다큐멘터리 영화 〈코리아〉를 제작하였다. 여기에 그는 처용의 노래, 무영탑에 얽힌 사연, 춘향전 등 극적 장면들을 삽입하여 극영화의 요소를 첨가했다.[8] 한국의 모습을 담은 영상들을 한국적인 이야기로 재구성하기 위해 유치진과 전창근으로부터 자문을 구했고, 극영화 장면들을 첨가하기 위해 김동원, 이해랑 등 극단 신협 단원들의 도움을 받았다.[9]

그 이듬해에 제작된 영화 〈꿈〉은 〈코리아〉의 연장선 상에 있다고 할 수 있다. 즉, 한국 고유의 문화를 영상서사를 통해 표현하고자 하는 욕망이 영화 〈꿈〉으로 표출된 것이라고 할 수 있다. 〈꿈〉은 신상옥이 매우 사랑한 영화라고 전해진다. 신상옥은 〈코리아〉에 극단 신협의 연극 춘향전 장면을 삽입하면서 배우 최은희를 만나게 되었다. 최은희와 사랑에 빠진 신상옥은 그녀에게 청혼하고 나서 다음과 같이 말했다고 한다.

"어릴 때 춘원의 〈꿈〉을 읽었는데, 그날 밤 머릿속으로 내내 영화를 찍었소. 그때 내가 상상하던 여주인공이 바로 은희 씨의 모습 그대로요. 내가 〈꿈〉을 찍게 되면 달례 역을 맡아줘요."[10]

이와 같은 최은희의 회고를 통해, 신상옥이 춘원의 소설 〈꿈〉을 읽고 깊은 감명을 받았고, 오랫동안 소설 〈꿈〉의 영화화를 꿈꿔왔다는 사실을 아는 것은 어렵지 않다. 그러나 춘원의 〈꿈〉을 어릴 때 읽었다는 것은 사실과 다르다. 춘원의 중편소설 〈꿈〉이 간행된 것은 이광수가 해방 이후 사릉에 칩거하던 때인 1947년이었으므로 신상옥이 최은희와 사랑에 빠진 1954년의 시점으로부터 불과 7년의 차이가 있을 뿐이다. 춘원의 〈꿈〉이 출간되었을 때 신상옥은 만 21세의 청년이었다.

이광수는 〈꿈〉이라는 제목으로 두 편의 소설을 썼다. 1939년 7월에 잡지 『문장』 임시증간호에 발표한 단편이 하나이고, 1947년에 사릉에 칩거하면서 쓴 중편이 다른 하나이다. 이 중에 신상옥이 읽었다는 〈꿈〉은 달례가 등장하는 것으로 볼 때 1939년 단편소설과는 무관하며 1947년 중편소설 〈꿈〉이 분명하다. 오랫동안 소설 〈꿈〉의 영화화를 소망해왔다는 진술이 사실이라면 신상옥은 1947년, 혹은 적어도 1940년대 말에 이광수의 소설 〈꿈〉을 읽었을 가능성이 크다. 그의 데뷔작 〈악야〉가 1950년 6.25 전쟁 발발 무렵에 기획, 제작되기 시작했다는 점을 감안하면, 영화 〈꿈〉은 그의 필모그래피 순서상 세 번째 작품이지만 사실상 그의 첫 번

째 구상작품이라고 해도 과언이 아닐 것이
다. 그만큼 〈꿈〉은 순서를 떠나 그의 필모
그래피에서 중요한 위치를 차지하는 작품
이라고 할 수 있다.

원작자 이광수

그렇다면, 왜 그는 이광수의 〈꿈〉을 영화
화하고 싶은 욕망을 갖게 되었을까. 그에
대해 몇 가지 추정이 가능하지만, 먼저 이
광수의 중편소설 〈꿈〉에 대해 살펴보는 것이 순서일 것이다. 중
편소설 〈꿈〉은 해방 직후 친일인사로 몰려 지탄의 대상이 되었던
시기에 춘원 이광수가 서울에 살고 있는 가족과 헤어져 경기도
남양주 사릉 근처에 홀로 칩거하면서 쓴 작품이다. 이광수는 사
릉에서 자신을 추종하는 문생門生 박정호, 그리고 1946년 봄에 구
입한 '자빼뿔소'[11]와 함께 기거하면서 농사를 짓고 글을 쓰며 살
았다. 속세의 삶에 대한 미련을 버리고 '세 못난이'(춘원, 박정호, 자
빼뿔소)가 남양주 사릉에서 농사에 묻혀 자연과 더불어 살았던 것
이다. 그것은 춘원에게 있어서 지난날의 과오에 대한 속죄이자
참회의 삶이면서 동시에 불교 행자다운 '수행修行'의 삶이기도 했
을 것이다.[12] 당시 면학서관에서 〈꿈〉이 출간되었을 때, 많은 독
자들은 이 소설이 춘원의 참회록이라고 받아들였다. 그래서 많은
독자들이 이 소설에 대해 각별한 호기심을 품고 책을 사서 읽었
다고 한다.[13]

중편소설 〈꿈〉은 『삼국유사』권3의 '낙산이대성 관음 정취 조신

조'에 실린 조신설화를 각색한 작품이다. 조신설화의 내용을 간추리면 다음과 같다.

① 명주에 있는 세규사의 장원 관리를 맡은 조신이 태수 김흔공의 딸을 흠모하게 되어서 낙산사 관음보살에게 그녀와 인연을 맺게 해달라고 빌었다.

② 그러던 사이에 이 여인에게 배필이 생겼다. 관음보살을 원망하던 조신은 불상 앞에서 잠시 잠이 들었다.

③ 꿈속에서 김낭金娘이 문을 열고 들어와 조신에게 함께 살기를 간청한다.

④ 조신은 김낭과 함께 고향으로 돌아가 40년간 자녀 다섯을 두고 살았다.

⑤ 극심한 가난을 이기지 못하고 15세 된 큰아이는 굶어 죽고, 10세 된 계집아이는 밥을 얻으러 다니다 개에게 물렸다.

⑥ 견디다 못한 김낭이 조신에게 헤어지자고 말한다.

⑦ 이 말을 듣고 조신은 크게 기뻐하며 각자 아이 둘씩을 데리고 작별하다가 꿈에서 깨었다.

⑧ 꿈에서 깬 조신은 수염과 머리털이 모두 희어졌고 세상일에 뜻이 없어졌다.

⑨ 큰아이 묻은 곳을 파보니 돌미륵이 나왔다. 사재를 털어 정토사를 세워 불도에 정진하였다.[14]

조신설화의 기본 구조는 김만중의 〈구운몽〉과 같이 '입몽入夢 – 꿈 – 각몽覺夢'의 환몽구조幻夢構造로 이루어져 있다.[15] 꿈 밖의 이야기와 꿈속의 이야기로 나뉜다는 점에서 액자 형식의 구성을 갖고 있다고도 말할 수 있다. 즉, 이 설화는 몽자夢字류 액자형의 구성을 갖는다고 할 수 있다.[16] 조신설화의 환몽구조를 세분해보면, 'Ⓐ 꿈 이전, Ⓑ 꿈, Ⓒ 꿈 이후'의 세 가지 이야기로 나눌 수 있다.[17] 다시 말해, 'Ⓐ 꿈 이전: ①, ②-Ⓑ 꿈: ③, ④, ⑤, ⑥, ⑦-Ⓒ 꿈 이후: ⑧, ⑨'의 3단 구성을 갖는 것으로 볼 수 있다.

설화 속의 등장인물로는 조신, 김낭(김흔공의 딸), 아이들이 있다. 이 중에 대사와 행동이 있는 실질적 인물은 조신과 김낭, 두 인물에 불과하다. 조신을 주인공으로 볼 때, 꿈속 이야기에서 조신의 행복을 가로막는 장애물은 가난이라는 한 가지 문제가 있다. 꿈 밖의 서사에서 조신의 장애물이 애욕愛慾이라고 본다면, 그것을 극복하고 깨달음을 얻는 것이 이 이야기의 해결이라고 볼 수 있다. 그렇게 볼 때, 꿈속의 서사는 가난과 이별이라는 단조로운 갈등구조로 이야기가 구축되어 있음을 알 수 있다.

이광수는 이처럼 단조로운 3단 구성의 설화에 흥미를 부여하기 위해 본래 설화에 없는 다양한 인물들을 설정하였다. 조신과 달례(김 태수의 딸), 아이들 이외에 낙산사 스님 용선화상, 평목, 그리고 모례 화랑과 그 일행 등을 설정하였다. 인물의 다양화는 사건의 복잡화를 의미하는 것이다. 무엇보다도 괄목할 만한 사건의 복잡화는 주로 꿈속 이야기에서 나타난다. 조신설화에서 조신은 김낭과 함께 아무런 방해 없이 고향으로 돌아가 수십 년 동안 행복하게 산다. 극심한 가난으로 인해 자식들을 잃는 고통을 겪고 김낭과 작별하게 되는 것이 가장 큰 갈등양상일 뿐이다. 그러나 이광수는 조신설화의 가난이라는 장애물 대신에 도피와 추적의 플롯을 끌어와 서사의 흥미를 보다 증폭시켰다.

이광수 소설 〈꿈〉의 서사구조를 요약하면 다음과 같다.

Ⓐ 첫째 권

① 낙산사 스님 조신은 태수의 행차 소식을 듣고 1년 전 김흔공 태수의 딸 달례와 첫 만남을 회상한다.

② 1년 전 조신은 달례의 청을 듣고 절벽 위의 철쭉꽃을 꺾어준다. 이때 이후로 달례를 흠모하게 된다.

③ 태수 일행이 불공을 드릴 때 조신은 달례가 모례 화랑과 정혼한 사실을 알게 된다.

④ 조신은 용선화상에게 달례와 자신이 인연을 맺을 수 있도록 해달라고 애원한다.

⑤ 용선화상의 가르침에 따라 조신은 법당에서 자신의 소원을 이루어지게 해달라며 관음기도를 한다. 기도 중에 깜빡 잠이 든다.

⑥ 달례가 법당으로 조신을 찾아와 사랑을 고백하며 함께 달아나자고 한다.

⑦ 조신과 달례는 도피 행각을 시작한다. (도피1)

Ⓑ 둘째 권

⑧ 평목이 두 사람을 따라와 낙산사로 돌아가자고 한다. 조신, 평목을 물리친다. (추적1)

⑨ 15년 후, 태백산 깊은 곳에 조신과 달례는 4명의 자식들과 함께 농사를 지

으며 살고 있다.

⑩ 평목이 다시 찾아와 조신을 협박하며 딸을 요구한다. 조신, 평목을 목 졸라 살해한다. (추적2)

⑪ 조신, 죄책감을 느끼며 갈등한다.

⑫ 모례 화랑 일행이 조신이 사는 마을로 사냥하러 온다. 평목의 시체가 발견 된다. (추적3)

ⓒ 셋째 권

⑬ 조신, 살인의 증거를 없애려다 모례에게 발각되어 가족과 함께 도주한다. (도피2)

⑭ 모례의 추격을 피해 도주 중에 자식을 잃는다. (추적4)

⑮ 조신, 주막에서 모례 일행에게 붙잡힌다.

⑯ 조신, 감옥에서 처형되려는 순간 꿈에서 깨어난다.

⑰ 일심으로 수도에 정진하여 명승이 된다.[18]

조신설화가 3단 구성으로 이루어진 것처럼, 이광수의 〈꿈〉도 3단 구성으로 되어 있다. 하지만, 조신설화의 구성이 'Ⓐ꿈 이전 (입몽) – Ⓑ꿈 – Ⓒ꿈 이후(각몽)'라는 현실과 꿈의 경계로 단순하게 구분되는 반면, 이광수의 〈꿈〉은 'Ⓐ 첫째 권 – Ⓑ 둘째 권 – Ⓒ 셋 째 권'이라는 3단 구성으로 나뉘어 있다. 이 서사구조를 더 자세 하게 분석하면 Ⓐ 첫째 권은 '욕망(입몽)/도피의 플롯', Ⓑ 둘째 권 은 '살인/추적의 플롯', 그리고 Ⓒ 셋째 권은 '추적/해탈(각몽)의 플롯'을 가진다고 볼 수 있다. 조신설화의 서사구조와 비교하면, 소설 〈꿈〉이 '도피 – 추적 – 살인 – 추적'이라는 극적 사건(행동)을 부여함으로써 서사적 흥미를 증대시켰다고 볼 수 있다.

김동인에 따르면, 이광수의 〈꿈〉은 출간 당시 엄청난 대중적 인기를 모은 작품으로 알려져 있다. 이러한 대중적 인기는 기본적으로 이 소설이 가진 도피와 추적의 플롯에서 비롯되는 것이라 할 수 있다. 이러한 플롯을 만들기 위해 이광수는 조신설화에 나타나지 않는 새로운 인물들을 부가시켰다. 낙산사 중 용선화상과 평목, 그리고 모례 화랑과 그 일행이 대표적 인물들이다. 이들은 용선화상을 제외하고 모두 조신과 달례의 애정 도피 행각에 대한 추적자들이라는 점에 공통점이 있다. 도피, 추적의 플롯을 위해 작가가 설정한 인물들이다. 평목은 서사구조상 추적1과 추적2의 실행자이며, 모례 화랑은 추적3과 추적4의 실행자라 할 수 있다. 사랑의 도피 행각을 이 소설의 주요 행동이라고 볼 때, 이 작품의 갈등구조는 '조신(도피자)/모례, 평목(추적자)'의 대립이라고 할 수 있다.

이러한 점에서 볼 때, 소설 〈꿈〉의 서사구조는 추적의 플롯을 서사의 근간으로 삼고 있는 작품이라 할 수 있다. 이 추적의 플롯이야말로 대표적인 '몸(행동)의 플롯'이다. 몸의 플롯이란 행동 action이 중심이 되는 플롯을 말한다.[19] 그러므로 몸의 플롯이 서사의 근간이 된다는 것은 소설 〈꿈〉이 행동 요소가 강한 극적 소설dramatic novel이라는 것에 다름 아니다. 즉, 소설 〈꿈〉은 극화

dramatize하기에 좋은 조건을 갖춘 작품이라고 할 수 있다.

더욱이 원전 설화의 서사가 가진 3단 구성(꿈 이전 - 꿈 - 꿈 이후)은 기본적으로 아리스토텔레스가 말한 '처음beginning - 중간middle - 끝ending'의 3단 구성과 부합하는 것이기도 하다. 춘원은 원전 설화의 3단 구성 근간을 유지하면서 이를 '첫째 권 - 둘째 권 - 셋째 권'의 형식으로 전환하였다. 이러한 3단 구성의 틀은 아리스토텔레스가 『시학』에서 말한 플롯의 3단 구성과 본질적으로 흡사한 것이다. 즉, 신상옥이 이광수의 〈꿈〉을 읽고 깊은 영감을 얻고 영화화의 흥미를 느끼게 된 것은 〈꿈〉이라는 텍스트가 갖고 있는 극적 구성 때문이었을 가능성이 크다.

다른 한편으로는 〈꿈〉이 갖고 있는 한국적 요소들이 신상옥에게 영화화의 매력을 느끼게 하였을 가능성도 무시할 수 없을 것이다. 전술한 대로, 신상옥은 〈코리아〉(1954) 제작 당시부터 자신의 영화에 한국적 정체성을 담아내고픈 강렬한 욕구를 갖고 있었다. 그러한 욕구 때문에 그는 〈코리아〉에서 한국적 영상 이미지라는 시각적 표현에만 매몰되고, 플롯이 취약한 나머지 그림엽서 같은 인상을 주는 영화라는 뼈아픈 지적을 받기도 했다.[20] 이후 그가 만든 영화 〈꿈〉(1955), 〈젊은 그들〉(1955), 〈무영탑〉(1957)은 그러한 한국적인 것의 영화적 재현 욕구가 반영된 것이라고 볼 수 있다. 그의 일련의 사극 제작 취향 역시 그러한 욕구의 연장선일 것이다. 그렇다면 한국적 정체성을 자신의 영화에 담아내고자 하는 욕구의 근원은 어디에 있을까. 당대 영화평론가 오영진의 발언에 귀를 기울여보자.

우리 영화도 세계시장에 나아갈 수 있느냐 없느냐 하는 것이 최근 우리 영화 제작계와 업자 간에 신중히 논의되고 있다. 결론부터 말하면 물론 **해외수출의 가능성은 농후하고 수출 후의 수입의 확률도 안전하다.**
최근 서구라파에 있어서의 동양제국의 영화에 대한 관심은 놀랄만하다. 특히 1951년도 일본영화가 베니스 국제영화콩쿨에서 대상을 획득하고 작년에는 미조구치 겐지溝口健二 감독이 동同 콩쿨에서 영화감독상을 획득하고 1952년에는 일본의 카메라맨 스키야마 코헤이杉山公平가 칸느영화제에서 득상하고 필리핀 영화가 수상되었다.
그러니 우리 영화도 상을 탈 것이라는 말은 물론 아니다. 그러나 **서구에서 가장 권위 있고 역사가 깊은 두 국제영화콩쿨에서 동방의 영화가 기염을 토하였다는 사실은 우리에게 크나큰 용기를 북돋아 주는 데에는 틀림이 없다.**[21]

　　1953년에 쓴 영화비평에서 오영진은 1951년 구로사와 아키라의 〈라쇼몽羅生門〉, 1952년 미조구치 겐지의 〈사이가쿠이치다이온나西鶴一代女〉 등 일본영화가 연달아 베니스영화제에서 수상 소식을 전하자 한국영화의 해외 진출도 충분히 가능하다는 희망 섞인 전망을 내놓고 있다. 이는 단지 오영진만의 낙관적 전망은 아니었을 것이다. 〈코리아〉부터 〈꿈〉, 〈젊은 그들〉, 〈무영탑〉에 이르는 일련의 한국적 색채의 영화를 제작한 신상옥의 내면에도 해외 진출에 대한 희망 섞인 욕망이 없었다고 보기 어려울 것이다. 6.25

1955년 영화 〈꿈〉. 제공: 한국영상자료원

최은희, 황남 주연의 영화 〈꿈〉(1955)은 1950년대 초반 〈라쇼몽〉 등 일본영화가 잇따라 베니스영화제
에서 수상을 하자 그에 자극을 받고 제작되었다는 평가를 받았다.

전쟁 이후 나온 최초의 35밀리 영화인 〈코리아〉가 1954년 5월 시공관市公館에서 개봉되었을 때 해외 진출도 어렵지 않을 작품이라는 언론의 평가가 나온 점도 이와 무관하지 않을 것이다.[22] 당시 일본영화가 세계적으로 주목을 받게 된 이면에는 근대 이전을 무대로 하여 기모노와 사무라이 등 일본의 전통 요소를 등장시켜 서양인의 오리엔탈리즘에 대한 욕망을 충족시켜주고자 했던 일본 영화제작사의 기획 의도가 내포되어 있었다.[23] 그런 관점에서 당시 신상옥의 영화들을 본다면 그 영화 속에 내포된 한국적 소재와 배경, 정서, 스펙터클들이 서양인의 오리엔탈리즘에 대한 욕망을 충족시켜주기 위한 것이었으리라고 짐작하는 것은 어렵지 않을 것이다.

정리하자면, 신상옥이 춘원의 〈꿈〉을 영화화하고자 했던 욕망을 품게 된 근저에는 첫째로 소설 〈꿈〉이 지닌 박진감 넘치는 극적 구성, 그리고 둘째로 서양인의 오리엔탈리즘을 충족시켜줄 만한 동양적(한국적) 요소가 풍부한 점이 자리하고 있었다고 할 수 있다.

신상옥이 1955년에 제작한 영화 〈꿈〉의 시퀀스 구성을 개괄해 보면 다음과 같다.

① 예불 장면, 조신의 염원과 달례의 정혼 사실이 내레이션을 통해 전달된다.
② 1년 전 조신과 달례의 첫 만남, 조신이 달례에게 꽃을 따준다.
③ 조신, 용선화상에게 달례와 인연을 맺게 해달라고 간청한다.

④ 조신, 용선화상의 말을 듣고 법당의 관음보살상 앞에서 염불을 한다.

⑤ 달례가 등장하여 조신에게 고백하며 유혹한다.

⑥ 조신, 달례와 함께 깊은 산중으로 도피한다. (도피1)

⑦ 달례의 겁탈 위기 등을 겪으며 두 사람은 도피에 성공하여 평화로운 생활을 영위한다.

⑧ 평목이 두 사람을 찾아오며, 겁이 난 조신은 평목을 살해한다. (추적1)

⑨ 조신, 살인행위에 대한 죄의식에 시달린다.

⑩ 화랑 모례 일행이 말을 타고 나타나 사냥을 하다가 평목의 시체를 발견한다.

⑪ 조신, 달례는 도주하며, 모례 일행은 말을 타고 이들을 추격한다. (도피2 / 추적2)

⑫ 달례는 말에서 떨어져 죽고, 조신은 모례 일행에게 사로잡힌다.

⑬ 조신, 모례의 칼에 죽으려는 순간 꿈에서 깨어난다.

⑭ 법당의 관음불 앞에서 안도하는 조신, 깨우침을 얻는다.[24]

1955년작 영화 〈꿈〉의 시퀀스 구성은 대체로 춘원의 소설 〈꿈〉의 서사구성과 크게 다르지 않다. 신상옥이 춘원의 소설을 저본으로 삼아 영화를 만들었기 때문에 그러할 것이다. 춘원의 소설에 충실히 하고자 노력한 흔적은 서사적 구성, 인물 설정, 장면묘사, 대화 장면 등 몇 가지 부분에서 살펴볼 수 있다. 특히 원작소설의 대화 장면에서 대화dialogue를 시나리오의 대사로 거의 그대로 가져다 쓴 것이 많다. 또 인물을 보면, 원작 소설에 나타난 조신의 외모 묘사에 충실히 따르고 있다는 점 역시 주목된다. 원작 소설에 조신은 추남으로 묘사되어 있는데, 주인공 조신 역을 미남배우와 거리가 먼 황남에 맡김으로써 원작의 의도에 충실히 하고자 했다. 이는 달례 역을 맡은 미녀배우 최은희와의 외모적 대조를 통해 달례의 아름다움에 매혹된 못난 남자 조신의 집요한 갈망이라는 행동에 자연스러운 공감을 이끌어내고자 한 의도도 작용하였을 것이다.

신상옥의 영화텍스트에서 나타난 특징으로 주목되는 부분은 '꿈 이전'과 '꿈 이후'의 장면에 내레이션을 설정한 점, 도피, 추적 장면의 탁월한 영상미, 클로즈업의 빈번한 사용, 웨스턴 영화 스타일을 도입한 점 등이다. 영화의 시작과 끝 부분을 내레이션으로 처리한 것은 내레이션을 통한 시간의 압축을 노린 것이라고 할 수 있다. 1955년작 〈꿈〉은 67분 분량의 비교적 짧은 극영화다. 영화 전체의 분량을 줄이기 위해 내레이션 설정이 불가피했을 것이다. 1955년 영화 〈꿈〉은 몇몇 장면들에서 신상옥 특유의 탁월한 영상미를 보여준다. 특히 조신, 달례가 경사진 산의 능선을 타고 추적자들을 피해 도주하는 장면들은 흑백 명암의 대비를 통한 뛰어난 영상미를 보여준다. 또 클로즈업의 빈번한 사용이 눈에 띈다. 법당에서 조신이 염불하는 장면에서 관음불과 목탁의 클로즈업, 조신과 달례의 애정 장면에서 조신 얼굴의 클로즈업, 평목을 살해한 뒤 죄의식을 나타내는 조신 얼굴의 클로즈업, 모례에게 참수당하는 순간 조신 얼굴의 클로즈업 등이 그것이다. 이러

1955년작 〈꿈〉 포스터. 제공: 한국영상자료원

한 클로즈업은 의미의 강조, 인물의 섬세한 내면세계의 표현을 위해 사용된 것으로 보인다.

모례 화랑 일행을 말을 탄 추적자들로 설정한 것은 시각적 영상미와 서사적 박진감을 위한 선택이었으리라 판단된다. 한국 최초로 시도된 승마 추격 장면은 시각적 효과를 배가시킬 뿐만 아니라 도피와 추적의 서사를 더욱 박진감 넘치게 만드는 데 일조하고 있다. 말 탄 추적자들과 역시 말을 타고 도주하는 조신, 달례의 장면들(도피2 / 추적2)은 극의 후반부를 박진감 넘치는 웨스턴 영화 스타일로 전개시키고 있다. 이는 영화의 대중적 흥미를 높이는 데 상당히 기여하고 있는 부분일 것이다. 신상옥은 춘원의 소설 〈꿈〉의 각색을 통해 원작이 가진 한국적이면서 특이하고 몽환적인 소재와 색채를 살리면서 특유의 영상적 조탁을 가미하고 웨스턴 영화 스타일의 대중성을 접목하고자 했다. 불교적 소재가 지닌 동양적 깊이와 미학, 한국적 문화정체성, 대중적 서사, 영상미를 조화시켜 해외 진출이라는 자신의 영화적 꿈을 이루고자 욕망했던 작품이 1955년작 〈꿈〉이었으리라 생각한다.

1967년작 〈꿈〉, 그리고 두 개의 영화 판본

1955년 〈꿈〉의 개봉 이후 10여 년간은 이른바 '한국영화의 황금기Golden Age of Korean Movies'에 해당하는 시기이다. 한국영화의 연간 제작 편수, 서울의 영화관 수, 연간 동원관객 수가 매년 꾸준히 상승하여 1960년대 후반에 최고 절정에 이르게 된다. 1955년 15편에 불과하던 연간 영화제작 편수가 〈춘향전〉, 〈자유부인〉의 흥행 성공을 기점으로 급상승하여 1950년대 말에는 100여 편을 넘어서게 된다.[25] 그리고 1960년대에 들어서 비약적인 성장을 거듭한 끝에 1968년에 마침내 연간 200편을 돌파하게 되었다.[26] 서울의 영화관 수도 크게 늘어 1955년 19개에 불과하던 것이 1968년에는 95개로 10여 년 사이에 5배 가까운 증가세를 보였다.[27] 이 외형적 성장세는 한국영화의 질적 수준 향상과도 연관이 있음을 부인하기 어렵다. 이러한 한국영화 황금기의 그 중심에 존재했던 사람이 신상옥이다.

1950년대에 〈꿈〉을 비롯해 〈젊은 그들〉, 〈무영탑〉, 〈지옥화〉를 만들어 제작 역량을 축적한 신상옥은 1960년대에 접어들어 〈성춘향〉, 〈연산군〉, 〈폭군 연산〉 등 잇따라 흥행작을 발표하여 큰 성공을 거두었고, 〈사랑방 손님과 어머니〉, 〈상록수〉, 〈로맨스 그레이〉, 〈빨간 마후라〉 등 1960년대의 주목할 만한 문제작들을 생산하였다. 이 시기에 신상옥은 영화작가로서의 입지 확립에 성공하였을 뿐만 아니라 영화제작자로서도 위치를 공고히 하게 된다. 그는 1960년대에 한국 영화계의 절반을 차지하는 거대영화사 신필름의 대표였을 뿐만 아니라 1966년에는 한국 최대 규모의 안양영화촬영소를 인수하면서 한국영화계의 거대제작자로 입지를 굳히게 되었다.

이러한 시기에 그는 이광수의 원작을 다시 소환하여 두 번째 〈꿈〉을 만들고자 기획하였다. 그렇다면 그는 왜 영화 〈꿈〉을 다시 제작하고자 했을까. 신상옥의 두 번째 〈꿈〉이 제작, 개봉된 것은 1967년이다. 그러나 실상 두 번째 〈꿈〉은 이미 1960년대 초에 기획된 것이다. 1961년 9월 30일 자 『동아일보』 기사에 따르면, "수년 전 영화화된 바 있는 춘원 원작 〈꿈〉이 칼라 시네스코로 역시 신상옥 감독에 의하여 영화화될 준비가 진행되고 있다. 각본은 오영진."[28]이라고 씌어져 있다. 신상옥이 1961년에 오영진의 시나리오로 컬러영화 〈꿈〉의 재제작을 기획했다는 얘기인 것이다. 시나리오 〈꿈〉은 1959년에 오영진이 쓴 것인데, 신상옥이 오영진

의 시나리오로 다시 〈꿈〉의 제작을 의도했던 것은 무슨 이유에서
일까. 앞의 기사 내용을 다시 검토해볼 필요가 있다. 이 기사에서
'옛 영화의 재작再作 붐'이 두드러지는 것이 1961년 영화의 특징
이라고 규정하고, 그러한 원인으로 시나리오의 빈곤과 흥행의 안
전성 확보라고 지적하였다.[29] 신상옥이 〈꿈〉의 재제작을 시도한
이유도 마찬가지였으리라고 보인다. 신상옥이 초기부터 꿈꾸어온
한국적 영상미의 표현 욕망을 안정적이고 검증된 원작(이광수)과
시나리오 작가(오영진)를 통해 이루고자 하는 의도였으리라.

   그럼에도 불구하고 왜 하필 오영진의 시나리오를 택하고자 했
을까 하는 의문은 아직 풀리지 않았다. 사실 신상옥은 오영진과
악연을 갖고 있었기에 이는 더욱이 납득되기 어려운 것이다. 신
상옥은 1959년에 이승만을 미화하는 영화 〈독립협회와 청년 이
승만〉의 연출을 맡았다. 이 영화는 대통령 선거에 출마한 이승만
을 홍보하기 위해 전全영화계의 인적, 물적 자원을 총동원하여 만
든 영화였는데, 임화수가 이끄는 반공청년단이 영화의 제작을 맡
았다.[30] 이때 신상옥은 영화 완성도를 위해 이승만 청년시절의 민
족주의 활동을 다룬 오영진의 시나리오 〈청년〉을 각본으로 채택
하고자 했으나 오영진이 높은 원고료를 요구하는 바람에 사용하
지 못하여서 할 수 없이 유치진의 시나리오로 대신했다고 한다.[31]
그러나 실제로 〈독립협회와 청년 이승만〉은 오영진의 시나리오
〈청년〉을 거의 그대로 가져다 만든 영화였다고 할 수 있으니 오
영진의 입장에서 보자면 자신의 시나리오를 이승만 정권과 신상

옥에 의해 도둑맞은 셈이 되고 만 것이다. 1959년의 시점에서 볼 때 신상옥과 오영진은 시나리오 저작권 도용 사건의 가해자와 피해자 관계였던 것이다.

이러한 악연에도 불구하고 신상옥은 오영진에게 다시 손을 내민 셈인데, 그 이유는 무엇이었을까. 앞의 『동아일보』 기사로 다시 돌아가 보자.

우선 재영화화 붐의 몇 가지 현상을 살펴보면 다음과 같다.

이병일 감독으로 제작되어 한때 **해외영화제의 '파이어니어' 역할을 했던 오영진 작 〈시집가는 날〉**을 이용민 감독이 원제 〈맹진사댁 경사〉라는 타이틀로 촬영에 들어갔다. 이번 것은 칼라 35미리, 조미령 역을 최은희, 김유희 역을 이빈화가 대신하고 김진규, 김승호가 그대로 分扮하고 있다.[32]

1961년 옛 영화의 재제작 붐 현상에서 무엇보다도 주목해야 할 영화가 바로 오영진 원작의 〈맹진사댁 경사〉다. 옛 영화의 재제작 붐을 선도한 영화로 〈맹진사댁 경사〉가 가장 먼저 주목되는 이유는 이 영화가 "해외영화제의 '파이어니어' 역할"을 했기 때문이다. 1956년 이병일 감독이 연출한 영화 〈시집가는 날〉이 1957년 제4회 아시아영화제에서 특별 희극상을 수상하여 한국영화사상 첫 해외영화제 수상작이 된 것이다. 더욱이 오영진은 1961년 2월 마닐라에서 열린 제8회 아시아영화제 심사위원으로 피선될 만큼 한국영화계의 대표적인 국제통이었으며, 아시아영화제에서 실질적인 영향력을 지닌 인물이었던 것이다. 과거의 악연에도 불구하고 신상옥이 오영진의 시나리오 〈꿈〉(1959)을 탐낸 것은 당연한 것이었다. 우선, 신상옥 자신이 1950년대 중반 〈코리아〉, 〈꿈〉의 제작 당시부터 세계무대 진출을 꿈꾸어 온 점, 둘째 오영진의 시나리오가 민족 원형 심상을 표현하는 한국적 작품이어서 세계무대 진출에 유리하다는 점, 셋째 오영진이 아시아영화제 심사위원을 맡는 등 한국에서 보기 드문 영화, 연극계의 국제통이라는 점 등이 그 이유였을 것이다.

그 밖에 원작자 - 각색자(시나리오 작가) - 영화감독의 관계인 이광수(평북 정주), 오영진(평양), 신상옥(함북 청진), 세 사람이 모두 이북以北 출신이라는 지역적 친밀감도 어느 정도 작용했을 수 있다. 특히 원작자와 각색자인 이광수와 오영진은 같은 서북西北 출신으로서 역시 서북 출신의 민족지도자 도산 안창호(평남 강서)와 특수 관계에 놓여 있었다.[33] 춘원 이광수는 오랫동안 도산 안창호를 따른 충량한 추종자라 할 수 있을 만큼 그를 존경했다. 1937년에 도산 안창호의 수양동우회 사건으로 검거, 투옥되었고, 이듬해 도산 사망 이후에는 마치 아비 잃은 고아처럼 방황하다가 결국 친일의 길을 걷기 시작했다.[34] 그는 해방 직후인 1947년에는 도산의 평전인 『도산 안창호』를 저술하기도 했다.

한편, 오영진은 평양의 기독교계 민족주의운동가인 오윤선 장로의 아들로서 어릴 적부터 자신의 집 사랑방에 자주 찾아오던 도산의 모습을 보며 자랐다. "우리 집 사랑은 한일합방 이래 민족지도자들의 집합소이었다. 도산 안창호 선생은 대전 감옥에서 출옥 이후 나의 서재인 2층에서 유留하였고, 고당 조만식 선생은 십수년래 매일같이 사랑방에서 조선물산장려회, 관서체육회, 기독청년회, 조선일보, 숭실전문중학, 숭인학교 등 민간이 할 수 있는 모든 일을 가친家親과 의논하였다. 남강 이승훈 선생의 유해문제, 순교자 주기철 목사 사건 등 모두가 집 사랑에서 발생하고 의논되었다."[35]라고 회고하였을 만큼 오영진은 안창호, 조만식 등 서북 출신의 민족운동가들과 어려서부터 친밀하게 접하면서 그들로부터 많은 영향을 받으며 성장하였다. 더욱이 그는 도산의 사망 직전 같은 병원에 입원하면서 도산에게 영화에 대한 자신의 포부를 털어놓고 격려를 받았다고 한다.[36]

안창호를 매개로 한 이광수와 오영진의 연관관계는 도산의 장례식 풍경을 통해 명징하게 나타난다. 1938년 3월에 열린 도산 안창호의 장례식에는 일본 경찰의 요구에 의해 참석인원을 20명으로 제한하였는데, 그 20명 가운데에는 오영진의 부친 오윤선을 비롯해 이광수, 조만식, 김지산 등이 참석하였다. 특히 이광수는 안창호 장례식의 주재자 역할을 하였다.[37] 신민회, 흥사단, 수양동우회의 회원을 비롯한 수많은 도산의 추종자들 가운데 이광수, 오윤선은 도산의 측근 중의 측근이었다.

1959년에 오영진이 춘원 이광수의 소설 〈꿈〉을 각색하여 시나리오로 재창작한 배경에는 도산 안창호를 정점으로 연결되는 서북인 특유의 유대의식이 작용했을 가능성을 배제하기 어렵다. 춘원 이광수의 소설을 좋아하고, 오영진의 시나리오에 애착을 보인 신상옥의 경우도 같은 이북 출신으로서의 친밀감이 일정 정도 작용하였을 가능성을 배제하기 어렵다고 판단된다.

그렇다면 오영진은 시나리오를 통해 춘원의 소설 〈꿈〉을 어떻게 재해석하였을까. 그리고 신상옥의 1967년작 영화는 1955년작 영화와 어떻게 다른가. 이를 살펴보기 위해 우선 오영진의 시나리오(1959)와 신상옥의 1967년작 영화텍스트를 비교, 검토할 필요가 있을 것인데, 세부적인 측면에서 몇 가지 요소를 제외하고 두 작품 사이에 큰 차이를 발견하기 어렵다. 이에 따라 이 글에서는 오영진, 신상옥의 통합텍스트로서 신상옥의 영화(1967)를 중심으로 고찰하고자 한다. 1967년작 영화 〈꿈〉의 시퀀스를 분석해보면 다음과 같다.

① 낙산사의 중 조신은 잡념에 빠져 있다. 평목은 세속적인 노래를 부르다 태수에게 발각되어 곤욕을 치른다.

② 조신과 달례의 첫 만남, 조신이 달례를 위해 절벽 위에 올라가 꽃을 따준다.

③ 달례와 김태수 일행, 낙산에서 재를 올린다. 조신, 용선화상에게 달례와 인연을 맺게 해달라고 간청한다.

④ 조신, 용선화상의 말을 듣고 법당의 관음불 앞에서 염불을 한다.

⑤ 조신, 절 뒤편 계곡에서 달례를 만나 유혹을 받는다.

⑥ 조신, 달례와 함께 깊은 산중으로 도피한다. (도피1)

⑦ 조신, 두 사람을 쫓아와 돌아가자고 설득하는 평목을 물리친다. (추적1)

⑧ 15년이 뒤, 조신과 달례는 깊은 산속에서 자녀들과 함께 평화로운 삶을 살고 있다.

⑨ 평목, 조신의 집을 찾아와 달례에게 돌아가자고 설득한다. (추적2)

⑩ 평목, 조신의 딸 별아기를 겁탈하다가 죽게 만든다. 조신, 평목을 살해하고 시체를 동굴에 감춘다.

⑪ 사냥에 나선 모례 일행, 우연히 조신의 집에 찾아온다. 조신은 사냥 길잡이가 된다. (추적3)

⑫ 사냥의 과정에서 조신의 아들 미력이 부상을 입고, 모례 일행은 동굴에 유기된 평목의 시체를 발견한다.

⑬ 조신, 가족들과 함께 도주한다. 도피과정에서 미력이 죽는다. (도피2)

⑭ 조신과 그 가족, 민가에 숨어 있다가 모례 일행에게 붙잡힌다.

⑮ 조신, 목숨을 구걸하다가 달례의 의연한 태도를 보고 죽기를 자청한다.

⑯ 참형의 순간, 꿈에서 깬다.

⑰ 김태수 일행은 재를 마치고 하산하고, 조신은 인생의 무상함을 깨닫는다.[38]

신상옥의 1967년작 〈꿈〉은 춘원의 원작을 존중한 각색이기에 근본적으로 1955년작과 크게 다른 점은 많지 않다. 차이점을 꼽는다면, 첫째 1955년작에 비해 작품 분량이 다소 확장된 점, 둘째 조신과 달례의 자녀들을 등장시켜 비극성을 강조한 점, 셋째 평목의 극중 역할이 강화된 점, 넷째 달례를 용선화상의 분신으로 암시한 점, 다섯째 원작과 달리 조신/평목을 미남/추남으로 역전시킨 점, 여섯째 컬러 영화로 제작해서 명암 대비 효과보다는 자

1967년 영화 〈꿈〉, 제공: 한국영상자료원

신상옥은 1967년에 오영진의 시나리오를 바탕으로 신영균·김혜정 주연 〈꿈〉을 다시 제작하였다.

연 풍경을 색채 영상에 담는 방식을 추구한 점 등을 들 수 있다.

먼저, 텍스트가 확장된 점. 1955년작 〈꿈〉이 67분 분량인데, 비해 1967년작 〈꿈〉은 91분 분량으로 24분 분량이 늘었다. 늘어난 분량은 우선 조신과 달례의 자녀들 별아기, 미력 등이 등장한 것과 연관된다. 또 평목의 극 중 역할이 강화된 점, 달례를 용선화상의 분신으로 암시한 점 등과도 연결된다. 따라서 텍스트 분량의 확장은 등장인물의 확대와 캐릭터(평목, 달례)의 심화에 그 원인이 있다. 그렇게 보면 앞 단락에서 1955년작과 1967년작 사이의 차이점으로 꼽았던 앞의 네 가지는 모두 연관성을 가지는 것이다. 그런데 이 네 가지 요소는 모두 오영진의 시나리오에서 비롯되는 것이므로 창의성의 근원은 전적으로 오영진에게 있는 것이다. 여기에 신상옥의 영화적 상상력이 다소 가미된 것이다.

1955년작 〈꿈〉에 아이들이 전혀 등장하지 않는 데 반해 1967년작에 조신과 달례의 아이들을 직접 등장시킨 것은 불도를 버리고 세속적 삶을 선택한 조신의 불행을 강조하기 위한 선택이었을 것이다. 추적을 피해 깊은 산속에서 15년간 평화롭게 가정을 이루며 살아온 조신이 평목, 모례 일행 등의 잇단 추적자들을 만나 자식들을 차례로 잃어가는 설정은, 비록 조신설화와 춘원의 소설 〈꿈〉에 토대를 둔 것이기는 하나, 도피-추적의 플롯과 결합하면서 조신의 비극성을 강화하는 요소가 된다. 조신, 달례를 찾아온 평목의 두 번째 추적(추적2)에 의해 딸 별아기가 희생되고, 조신이 평목의 살해자라는 사실이 밝혀짐에 따라 모례 일행의 추적(추적

3)을 받음으로써 아들 미력이 희생된다. 이처럼 자식들을 추적의 희생자로 활용하였다.

낙산사의 중 평목의 캐릭터가 강화된 점 또한 주목을 요한다. 1955년작에서 평목은 역할 비중이 매우 적어서 비중 있는 추적자의 역할을 하지 못했다. 주요 추적자는 사실상 말을 타고 나타난 모례 일행이라고 할 수 있다. 이에 비해 1967년작에는 평목의 성격에 세속성과 탐욕성을 강화시켜 역할 비중이 매우 커졌다. 극의 도입부에 평목이 산길에서 통속적인 노래를 부르다가 김태수 일행을 만나 곤욕을 당하는 장면을 설정함으로써 평목의 성격을 암시한다. 그리고 추적1, 2에서 평목이 달례를 추근추근 희롱하는 장면, 추적2에서 평목이 조신에게 별아기를 달라고 요청하다가 거절당한 뒤 겁탈하다가 죽게 만드는 장면 등이 그것이다. 평목의 악인성惡人性과 탐욕성을 강화하는 각색은 영화서사의 대중성을 확대하는 요소로 작용하였다고 할 수 있다.

그런데, 여기서 주목할 것은 평목의 과장된 악인성 부여에 신상옥의 개입이 있었다는 점이다. 오영진의 시나리오에는 평목이 조신에게 딸을 달라고 요구하는 장면은 있지만 겁탈하는 장면은 없다. 이는 조신과 달례가 처음 도피하면서 산속 동굴에서 첫날밤을 보내는 장면에서 신상옥이 오영진의 시나리오에 없는 애정행위 장면을 넣은 것과 맥락을 같이 하는 것이다. 신상옥은 애욕愛慾의 장면을 삽입함으로써 영화의 대중성을 높이고자 의도했던 것이다. 이러한 그의 시도는 당시 불교계의 반발을 불러일으키는 등 비난을 받는 요소가 되기도 했다.[39] 더욱이 평목을 탐욕적 악인 캐릭터로 설정하고 희극배우 양훈에게 배역을 맡긴 것은 통속성과 희극성이라는 대중성의 양면을 모두 취하고자 한 시도로 보인다. 이는 언론 및 평단으로부터 비판받는 요소가 되었는데, 당시 언론은 평목이 재미있는 캐릭터지만 속되게 처리되었다고 비판했다.[40]

춘원의 원작에서 각각 추남과 미남으로 묘사된 조신과 평목을 신상옥의 1967년작 영화에서 뒤바꾼 점도 영화의 흥행을 고려한 요소라고 볼 수 있다. 대개 영화 관중들은 못생긴 주인공을 좋아하지 않을 것이기 때문이다. 이러한 점 역시 오영진의 시나리오와 무관하게 신상옥에 의해 결정된 것이다. 본래 춘원의 소설 〈꿈〉에서 조신은 못난 인물로 묘사되어 있다.

"태수가 온다는데 왜 그렇게 놀라? 무슨 죄를 지었어?"
하고 평목은 그 가느스름한 여자다운 눈에 눈웃음을 치면서 조신을 바라본다. 평목은 미남자였다.
"죄는 내가 무슨 죄를 지었어?"
하고 조신은 비질을 하면서 툭 쏜다. 평목과는 정반대로 조신은 못생긴 사내였다. 낯빛은 검푸르고, 게다가 상판이니 눈이니 코니 모두 찌그러지고 고개도 비뚜름하고 어깨도 바른편은 올라가고 왼편은 축 처져서 걸음을 걸을 때면 모로 가는 듯하게 보였다.
"네 마음이 비뚤어졌으니까 몸뚱이가 저렇게 비뚤어진 것이다. 마음을 바로

잡아야 내생에 똑바른 몸을 타고 나는 것이다."

용선화상은 조신에게 이렇게 훈계하였다.[41]

　춘원의 소설 〈꿈〉에서 주인공 조신은 외적으로는 추남이고 내면적으로는 우유부단한 겁쟁이로 묘사되어 있다. 조신에게 추한 외모를 부여한 것은 빼어난 미인인 달례와의 결합에 긴장감을 부여하기 위한 의도였다는 점은 당연한 것이다.[42] 그러나 조신의 추한 외모는 단지 플롯의 요구에서 비롯된 점에만 머무는 것이 아니라 1947년 중편소설 〈꿈〉의 창작 당시 이광수가 처해 있던 상황에서 기인한 점도 고려하지 않을 수 없다. 당시 춘원은 문단의 대표적 친일인사로 몰려 비난의 대상이 되자 서울에서 벗어나 경기도 남양주 사릉에서 문하생 박정호와 함께 농사를 짓고 살았다. 그 무렵에 구입한 못생긴 '자빠뿔소'까지 포함해 주인과 머슴과 소가 삼위일체로 못난이였다고 당시의 춘원은 쓰고 있었다. 춘원은 특이한 뿔 모양 때문에 동네 사람들로부터 비웃음의 대상이 된 못난이 자빠뿔소를 친일인사로 비난당하던 자기 자신과 동일시하기 시작했던 것이다.[43] 소설 〈꿈〉의 '못생긴 사내' 조신은 사릉 시절 못난 자빠뿔소의 화신化身이며, 그것은 당시 불교에 의탁해 독실한 불교 행자 노릇을 하던 춘원 자신의 자화상과도 같은 것이라고 할 수 있다.[44]

　춘원의 소설 〈꿈〉에서 이러한 깊은 속내를 지닌 것이 '못난 남자' 조신의 설정인 것인데, 신상옥의 1967년작 영화에서는 이러한 의미가 제대로 포착되지 못한 채 대중성에 의거한 채 인물 설정이 이루어진 셈이다. 조신과 평목의 인물 설정이라는 측면에서 볼 때 오히려 1955년작 〈꿈〉에 비해 1967년작 〈꿈〉은 후퇴한 것이며 속물화된 경향이 강하다고 할 수 있다. 〈꿈〉의 1967년 리바이벌 작품이 전편에 비해 더 강한 속물화 경향을 보일 수밖에 없는 것은 1960년대 한국 영화계의 절반 규모를 차지하는 거대 영화기업 신필름의 영화였다는 점에 기인한다.

이렇듯 영화의 대중성 추구를 포기할 수 없는 상황이었음에도 불구하고 신상옥이 1960년대에 영화 〈꿈〉을 만드는 데 재도전하고자 했던 것은 무슨 이유에서일까. 그것은 국제무대에서 환영받을 한국적인 영화를 만들고자 한 욕망 때문이었을 것이다. 신상옥은 이미 〈성춘향〉(1961), 〈사랑방손님과 어머니〉(1962), 〈벙어리 삼룡〉(1965)으로 세 번이나 자신의 영화를 베니스영화제에 출품시킨 경험이 있다. 1967년 신상옥의 영화 〈꿈〉이 공보부公報部 영화위원회에 의해 제28회 베니스영화제 출품작으로 결정됨으로써 1951년에 구로사와 아키라가 베니스영화제에서 이룬 아시아 영화의 영광을 재현할 수 있는 기회를 얻게 되었다.[45] 1967년 공보부 영화위원회가 선정한 베니스영화제 출품작 〈꿈〉과 〈물레방아〉는 신상옥의 앞선 베니스영화제 출품작들과 여러 가지 점에서 공통점을 가진다는 점에서 주목을 요한다.[46] 문학작품을 토대로 한 문예영화이면서 동시에 한국적인 정취를 가진 토속적 세계, 즉 한국적 로컬리티locality가 강하게 풍기는 작품이라는 사실에서 이

영화들은 공통분모를 갖는다.

그렇다면 신상옥이 〈꿈〉의 영화화에 대한 집념을 보인 것이 그가 서구인의 오리엔탈리즘적 시선을 만족시켜줄 수 있는 한국적 로컬리티의 재료를 춘원의 소설 〈꿈〉에서 발견했기 때문이라고 해도 별 무리가 없을 것이다. 여기에 한국 최초의 국제영화제 수상작 〈시집가는 날〉의 작가이면서 아시아국제영화제의 심사위원이며 한국영화계 최고의 국제통인 오영진의 각본(시나리오)이라는 사실 또한 대단히 매력적으로 작용하였을 것이다.

나가며

신상옥은 1955년과 1967년 두 차례에 영화 〈꿈〉을 만들었다. 신상옥은 왜 이광수 소설 〈꿈〉의 영화화에 강한 집착을 보였을까. 그것은 소설 〈꿈〉이 전형적인 3단 구성의 희곡적 구조를 갖고 있어서 영화화하기에 좋은 조건을 확보하고 있었던 점, 그리고 〈꿈〉이 지닌 한국적 로컬리티와 불교적 깊이로 인해 해외 진출에 유리할 수 있었던 점 때문이라는 것을 확인할 수 있었다. 특히 1950년대에는 일본영화가 잇따라 유럽의 영화제를 석권함으로써 전 세계적으로 동양영화에 관한 관심이 한껏 고조되던 시기였기에 소설 〈꿈〉은 서구적 드라마 구성의 보편성과 동양적 미의식의 로컬리티를 겸비한 작품으로서 해외 진출을 위한 '동양적' 영화 만들기에 최적의 조건을 구비하고 있었다고 볼 수 있다.

이러한 요건을 갖춘 소설 〈꿈〉을 신상옥은 1955년에 각색, 영화화하면서 특유의 영상미 추구에 주력하였다. 흑백 이미지의 대조를 통한 영상미 구현, 클로즈업 기법을 통한 인물 내면의식의 표현 등은 영상 테크니션으로서 신상옥다운 특징을 보여준 것이었다. 여기에 조신과 모례 일행의 승마 추격 장면들을 연출하여 서사적 박진감과 시각적 운동감을 부여한 것은 대중영화의 미학을 추구한 것이었다. 그러나 1955년작 〈꿈〉은 영상미와 대중성의 다소 어색한 조합으로 인해 흥행에 성공하지 못했으나 영화작가 신상옥의 위상을 공고하게 만드는 역할을 하였다.

신상옥은 1960년대에 〈성춘향〉, 〈연산〉, 〈폭군 연산〉, 〈로맨스 빠빠〉, 〈사랑방 손님과 어머니〉, 〈상록수〉, 〈빨간 마후라〉 등의 인기 영화들을 잇달아 제작하면서 대중영화 작가로서 지위를 굳건히 하게 된다. 1966년에 한국 최대 규모의 안양영화촬영소를 인수하여 한국 최대 거대영화기업 신필름의 대표가 된 그는 연간 30~40편의 영화를 제작하는 양산체제를 유지하기 위해 해외시장을 개척하지 않으면 안 되는 현실이었다.[47] 이를 위해 그는 런런 쇼와 런메이 쇼 형제가 설립한 영화사 쇼 브라더스Shaw Brothers를 사업파트너로 삼아 홍콩, 대만을 비롯한 동남아 시장 개척에 나서게 된다. 해외 영화 수출을 위해서 한국적 로컬리티와 대중적 서사를 효과적으로 조화시킨 대중영화의 제작은 필수적 과제일 수밖에 없었다. 1967년의 〈꿈〉 재작再作은 이러한 맥락에서 이루어지게 된다.

〈꿈〉의 재再영화화는 실상 1960년대 초부터 기획되었는데, 그 것은 1959년에 발표된 오영진의 시나리오 〈꿈〉을 토대로 하는 것이었다. 1956년 이병일 감독이 오영진의 시나리오를 기초로 만든 영화 〈시집가는 날〉이 1957년 제4회 아시아영화제 특별 희극상을 받으면서 한국 최초의 해외영화제 수상작의 쾌거를 기록하였다. 이에 오영진의 시나리오에 대한 가치가 일약 상승하였고, 더욱이 오영진이 아시아영화제 심사위원을 맡는 등 해외에서 인정받는 한국 영화계의 대표적인 국제통이라는 점도 오영진의 매력적 요소가 되었다. 게다가 오영진 시나리오는 한국적 정체성과 로컬리티를 특징으로 하는 작품이었으므로 이미 해외시장에서 통하는 '동양영화'로서의 국제성을 확보하고 있었다.

신상옥으로서는 '오영진 효과'를 통해 영화 〈꿈〉의 성공적인 해외 진출을 기대하였을 것이다. 1959년 오영진의 각색 시나리오에서는 조신의 아이들이 등장하므로 인해 인물이 다양화되고, 평목의 세속적 캐릭터가 강화되고, 용선화상의 분신으로서 달례의 이미지가 구축됨으로써 대중적 흥미와 불교적 깊이가 심화될수 있었다. 그러나 이를 기초로 만든 1967년 신상옥의 영화 〈꿈〉에서는 전반적으로 오영진의 각본에 충실하였으나 평목의 역에 당대 인기 코미디언 양훈을 캐스팅하여 평목을 희극화, 속물화하였으며 여기에 성애性愛 장면, 겁탈 장면을 삽입하여 통속성을 강화하는 방향으로 수정하였다. 또 1947년 소설 〈꿈〉을 쓸 당시 친일인사로 지탄받고 사릉에서 은둔하면서 못난 자빠뿔소와 함께 농사를 짓던 춘원 이광수의 처지가 투영된 조신의 '추남' 이미지를 인기 미남배우 신영균을 캐스팅함으로써 작품의 본래 의도를 소거시킨 것도 원작의 깊이를 반영시키지 못하는 요소가 되고 말았다.

신상옥에게 1967년의 영화 〈꿈〉은 이미 1955년의 그것과는 상당히 다른 의미로 변질되었다. 그것은 영화계에 입문하여 구로사와 아키라와 미조구치 겐지를 닮고 싶어 하는 신인 영화감독의 젊은 패기가 묻어나는 영화가 더 이상 아니었다. 1967년에 신상옥에게 〈꿈〉은 1년에 30~40편을 제작하는 거대 영화제작공장 신필름이 만들어낸 대중적 생산품의 하나였고, 해외 사업파트너 쇼 브라더스의 동남아시아 배급망을 통해 외화를 벌어들이는 수출 품목의 하나이기도 했던 것이다. 그리고 그가 오랫동안 꿈을 꾸어왔던 국제영화제의 수상을 가능하게 해줄 수도 있는 '동양적'이며, '한국적'인 분위기가 풍기는 영화이기도 했던 것이다. 그러한 면에서 1967년작 영화 〈꿈〉은 애초부터 속물화의 운명을 피하기 어려웠던 것이다.

남북한
분단체제와
신상옥의 영화

이 작품(영화〈상록수〉)을 보고 박정희 대통령도 눈물을 흘렸다고 했고 북한에
서는 김정일이 당 간부들의 교육용으로 권장했다고 한다. 하나의 작품을 두고
적대적인 남북의 수뇌부가 다 같이 공감을 느꼈다는 사실 자체가 뿌듯하다.
이것이 바로 영화의 힘이라고 믿는다.

- 신상옥, 『난, 영화였다』(랜덤하우스코리아, 2007) 중에서

왜 신상옥이 문제인가

영화감독 신상옥의 자서전은 매우 흥미로운 책이다. 우선, 눈길을
끄는 것은 표지 사진이다. 두 손으로 자신의 머리를 부여잡고 아

이처럼 천진난만하게 웃고 있는 신상옥 사진이 그 자서전의 앞표지 전면을 장식하고 있다. 뒤표지에는 똑같은 자세로 슬프고 우울한 표정을 짓는 사진이 있다. 웃는 표정과 우울한 표정, 이 두 가지 표정은 그의 영욕榮辱의 삶 자체를 표현하는 것 같은 인상을 준다. 책 제목 또한 재미있다. "난, 영화였다", 그의 자서전 제목으로 딱 어울리는 것이다. 그 어떤 영화가 그의 삶보다 더 드라마틱할 수 있을까. 그를 아는 많은 영화인들이 신상옥을 가리켜 '영화에 미친 사나이'라고 말하는데, 실로 그는 영화에 미친 사람답게 자신의 인생을 영화처럼 살았다. 그런데, 왜 그의 영화 같은 삶이 문제적인가. 그것을 이해하기 위해서는 우선 신상옥의 삶에 관해 개관해볼 필요가 있다.

'영화에 미친 사나이' 신상옥申相玉(1926~2006). 그는 한국영화의 황금기Golden Age라고 일컬어지는 1950~60년대를 대표하는 스타 감독이었다. 〈지옥화〉(1958), 〈어느 여대생의 고백〉(1958), 〈로맨스 빠빠〉(1960), 〈상록수〉(1961), 〈성춘향〉(1961), 〈사랑방 손님과 어머니〉(1961), 〈연산군〉(1961), 〈로맨스 그레이〉(1963), 〈빨간 마후라〉(1964), 〈벙어리 삼룡〉(1964) 등 그는 당대를 대표할 만한 굵직한 작품들을 제작, 감독한 최고의 흥행 감독이었다. 한편, 그는 박정희, 김종필의 후원으로 동양최대 규모를 자랑하는 '안양영화촬영소'를 인수하고, 유급 직원 250명을 거느린 한국 최대 영화사 '신필름'이라는 거대한 영화왕국을 건설하였다.

그러나 그는 1970년대에 들어 몰락의 길을 걷는다. 아내이자 영화 동지였던 최은희와의 파경, 그리고 영화사 신필름의 허가 취소 등으로 그는 가정과 일터를 한꺼번에 잃고 만다. 영화검열 문제를 둘러싸고 권력과 마찰을 빚으며 박정희 정권의 눈 밖에 나게 되었고, 이로 인해 그는 한국에서 영화작업이 거의 불가능해진 것이다. 그가 새로운 일자리를 찾아 미국 이민, 서독 망명 등을 모색하던 와중에 홍콩에서 최은희 실종사건(1978)이 일어나게 된다. 한국 정보당국은 전 남편 신상옥이 실종사건에 연관되었을지 모른다는 의혹의 눈길을 보내게 된다. 그는 1978년 당국의 귀국 종용을 뿌리치고 홍콩에서 최은희의 행방을 수소문하며 헤매다가 자신마저 실종되고 만다.

그리고 그는 최은희와 함께 돌연 1984년 제24회 카를로비 바리 영화제Karlovy Vary International Film Festival가 열린 체코에서 한 일본 주간지와 기자회견을 하면서 모습을 나타냈다. 자신과 최은희는 박정희 정권 밑에서 영화제작을 할 수 없어서 서독으로 탈출하였고, 거기서 북한의 제의를 받고 입북入北하여 김정일의 지원 하에 북한 영화를 만들게 되었다고 주장하였다.[1] 홍콩에서 실종된 후 6년 만에 처음으로 공개석상에 모습을 드러낸 것이 체코의 영화제 참가작인 영화 〈돌아오지 않은 밀사〉를 제작한 북한 영화감독으로서였다. 그 후 그는 북한은 물론 헝가리, 체코, 소련, 중국 등을 무대로 활동하면서 〈사랑 사랑 내 사랑〉(1984), 〈탈출기〉(1984), 〈소금〉(1985), 〈방파제〉(1985), 〈불가사리〉(1985) 등 7편의 영화를 직접 감독하고 13편의 영화를 제작, 지도하였다. 그는 북한에서 김정일의 대대적인 지원을 받고 평양에 신필름 영화사를 재건하였고, 동양최대 규모의 신필름 촬영소를 설립하였다. 1970년대 중반 한국에서 문을 닫은 영화사 신필름이 북한에서 다시 문을 연 것이다. 그리고 신상옥은 최은희와 함께 1986년 3월 오스트리아 빈에서 미국 대사관으로 뛰어들어 자유세계로 망명하게 된다. 북한으로 간 지 8년 만에 탈북을 하여 미국 망명길에 오르게 된 것이다.

그는 미국 망명 후에 북한의 KAL기 폭파사건을 다룬 〈마유미〉, 남한 정보국의 김형욱 납치, 살해사건을 다룬 〈실종〉이라는 영화를 만들어 자신을 억압한 남북한 당국 모두를 당혹케 하였다. 그는 할리우드에서 〈닌자 키드〉 시리즈를 감독하면서 마지막으로 영화에의 열정을 불태웠지만 이미 노쇠한 뒤여서 그다지 성공하지는 못했다. 1999년에 신상옥은 최은희와 함께 다시 한국으로 돌아와 안양영화학교 재건을 위해 노력하다가 2006년 지병으로 타계했다.

이쯤에서 아마도 신상옥의 삶이 왜 영화와 같은지, 그리고 영화와 같은 그의 삶이 왜 문제적인지에 대해 어느 정도 이해하게 되었을 것이라고 생각한다. 신상옥, 그는 한 사람의 영화인으로서 분단체제에 순응하지 못하고 불나방처럼 맞서다가 좌절을 겪은 예술가의 표본이라 할 수 있다. 영화감독 이형표가 신상옥을 일러 "격동의 한국영화사를 산 풍운아"라고 부른 것은 이와 같은 이유에서일 것이다.[2] 그는 정치이념에 사로잡혀 스스로 특정 체제를 선택한 급진적 지식인으로 보기 어렵고, 고상한 예술이념을 가진 예술운동가도 아니었으며, 영화의 예술성과 대중성을 조화시키고자 한 평범한 영화감독이자 영화기업가였을 뿐이다. 영화감독으로서 신상옥의 재능과 능력에 대해서는 많은 연구자들과 비평가들이 대체로 높게 평가하고 있지만, 필자는 분단시대의 한 시민이자 지식인 예술가로서 신상옥에 대해서는 우리가 고평高評할 것도 비하할 것도 없다고 생각한다. 실제로 신상옥에게는 "영화를 위해서 사는 사람"[3]이라는 찬사에서부터 "영화계의 마키아벨리"[4]라는 악평이 공존할 만큼 양면성이 존재하는 것도 사실이다. 그러한 그가 왜 현재 남한에서도 북한에서도 환영받지 못하는 존재로서 분단시대를 거스르는 비극적 예술가의 표상이 되어야 했을까. 이는 영화인 신상옥의 개인적 잘못과 판단에도 일정 부분 책임이 있는 것이지만 근본적으로는 남북한 분단체제가 빚어낸 비극의 산물이라는 것이 이 글에서 필자가 말하고 싶은 논점이다. 신상옥이라는 한 영화인의 삶을 통해 궁극적으로 남북 분단이 빚어낸 분단체제의 왜곡된 모순구조가 어떻게 예술과 예술가의 삶을 질곡시키고 파탄에 이르게 하였는가에 관해 살펴보는 것이 이 글이 추구하는 목표라고 할 수 있다.

지금까지 이루어진 신상옥에 관한 연구는 그리 많지 않은 편이다. 신상옥 연구는 작가론, 작품론으로 크게 대별되는데, 대체로 그의 영화 작품에 관한 연구가 주류를 이룬다고 할 수 있다. 작가론으로는 김수남의 연구[5]가 선편을 쥐고 있다. 본격적인 신상옥 작품론이 등장하기 시작한 것은 2000년 이후의 일이다. 이는 1999년 미국 생활을 접고 신상옥, 최은희 부부가 한국으로 영구 귀국한 사실과도 연관이 있다고 할 수 있고, 다른 측면에서 보자면 2000년대에 이르러서 비로소 한국에서 영화 작품론 연구가 활발해질 만큼 영화 연구자가 이 시기에 크게 증가했다는 사실과도 관련이 있을 것이다.

신상옥은 생전에 다양한 장르 영화를 만들었지만 연구자들이 신상옥 영화에서 크게 주목했던 장르는 주로 사극[6]이었다. 주제 연구에서는 그의 영화에 나타난 여성/젠더의식[7]에 관한 것이 대종을 이룬다. 여성/젠더의식에 관한 주제 연구는 멜로드라마 장르와 연관되는 경우가 많지만 문예영화나 계몽영화와 연결되기도 한다는 점에서 특정 장르 연구로 보기는 어렵다. 주로 여성주체 구성방식에 대한 관심이 두드러지게 나타난다. 이는 신상옥 영화의 계보학적 연구라기보다는 인문학적 담론으로 신상옥 영화를 사회, 문화사적 맥락에서 다시 읽고re-thinking, 다시 살펴보는 re-examining 데 비중을 둔 것이다.

이에 비하면 조준형의 연구서『영화제국 신필름』[8]은 기존의 신상옥 연구와 다른 성격을 갖고 있다. 제목을 보면 영화사 신필름에 관한 연구서 같지만 실질적으로 신필름이 신상옥의 1인 체제에 의해 운영된 사실에 비추어 볼 때, 이 책은 영화감독이자 사업가인 신상옥에 관한 연구의 결정판에 다름 아니다. 이 책은 1950년대 초반부터 1975년 허가 취소 무렵까지 신필름의 활동에 초점을 맞춰 실증적 자료를 토대로 꼼꼼하게 논의를 펼치고 있다.

그러나 납북 이후 신상옥과 신필름의 영화 활동에 대해서는 매우 소략하게 다루고 있을 뿐이어서 아쉬움을 남긴다. 이 글에서 필자는 남북한 분단체제가 신상옥의 영화 활동과 작품 세계에 어떤 영향을 끼쳤으며, 또 그것이 신상옥의 영화세계에서 어떠한 의미를 갖고 있는지에 대해 관심을 두고자 한다. 남한과 북한에서의 신상옥의 영화 활동과 작품 세계를 균형 잡힌 안목에서 조명해보기로 하자.

신상옥과 개발동원체제

신상옥의 영화 활동은 해방 직후부터 시작된다. 일제 말기에 도쿄미술학교를 중퇴한 신상옥의 영화 인생은 해방 직후 최완규와 최인규 형제가 설립한 고려영화사의 미술부에 입사하면서 시작된다. 그러나 그는 고려영화사 입사 이전에 이미 영화와 깊은 인연을 지니고 있었다. 1926년 함경북도 청진 출생인 그는 한국영화의 개척자인 나운규, 윤봉춘의 고향 회령 인근에서 자랐고, 어려서부터 영화 보기를 좋아하여서 찰리 채플린과 나운규의 영화에 심취하였다고 한다. 그는 나운규가 자신의 영화 인생에 가장 큰 영향을 끼친 영화스승이라고 말한다.[9] 특히 그에게서 영화를 만드는 예술가정신, 민족의식 등을 배운 것으로 보인다. 그는 나운규를 한국영화사상 거의 유일한 '영화 작가'라고 규정하였다. 그의 두 번째 영화스승은 바로 고려영화사의 감독 최인규였다. 최인규는 해방 이전에 영화 〈수업료〉(1940), 〈집 없는 천사〉(1941) 등 영화기법에서 주목할 만한 작품을 만들어 이미 조선 영화 최고의 테크니션이라는 평가를 받았다. 신상옥은 최인규의 밑에서 조감독 생활을 하면서 영화에서 기술의 중요함을 배웠다. 그는 최인규를 영화 작가라기보다는 뛰어난 테크니션이었다고 회고하였는데,[10] 실제로 최인규는 영화 입문 이전에 자동차 학교를 세워 운영했을 만큼 기계에 대한 유별난 관심을 갖고 있었다고 한다.[11]

신상옥은 해방 직후 최인규의 이른바 '광복 영화' 〈자유만세〉(1946)를 보고 감격하여 그 문하에 들어가게 되었다고 증언하였는데, 이는 영화에서 구현된 기술 이상의 무엇에 감동을 받았다고 보는 것이 옳을 것이다. 〈자유만세〉에는 로셀리니의 〈무방비 도시〉(1945)를 연상케 하는 이탈리아 네오리얼리즘의 분위기가 느껴진다. 독립운동가의 지하운동과 그에 대한 창녀의 헌신과 사랑을 그린 이 작품은 식민지 조선의 암울한 사회현실이 생생하게 표현되어 있다. 최인규는 〈집 없는 천사〉에서도 경성 청계천 주변 부랑아들의 어두운 삶을 묘사하였는데, 다분히 그의 영화에는 참담한 사회현실을 폭로하는 네오리얼리즘의 면모를 읽을 수 있다.[12] 실제로 최인규는 이 영화를 제작하면서 청계천 다리 밑에서 생활하는 부랑아들을 배우로 캐스팅하여 청계천의 실제 현장에

영화 〈집 없는 천사〉. 제공: 한국영상자료원

최인규 감독의 영화 〈집 없는 천사〉(1941)는 경성 청계천 주변 부랑아들의 어두운 삶을 사실적으로 포
착하여 당대 사회현실을 카메라에 담으려고 시도했다.

서 고아들의 삶을 재현하였는데, 이는 비전문적 배우를 고용하여 민중의 생활 현장에서 야외 촬영을 감행한 이탈리아 네오리얼리즘 기법과 흡사한 것이었다.

신상옥은 나운규로부터 민족의식과 영화정신을, 최인규로부터 네오리얼리즘 기법과 영화 기술을 배웠다. 많은 평론가들이 신상옥의 영화를 가리켜 '미장센 영화', 혹은 '시각 중심의 영화'[13]로 지칭하는 것은 최인규의 영향과 무관하지 않을 것이다. 최인규로부터 받은 영향은 그뿐만 아니다. 최인규가 자기 형 최완규와 함께 고려영화사를 만들었듯이 그는 1960년대 형 신태선과 더불어 신필름이라는 영화사를 만들었다. 최인규는 그의 롤 모델이었다고 할 수 있다.

그는 전쟁 중인 1952년에 〈악야〉를 연출하여 감독으로 입문하게 된다. 〈악야〉를 통해 신상옥은 자신의 영화미학의 출발점이 리얼리즘에 있다는 것을 보여준다.[14] 김광주의 소설을 영화화한 〈악야〉[15]는 전쟁통의 빈궁한 삶의 단면을 한 지식인과 양공주의 조우를 통해 묘파한 작품이다. 그의 초기 영화에 네오리얼리즘의 모습이 깃들어 있음을 엿보게 해주는 영화로 알려져 있는데, 현재 작품이 전하지 않는다. 이러한 네오리얼리즘의 양상은 1958년 〈지옥화〉에서 다시 잘 나타난다. 청년들은 미군부대 PX 물품을 몰래 훔쳐 밀매하고, 처녀들은 양공주가 되어 미군에게 몸을 팔아 연명한다. 양공주와 두 형제 사이의 비극적인 애정 삼각 갈등을 통해 미국 경제와 문화에 예속된 전후 한국 사회의 암울한 현실과 출구가 보이지 않는 전후 젊은이의 절망감을 사실적으로 묘파한 사회성 짙은 청춘물이다.

특히 이 작품의 초반부에서 카메라에 포착된 전후 서울 거리와 미군 기지촌의 을씨년스럽고 비정非情한 풍경은 비록 짧지만 네오리얼리즘적인 대담한 기록정신이 잘 녹아있다. 이 두 편의 영화를 보면 신상옥의 초기 영화에 만만치 않은 리얼리즘 정신이 녹아있음을 알 수 있다. 한국 전후영화에 가장 큰 영향을 끼친 것이 이탈리아 네오리얼리즘이라는 사실이 신상옥의 경우에도 잘 확인된다고 볼 수 있다.[16] 이러한 리얼리즘 정신은 1950년대 그의 다른 계열의 작품들, 즉 〈젊은 그들〉, 〈꿈〉, 〈무영탑〉 등 일련의 문예영화(또는 사극)에 나타난 예술적, 탐미적 경향, 그리고 〈어느 여대생의 고백〉, 〈동심초〉 등 멜로드라마에 나타난 대중적 경향과 어우러져 공존하게 된다. 즉, 신상옥은 1950~60년대에 걸쳐 문예영화,[17] 사극, 멜로드라마, 전쟁영화, 코미디 등 다채로운 대중적 장르 영화를 추구하지만 그 밑바닥에는 나운규, 최인규의 영향에서 비롯된 민족의식과 리얼리즘 정신, 그리고 작가의식의 일단을 엿볼 수 있다.

신필름의 설립(1961)[18]과 안양영화촬영소의 인수(1966)로 이어지는 1960년대는 신상옥 영화의 전성기였다. 그러나 이 전성기는 영화작가로서의 전성기만을 의미하는 것이 아니고 영화제작자로서의 전성기이기도 해서 양날의 칼과 같은 함의를 갖는 것이었다. 신상옥이 '영화를 위해서 사는 사람'이라는 찬사에서부터 '영

안양영화촬영소 전경

화계의 마키아벨리'라는 오명까지 함께 갖게 된 것도 이러한 사실과 무관하지 않다. 영화작가가 제작자를 겸한다는 것, 그것은 영화작가로서 자신의 예술의지를 맘껏 펼칠 수 있다는 점에서는 장점이지만 영화작가 활동에만 순전하게 전념할 수 없다는 점에서 예술가로서는 한계가 되기도 한다.

그는 이미 1960년대 초에 할리우드 제작시스템을 본받은 대규모 영화 기업을 꿈꾸었다. 신필름은 1961년경에 용산구 문배동에 4층 규모의 원효료 촬영소를 설립하여 한국 메이저 영화사를 꿈꾸게 된다. 신필름은 이에 만족하지 않고 1957년에 수도영화사 홍찬이 2만 5천 평 부지에 미국 컬럼비아영화사를 모델로 설립한 안양영화촬영소를 1966년에 인수하여 영화 기업화의 꿈은 더욱 박차를 가하게 되었다. 이로써 신필름은 미첼카메라 등 첨단 영화 기자재와 현상소, 녹음 시설, 스튜디오를 갖추고 전속 감독과 배우, 스태프 등 250여 명의 직원을 거느린 할리우드식의 영화왕국을 건설하게 된다. 1961년 당시 신필름의 대표는 신상옥이 맡고, 형 신태선이 사장, 기획 담당인 황남이 전무를 맡았다. 전속 감독으로 신상옥, 이형표, 최경옥, 김용덕 등이 있었고, 전속 배우로는 최은희, 신영균, 허장강, 한은진, 이예춘, 남궁원, 태현실 등이 있었다.[19] 신필름은 이 무렵 한 해 평균 12편의 영화를 양산하였다. 이 '영화왕국'의 건설에 즈음하여 그는 〈로맨스

빠빠〉(1960), 〈이 생명 다하도록〉(1960), 〈성춘향〉(1961), 〈연산군〉
(1961), 〈사랑방 손님과 어머니〉(1961), 〈상록수〉(1961), 〈쌀〉(1963),
〈로맨스 그레이〉(1963), 〈벙어리 삼룡〉(1964), 〈빨간 마후라〉(1964)
등과 같은 그 영화 인생의 대표작들을 만들어냈다.

그 영화 인생의 전성기는 대체로 신상옥 자신의 열정과 재능에
의해 만들어진 것이지만 당대 정치권력과의 협력에 어느 정도 의
존한 것도 사실이다. 식민지 시대 농촌계몽운동을 그린 영화 〈상
록수〉를 감명 깊게 본 박정희는 이를 통해 새마을운동을 구상하
게 되었다고도 하는데, 이로 인해 박정희는 신상옥, 최은희 부부
를 청와대로 초청하여 함께 영화를 보고 대화를 나눌 만큼 가까
운 사이가 되었다. 박정희와 김종
필은 신상옥이 안양영화촬영소
와 허리우드 극장(1969)을 인수하
는 데 도움을 주기도 했다.[20] 이 때
문에 신상옥과 신필름은 군사정권
영화정책의 최대수혜자라는 평을
받기도 했다.[21] 박정희 정권과 신
상옥의 각별한 관계는 영화 〈쌀〉
을 통해 잘 드러난다. 전쟁 직후
상이군인 출신의 한 청년이 귀향
하여 가난한 고향 마을을 일으키
기 위해 산에 굴을 뚫어 물을 끌

'영화 왕국' 신필름

영화 〈쌀〉. 제공: 한국영상자료원

신상옥 감독의 영화 〈쌀〉(1963)은 전쟁 직후 상이군인 출신의 한 청년이 귀향하여 가난한 고향마을을
일으키기 위해 산에 굴을 뚫고 물을 끌어들여 황무지를 개척한다는 농촌계몽 이야기를 소재로 하였
다. 새마을운동의 전형적인 서사원형이 되었다는 평가를 받았다.

어들여 황무지를 개척한다는 〈쌀〉의 농촌계몽 서사는 향후 새마을운동의 전형적인 서사 원형이 된다. 더욱이 주인공 청년이 군인 출신이고 후반부에서 위기에 처한 황무지 개척 사업이 군대의 지원으로 성공한다는 점에서 박정희 정부의 정치적 기원이 되는 '5.16 군사쿠데타'의 정당성을 은연중 강조하고 있다.

박정희 정부는 1940년대에 일제가 만든 조선영화령을 본떠서 1962년에 최초로 영화법을 제정하고 1963년에 다시 개정 영화법을 발동하였는데, 그 근본 취지는 1950년대 후반부터 난립한 72개 군소영화사를 16개사로 통합하여 영화 기업화를 추진함으로써 한국영화산업을 육성한다는 데 있었다. 이에 따라 영화사의 설립은 등록허가제로 바뀌게 되었는데, 이는 영화 기업화에 의한 경쟁력 제고라는 의미도 있었지만 한편으로는 영화에 대한 통제를 용이하게 하려는 의도도 포함되어 있었다. 당시 영화사 등록 요건은 35밀리 이상 촬영기, 조명 60kW 이상, 건평 200평 이상의 스튜디오, 녹음 및 현상시설, 전속 영화감독 및 배우, 경력 5년 이상의 녹음, 현상 기술자를 구비해야 하는 한편 연간 15편 이상의 제작 실적을 유지해야 하는 까다로운 조건을 갖춰야 했다.[22] 이 때문에 요건을 갖추지 못한 영화사들이 등록영화사에 수수료를 주고 이름을 빌려 영화를 만드는 이른바 대명貸名제작이 유행하는 혼탁한 양상이 나타나게 되었다.[23] 이 영화법은 영화사 등록요건이 영화계 실정에 맞지 않다는 영화인들의 탄원으로 인해 1966년에 다시 개정되었다. 이에 따라 녹음기와 전속제 규정이 삭제되고, 의무 제작 편수가 15편에서 2편으로 격감되었다.

당시 많은 영화인들이 박정희 정권과 끈끈한 유대를 과시하던 신상옥이 영화 기업화에 초점을 맞춰 영화사 등록요건 규정을 강화한 1963년의 영화법 개정에 관여하였다고 의심한 것으로 보인다.[24] 사실 그런 의심이 충분히 가능할 수 있었던 것이 영화사 등록요건 규정이 마치 신필름을 기준으로 만들어진 것 같은 인상을 줄 뿐 아니라 영화 기업화라는 신상옥의 평소 소신이 영화법의 근본 취지와 맞아떨어진다는 점이 그러하다. 당시 한국 영화계가 신필름과 충무로로 양분된다고 말할 만큼 '신필름'이 거대한 영화왕국으로 부상하던 때인지라 신상옥을 질시하는 영화인들은 박정희 정부와 신필름의 밀월관계를 정치권력과 예술의 부당한 결탁관계로 의심했을 가능성이 매우 크다.

그러나 박정희 정부와 신필름의 밀월관계에는 오래 지속하기 어려운 모순이 존재했다. 그것은 박정희 정부가 제정한 영화법 자체가 내포한 모순에서 비롯된다. 박정희 정부의 영화법은 소수 영화사를 기업화하여 한국영화산업을 육성하려는 취지를 갖고 있었다. 영화사 등록요건 규정도 거기에서 기인한 것이었다. 외화 수입 쿼터라는 당근과 검열이라는 채찍을 활용하여 소수 대형영화사를 길들이고 그들에게 영화제작과 외화 수입의 특혜를 집중시키는 독과점 구조를 형성함으로써 영화 미디어를 권력의 손에 장악하려는 것이었다. 외국영화와 경쟁력을 갖춘 한국 영화기업을 육성하기 위한 진정한 방안은 창작과 표현의 자유를 대폭 확

박정희에게 인사하는 신상옥, 최은희 부부

대하여 좋은 영화를 제작할 수 있는 조건을 만들어주는 것이어야 했다. 그러나 박정희 정부의 영화정책은 영화에 내포된 정치, 이념, 윤리, 풍속에 대한 엄격한 검열과 통제에 중점을 두고 있었기에 애초부터 한국영화산업이 외국영화와 경쟁할 수 있는 가능성은 막혀 있었다.[25]

가령, 이만희의 〈7인의 여포로〉(1965)가 북한군을 인간적으로 묘사했다고 해서 이만희 감독이 용공 혐의로 입건되었고, 박정희 정권의 최대 수혜자라고 일컬어지던 신상옥 자신도 1968년에 〈내시〉의 외설 혐의로 검찰에 입건되어 조사를 받기도 했을 만큼 당시 영화검열은 영화의 창작 표현 자유를 극도로 억압했다.

결국 박정희 정부의 영화정책이 지닌 근본적 모순이 1970년 대에 신상옥과 박정희 정권과의 갈등과 불화를 불러일으키게 되었다. 250명의 유급직원을 거느린 신필름과 첨단 설비와 기자재를 갖춘 안양촬영소라는 거대한 영화기업을 유지, 운영하기 위해서는 연간 30~40편의 영화 제작과 인구 1억 규모의 방대한 영화시장의 개척을 필요로 했다. 인구 4천만 명을 대상으로 하는 영화 시장으로는 고작해야 편당 20~30만 달러 이상의 제작비를 쓸수가 없고, 그러한 수준의 제작비로는 해외시장에 내놓을 훌륭한 영화를 만들기가 어려울 수밖에 없었다.[26] 좁은 한국영화시장을 넘어 일본, 대만, 홍콩, 태국 등 아시아 시장 개척이 필요했던 상황이었다. 이를 위해 신필름은 홍콩지사를 설립하여 〈빨간 마후라〉 등 일부 영화를 동남아 시장에 수출하기도 했으나 근본적 문제는 여전히 해결되지 못했다.

1970년대에 들어 한국의 영화시장은 침체 일로를 걷게 된다. 1970년대에 들어 TV 보급의 확대, 물가억제정책으로 인한 극장 입장료 인상의 규제, 검열로 인한 표현의 자유 억압 등으로 인해 영화산업은 쇠퇴기에 접어들게 된다. 영화 관객 수는 1970년 1억 6천 6백만 명에서 1980년에는 1/3 수준인 5천 5백만 명으로 급감하였다. 관객 수의 급감에 따라 극장 수도 1971년 717개에서 1980년에 447개로 크게 줄었다. 결과적으로 1970년 연간 200여 편에 달하던 영화 제작 편수가 1970년대 중반에 오면 100편 내외로 격감하게 된다.[27]

쇠퇴의 길로 접어든 국내 영화산업을 활성화하고 일본, 대만, 홍콩 등 아시아 시장 개척의 활로를 트기 위해서 표현의 자유를 확대시킬 필요가 있었던 것이다. 그러기 위해서는 검열제도와 싸우지 않으면 안 되었다. 신상옥은 영화제작자협회 회장을 맡으면서 영화계를 대표하여 정부의 영화 검열 정책에 대해 비판적 입장을 견지하였고, 이로 인해 박정희 정권과 불편한 관계를 갖게 된다. 여기에 더해 여배우와의 스캔들로 최은희와의 결혼 생활에 파경을 맞은 사건도 박정희 정권의 미움을 사는 또 다른 이유가 된다. 〈상록수〉, 〈쌀〉, 〈이 생명 다하도록〉의 조국 근대화에 매진하는 진취적인 여성 계몽운동가 이미지, 〈사랑방 손님과 어머니〉, 〈벙어리 삼룡〉의 정숙한 한국적 여성 이미지를 지닌 당대 이상적 한국 여성국민의 아이콘 최은희를 저버린 신상옥은 당시 최고 권력자의 감정을 상당히 거슬리게 하였다.

마침내 신상옥의 신필름은 〈장미와 들개〉(1975) 예고편에 검열 받지 않은 3초 분량의 영상이 포함되었다는 이유로 1975년 11월 영화사 허가가 취소되고 만다.[28] 그러나 이러한 파국은 1970년대 초반부터 이미 예고된 것이었다. 신상옥은 표현의 자유 제한과 억압적 검열제도를 비롯하여 정부의 영화정책에 대해 비판적 견해를 피력하였다. 가령, 1973년에 그는 영화 〈이별〉의 유럽 로케를 다녀와서 한 언론사와 행한 인터뷰에서 한국영화는 유럽에서 홍콩영화에 비해 상당히 뒤처져 있다는 평가를 받는다는 사실을 언급하면서 한국영화의 가장 큰 문제를 소재素材의 한계에 있다고 지적했다. 우리 영화의 소재는 유럽에 비해 20~30년 정도 낙후되었으며, 내용은 건전하지만 시대의 흐름에 뒤떨어진 것이라고 일갈하였다. 그러면서 당국이 전향적 자세로 이 문제를 해결해주어야 한다고 주장하였다.[29] 표현은 다소 누그러뜨렸지만 그 본의는 당국의 영화 검열제도에 대한 문제제기에 다름 아니었다.

신상옥의 이러한 비판적 문제제기가 있고 난 뒤에 그는 정부 당국과 연이어 불화를 겪게 된다. 1974년 6월에 국세청은 신상옥을 연예인 고액체납자 명단에 올려 발표하였고,[30] 1974년 11월에는 외화도피 혐의로 신필름의 장부가 압수당하고 신상옥은 외환관리법 위반으로 입건되었다.[31] 더 큰 불화는 1975년에 벌어진다. 1975년 7월 신상옥은 우수영화 선정을 위해 문공부 직원에게 뇌물을 준 혐의로 법정에서 구속되는 일을 겪는다.[32] 우수영화에 선정되면 편당 1편의 외화수입권을 보상책으로 받을 수 있었기에 우수영화 선정을 둘러싸고 영화계에는 잡음이 끊이지 않았는데, 신상옥과 태창영화사 대표 김태수가 우수영화 선정과 연관되어 수뢰 혐의로 구속되었던 것이다.[33] 그리고 몇 달 뒤에 스카라 극장에서 상영된 한중 합작영화 〈장미와 들개〉 예고편에 검열 신청 당시 없었던 장면 두 곳과 검열에서 삭제된 부분이 임의로 삽입되었다는 이유로 신필름은 문공부에 의해 영화법 위반 혐의로 고발당하였다.[34] 이 사건으로 결국 신필름은 영업허가가 취소되는 사태를 맞게 된다. 황금기 한국영화의 간판 격이었던 영화왕국 신필름이 무너지는 순간이었다.

이 문제를 단순히 한 영화사의 문제, 한 영화감독 개인의 정치적, 윤리적 문제로만 국한시킬 수 있을까. 본질을 들여다보면 이 문제는 한국 분단체제의 구조적 모순과 연관된다고 보인다. 조희연은 해방 후 한국 사회가 ① 반공규율사회 형성기(1945~1961), ② 개발동원체제 성립기(1961~1972 유신 이전), ③ 개발동원체제 균열기(유신 이후~1979), ④ 개발동원체제 위기 및 재편기(1980년대)[35]의 변화과정을 겪는다고 보았는데, 이러한 사회적 변화과정과 영화사의 변천과정에는 어느 정도 조응하는 면이 있다. 영화 미학은 사회적 변화과정의 동학과 그대로 일치하기 어렵지만, 영화 정책은 사회적 변화과정과 상당히 깊은 연관성을 갖는다고 할 수 있다.

1960~70년대 영화정책은 마치 박정희 개발동원체제 형성기의 소수 대기업 중심의 수출드라이브 정책을 연상시키는 측면이

있다. 이 시기 영화 정책은 결국 소수의 대형 영화사 집중에 의한 국산영화산업 육성정책에 다름 아니다. 수출산업을 이끄는 대기업에게 독점권과 금융특혜를 베푼 것처럼 소수 대형 영화사에게 독점적으로 영화를 제작할 수 있는 자격을 주고 외국영화 수입권의 특혜를 베풀었다. 영화 제작쿼터와 외화 수입쿼터가 그것이라 할 수 있다. 다만, 차이점은 다른 산업의 경우 적극적인 수출주도 정책을 편 것에 비해 영화산업의 경우 국산영화 육성에 의한 외화 수입의 억제라는 소극적 정책에 머물렀다는 점이다. 한국영화의 해외시장을 확대하기 위한 영화 검열의 완화와 같은 적극적인 수출 진흥 정책을 영화 분야에서는 전혀 시도하지 않았다.

왜 그럴까. 이 당시 한국영화의 수출 경쟁력이 미흡하고, 외국영화의 시장지배력이 워낙 강해서일까. 한국영화의 대외적 경쟁력이 미흡했다는 것은 충분한 근거가 되기 어렵다. 신필름의 경우만 보아도 1960년대 전반부터 싱가포르 국적의 영화기업 쇼브라더스Shaw Brothers와 협력 체제를 구축하여 홍콩, 대만 등지에 영화를 수출하는 저력을 과시하였다.[36] 한국영화의 해외수출은 1957년에 3편의 영화를 수출하면서 시작되어서 1963년 15편, 1964년 87편, 1965년 33편, 1966년 48편, 1967년 49편으로 대폭 증가하였다. 〈빨간 마후라〉, 〈돌아오지 않는 해병〉 등이 일본, 대만, 홍콩 등에 수출되던 1964년에는 최고 절정기에 도달하였고, 1960년대 후반에는 〈미워도 다시 한번〉이 해외에서 큰 인기를 얻었다.[37]

소극적인 영화수출 정책의 원인은 다른 데서 이유를 찾아야 할 것이다. 1960년대에 군사정권이 집권하면서 개발동원체제로 전환되는 과정에서 한국 사회의 지배세력이 이승만 정권 식의 정치적 '극우보수 공동체'에서 정경政經 분야가 유착되는 '극우보수 성장 공동체'로 진화되지만, 그 바탕에는 여전히 1950년대부터 다져진 반공규율사회라는 구조적 틀이 여전히 강고하게 존재하기 때문이다. 반공규율사회라는 구조적 틀은 적어도 1987년 민주화 체제 이전까지 지속된다고 할 수 있다. 따라서 영화 산업의 국제 경쟁력을 다소 포기하는 한이 있더라도 반공규율사회의 기틀을 유지하기 위해 영화의 사회적 발언과 비판기능을 차단하고 통제하는 것이 바람직하다는 것이 기득권 주류 지배세력의 보편적인 정치적 욕망이었을 것이다. 따라서 박정희 개발동원체제는 신필름을 비롯한 대형 영화사에게 독점적 제작권과 외화 수입권의 특혜를 부여하였지만, 개발독재에 영화를 동원하고 도구화하는 기반을 상실할 수 있고, 반공규율사회 유지에 위협이 될 수도 있는 검열의 완화와 표현의 자유 확대 요구는 철저하게 외면했던 것이다. 실제로 베트남이 패망했던 1970년대 중반에 박정희 정부는 당시 상황을 국난國難의 시기로 규정하고 국민총화단결을 주장하는 국책영화의 제작을 획책함으로써[38] 반공체제의 존속을 위해 영화를 동원하고자 했다. 1970년대 유신 이후 개발동원체제에 저항하는 시민사회운동이 점차 확대되고 자기모순에 의해 개발동원체제에 균열이 생기면서 영화계에서도 검열 정책에 대한 일부 저항 움직임이 나타나기 시작한 것이다. 신필름의 등록 취소 사태까지 몰고 온 신상옥의 저항이 그 대표적인 사례인 것이었다.

유일사상체계 바깥에서

신필름의 등록 취소로 국내에서 영화 활동의 기반을 잃은 신상옥은 해외 활동을 도모하게 된다. 할리우드 진출을 위해 1978년 미국 뉴저지에 망명 중인 전 중앙정보부장 김형욱의 도움을 받아 미국 이민을 신청하기도 했고,[39] 베를린에서 재독 음악가 윤이상을 통해 서독 망명에 관해 타진하기도 한다. 그 무렵 홍콩에서 최은희가 실종되었다는 소식을 듣고 그녀의 행방을 찾던 중 그는 한국의 정보기관이 최은희 실종사건에 자신이 연루되었다는 의심을 품고 있다는 사실을 접하고 사면초가의 처지에 놓이게 된다. 그러던 와중에 중국인 영화 사업가로 위장한 북한 공작원 이영생에 의해 북한으로 납치되었다고 신상옥은 주장하였다.[40]

신상옥, 최은희가 탈북 직후 함께 쓴 수기에 따르면, 신상옥은 1978년 홍콩에서 납치되던 때부터 1986년 오스트리아 빈의 미국대사관에서 망명 신청을 하기까지 8년간 북한에서 체류하면서 7편의 영화를 연출하고 13편의 영화를 제작, 지도하였다. 그러나 실제 영화 활동 기간은 〈돌아오지 않은 밀사〉를 연출한 1984년부터 1986년까지 2년간에 불과하다. 그의 수기에 따르면 1978년 부터 5년 동안 그는 몇 차례 탈출을 시도하다가 감옥에 수감된 것으로 되어 있다. 그의 수기에 기록된 납북, 탈출 시도, 5년간의 수감생활 등 마치 영화와도 같은 일련의 사건들이 지닌 진실성 여부에 대해서는 판단하기 어려운 것이 사실이다. 그러나 신상옥, 최은희 부부가 공동 집필한 수기 내용의 방대함과 상세함으로 미루어 볼 때 순전한 허구로 보기는 어려운 것 같다.[41] 북한에서 신상옥의 활동과 영화에 대해서는 수기와 영화 필름 자료에 의존할 수밖에 없다. 특이한 것은 당시 북한에서 발간된 영화 관련 문헌자료 『조선예술』, 『조선영화』에는 신상옥 개인과 그의 영화에 관한 언급을 거의 찾아보기 어렵다는 점이다. 필자의 조사로는 1985년 『조선예술』에 실린 신상옥의 영화 〈탈출기〉에 관한 평론 한 편[42] 정도를 제외하고 신상옥 영화에 대한 비평은 찾아보기 힘들다. 더군다나 영화 〈탈출기〉의 평론에서도 감독 신상옥에 대해서는 이름 석 자조차 언급되지 않는다. 문헌 기록으로만 보면 북한에서 신상옥과 그의 영화는 마치 존재하지 않는 것처럼 보인다.

그러나 실제로 그는 1984년부터 김정일의 전폭적 지원을 받으면서 영화를 제작하였다. 북한 체류 6년 만에 김정일로부터 신뢰를 얻게 된 신상옥은 '김정일의 영화 고문' 역할을 맡게 된다. 김정일은 그에게 어떤 정치적 강요도 하지 않을 테니 민족을 위한 영화를 만들어달라는 요청을 했다고 한다.[43]

북한에서 김정일과 함께 사진촬영을 한 신상옥·최은희 부부
제공: 한국영상자료원

북한체재기간에 신상옥·최은희 부부는 북한의 권력자 김정일의 막대한 지원을 받으면서 영화제작활
동을 했다.

더구나 소재에 대한 정치적 강요나 간섭 그리고 자금에 대한 제한도 하지 않겠다니 나는 차제에 **북한이라는 큰 스폰서**를 업고 과거에 서울에서 구상만 했다가 실행하지 못했던 것들까지도 실컷 한번 만들어보겠다는 생각도 해보았다.

르네상스 때 종교를 소재로 한 회화나 조각 걸작들이 많이 나왔었는데 그것을 만들어낸 예술가들은 대부분 종교적 신앙심에서 만든 것이 아니라 **자기 자신의 예술적 욕망을 채우기 위해** 교회의 힘을 빌렸을 뿐이었다. 그러니 이런 여건 아래서 나도 마음대로 날개를 펴고 좋은 영화를 만든다면 민족적인 차원에서 볼 때 북한 영화계 부흥 발전이 되고 나아가서는 남한 영화계에서도 자극을 받아 경쟁적으로 좋은 영화를 만들 게 아닌가 하는 느낌도 들었다.[44]

신상옥은 어차피 북한에서 영화 활동을 재개할 수밖에 없는 마당에 "북한이라는 큰 스폰서"를 활용하여 "자기 자신의 예술적 욕망을 채우기 위해" 영화를 만들었다. 또 그러한 것이 남북한 영화계의 발전을 위해 바람직할 것이라고 자기합리화를 하였다. 신상옥에 대한 김정일의 신뢰는 확고한 것이어서 신상옥 부부가 체코, 헝가리, 소련 등 동유럽을 오가면서 마음껏 영화 활동을 할 수 있도록 허용해 주었고, 활동비용으로 연간 2백만 달러를 지원해 주었다. 그리고 북한에서는 전무후무한 개인의 이름을 붙인 영화사 '신필름'을 설립하도록 용인해주었다. 700명의 직원을 가진 북한의 신필름은 남한 신필름이 홍콩 지사를 두었듯이 헝가리 부다페스트에 지사(사무소)를 개설하여 북한영화의 국제 진출 교

두보로 활용하였다.

신상옥에 대한 김정일의 지원은 상상을 초월하는 것이었다. 마치 남한에서 신필름이 안양영화촬영소를 운영했던 것처럼 북한에 안양촬영소를 뛰어넘는 규모의 신필름 촬영소를 건설해주었다. 2,500만 달러(약 300억 원)의 건설비가 투입된 이 촬영소는 "4백 평 규모의 스튜디오 2개, 2백 평 규모의 스튜디오 2개, 녹음실 6개, 극장 겸 시사실 5개에다 미술장치 등 전체 방이 3백 개나 되는 연건평 2만 평이 넘는 동양 최대 규모의 시설"을 갖추었다.[45] 신상옥은 북한에서 김정일이라는 엄청난 스폰서를 뒤에 업고 자신의 영화 제작 욕망을 맘껏 펼칠 기회를 잡게 된 것이다. 사실 어떤 면에서 그에게 납북은 또 하나의 기회이기도 했던 것이다.

그는 1984년에 북한에서의 첫 영화 〈돌아오지 않은 밀사〉를 만들었다. 이준 열사의 헤이그 밀사 사건을 다룬 이 영화는 북한의 5대 혁명연극 중 하나인 〈혈분만국회〉를 영화화한 것이다. 고종의 밀명을 받고 헤이그 만국평화회의에 파견된 3명의 밀사들은 을사보호조약의 부당함을 국제사회에 알리고자 하나 일본의 방해와 미국의 묵인에 의해 회의장 참석이 거부된다. 이에 이준 열사는 회의장에서 일본 제국주의의 야욕을 비난하는 일장연설을 하고 할복자살을 한다. 해방 직후 헤이그의 이준 열사 묘소를 찾은 한 북한 건축기사가 밀사들이 묵은 하숙집의 딸로부터 수십 년 전의 사건을 전해 듣는 회상 형식으로 영화의 서사가 전개된

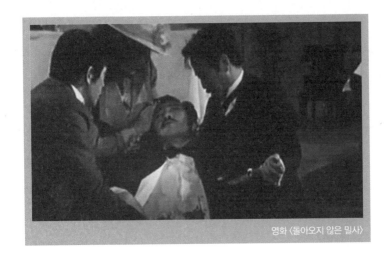

영화 〈돌아오지 않은 밀사〉

다. 원작이 북한 혁명연극이지만 정치이념성이 옅은 작품이고, 신
상옥의 대작 취향에 맞는 시대극이어서 첫 작품으로 선택한 것으
로 보인다. 많은 서양 배우와 엑스트라를 동원한 것이 이채로운
데, 국제영화제 진출을 염두에 둔 북한 영화라는 점과도 연관이
있을 것이다. 이 영화는 1984년 체코 카를로비 바리 영화제에서
특별감독상을 수상하였는데, 신상옥에 따르면 이 영화는 북한 최
초의 해외영화제 수상작이라고 한다.[46]

신상옥은 북한체험수기『조국은 저 하늘 저 멀리』에서 자신이
납북 직후 몇 차례 탈출을 시도하다가 체포되어 5년간 수감 생
활을 했다고 술회하였다. 그는 장문의 반성문과 북한영화 발전을
위한 건의문을 작성하여 김정일에게 제출한 뒤 감옥에서 풀려나
최은희와 재회하고 영화제작을 할 수 있었다고 한다. 그가 김정

일에게 제시한 북한 영화의 발전방안 중에는 '고전물과 역사물, 동학혁명과 같은 민중 봉기물과 김옥균과 같은 한말 우국지사 이야기, 맥아더의 상륙작전에 맞서 싸운 월미도 포병중대의 영웅이나 동해에서 미국 순양함을 격침시킨 어뢰정 영웅 이야기' 등을 영화로 대거 제작할 것을 권유하는 내용이 있었다. 이 중에서 특히 구한말 우국지사 이야기는 그들의 투쟁이 계급적, 시대적 한계를 가졌기 때문에 실패할 수밖에 없었다는 것을 보여주어서 상대적으로 '위대한 수령님'의 애국투쟁이 돋보이게 해야 한다고 주장했다.[47]

구한말의 정치 상황과 역사 인물에 대한 영화화는 남한에서 활동할 때부터 신상옥의 관심사 가운데 하나였다. 그가 특별한 애착을 가진 장르 중의 하나가 사극인데, 특히 구한말을 시대배경으로 삼은 사극 영화를 많이 제작하였다. 〈젊은 그들〉(1955), 〈독립협회와 청년 이승만〉(1959), 〈청일전쟁과 여걸 민비〉(1965), 〈대원군〉(1968), 〈삼일천하〉(1973) 등이 그것이다. 이러한 점에서 그가 북한에서 제작한 〈돌아오지 않은 밀사〉는 그의 사극 취향, 특히 구한말 시대 취향의 일단을 반영한다고 볼 수 있다. 그러나 이준 열사 이야기를 영화화한 것은 단순히 구한말 시대 취향의 반영만으로 보기 어려운 점이 있다. 우선, 그가 영화를 만들기 직전에 헤이그 밀사사건을 다룬 혁명연극 〈혈분만국회〉 공연을 평양 대극장에서 감상하고 거기에서 착상을 얻은 점이 크게 작용했다고 보아야 할 것이다. 〈혈분만국회〉는 항일혁명투쟁시기에 김일성이 창작하였다고 북한에서 주장하는 작품인데, 헤이그 밀사의 애국투쟁을 찬양하면서도 그들의 투쟁이 실패할 수밖에 없었던 것이 김일성의 영도를 받지 못한 '시대적 제한성' 때문이라는 점을 강조하고 있다.

위대한 김정일 동지께서 가르치신 바와 같이 지금 새 세대들은 우리나라 력사에 리준이라는 사람이 헤이그에서 열렸던 만국평화회의에 밀사로 갔다가 배를 가르고 죽은 사실이 정말 있었는가 하는 것도 잘 모르고 있으며 아는 경우에도 그의 시대적 제한성을 알지 못하고 있다. 새 세대가 **리준과 같은 사람들의 시대적 제한성**을 알지 못하면 우리 당의 혁명전통이 언제 어떻게 이룩되었는가 하는 것을 똑똑히 알 수 없다.

우리는 새 세대들에게 우리나라 력사를 잘 가르쳐주어 **그들이 리준과 홍범도와 같은 력사적 인물들의 시대적 제한성을 똑똑히 알게 함으로써 우리 당의 빛나는 혁명전통이 위대한 수령님께서 조직령도 하신 항일혁명투쟁시기에 이룩되었다는 옳은 인식을 더욱 철저히 가지게 하여야 한다.** 바로 여기에 일반 력사물을 취급한 극작품 창작의 필요성과 의의가 있는 것이다.[48]

인용한 바와 같이, 북한의 연극연구자 강진은 〈혈분만국회〉에서 이준 열사의 '시대적 제한성(한계)'를 드러냄으로써 상대적으로 김일성의 항일혁명전통이 위대하다는 사실이 두드러지게 나타난다고 주장하였다. 이는 물론 강진만의 개인적 견해가 아니라 북한 학계 및 평단에서 보편화된 일반적 견해라 할 수 있다. 그러한 점에서 신상옥이 김정일에게 올린 북한 영화 발전방안 건의에서 구한말 인물 이야기가 김일성의 애국투쟁을 돋보이게 할 것이라는 주장을 했고, 그것이 받아들여져서 〈돌아오지 않은 밀사〉가 만들어졌다는 것은 다소 과장된 해석이라고 할 수 있다. 1984년 6월 『조선예술』의 지면에 발표된 〈혈분만국회〉에는 이준 열사가 자결하면서 남긴 유훈, "남을 믿으면 나라가 망한다."라는 대사가 나타나는데, 이는 시대적 한계를 가진 구한말 지사 이준의 유언을 통해 주체사상의 위대성을 강조한 내용이 본래 연극의 대사에 내포되어 있음을 말해준다.[49]

〈돌아오지 않은 밀사〉 제작 이후 그는 최서해와 강경애 원작의 〈탈출기〉와 〈소금〉이라는 문예영화를 연출하였다. 〈탈출기〉(1984)는 식민지 조선의 가난한 지식인이 빈궁을 면하고자 솔가하여 간도로 건너가지만 온갖 고생을 해도 가난에서 헤어나지 못하자 근본적 모순의 해결은 계급투쟁밖에 없다고 판단하여 가족을 버리고 항일혁명운동에 가담한다는 내용이다. 〈소금〉(1985)의 내용 또한 비슷하다. 간도에 사는 가난한 조선 여인이 남편을 잃고 어린 두 딸을 데리고 온갖 수난을 견디며 어렵게 생계를 꾸려가지만 결국 두 딸을 모두 잃고 소금 밀수꾼이 되어 두만강을 건너다 항일유격대를 만나 새로운 희망을 얻는다는 내용이다. 두 편의 영화에는 몇 가지 공통점이 있다. 식민지시대 소설을 원작으로 삼고 있는 점, 식민지시대의 처참한 빈궁을 소재로 하고 있는 점, 항일혁명운동을 옹호하고 있는 점, 그리고 최은희가 여주인공으로 출연하고 있다는 점 등이 그것이다. 김정일로부터 작품 소재 선택의 자유로운 권한을 부여받은 신상옥은 북한의 도서관에서 남한으로부터 입수한 문학전집을 우연히 읽고 이 두 작품을 선택하게 되었다고 한다. 이 두 작품의 두드러진 특징은 빈궁예술이라는 점에 있을 것이다. 모두 식민지시대의 처절한 가난을 묘파하고 있는데, 신상옥의 카메라 역시 원작소설 이상으로 가난의 참상을 날카롭게 그려내고 있다. 이러한 부분에서 그의 초기 영화에 나타난 예술가정신과 민족의식, 리얼리즘의 면모가 북한영화에서 다시 되살아나는 것을 실감할 수 있다.

사회적 발언과 현실 비판의 길이 거의 차단된 1970년대 한국의 영화현실에서 그저 그런 식상한 대중영화를 만들던 신상옥이 북한이라는 큰 스폰서를 만나 사회성 짙은 예술영화를 만들면서 영화작가로서 다시 태어날 수 있었던 것은 어쩌면 그에게 새로운 발전의 기회일 수도 있지 않을까 하는 판단도 가능하다. 특히 〈소금〉에서 최은희가 맡은 여주인공은 일제가 항일혁명운동세력을 토벌하기 위해 간도에 소금 반입을 금지시키자 온갖 고난을 무릅쓰고 몰래 소금을 운반해온다. 국경에서 일본 감시원에게 발각되려는 순간 항일유격대가 습격하여 구출되고 주인공은 혁명운동에 가담한 자신의 아들을 이해하게 된다. 영화의 이러한 후반부는 마치 고리키의 〈어머니〉의 여주인공이나 북한 혁명가극 〈피바다〉의 어머니를 연상시키는데, 매우 감명 깊은 여성 캐릭터를 구축하였다고 판단된다. 최은희는 이 영화로 모스크바 영화제에서 여우주연상을 받으면서 북한 영화계의 영웅이 되는데, 남한에서 〈상록수〉, 〈쌀〉, 〈사랑방 손님과 어머니〉 등에 출연하면서 한국 여성국민의 아이콘이 되었던 최은희가 북한영화 〈소금〉에서 북한의 이상적 여성국민의 아이콘으로 재탄생하게 되는 것도 매우 독특한 현상이라 할 수 있다.[50]

이 밖에 신상옥은 춘향전을 뮤지컬 형식으로 만든 〈사랑 사랑 내 사랑〉과 〈심청전〉, 그리고 북한 최초의 괴수영화 〈불가사리〉 등을 만들었다. 북한에서 제작된 신상옥의 영화는 그 근저에 계급투쟁적 주제의식이 깔려있는 것이 사실이다. 그러나 그것은 식민지시대 카프문학 수준 이상의 계급의식은 아니다. 종래의 북한 영화, 연극, 문학에 나타나는 것과 같은 당성, 계급성, 인민성에 투철한 주체예술의 면모는 신상옥의 영화에서 두드러지게 나타나지 않는다. 주체예술론이 신상옥 영화에는 강요되지 않았다는 증거라 할 수 있다.

일반적으로 북한영화의 장르는 예술영화, 기록영화, 아동영화, 과학영화 등으로 분류되는데, 우리의 극영화에 해당하는 것이 예술영화다. 신상옥이 북한에서 활동하던 1980년대 북한 예술영화의 주류는 〈조선의 별〉(1980~87)과 같은 수령 형상화 영화, 〈푸른 소나무〉(1983), 〈친위전사〉(1982) 등과 같은 혁명가정 형상화 영화, 그리고 사회주의 현실주제 영화와 숨은 영웅 형상화 영화 등이라 할 수 있다.[51] 이와 같은 영화들이 철저하게 당성, 계급성, 인민성의 미학원리에 의해 제작되어 인민들의 사상전 도구로 이용되었던 것에 비하면 신상옥의 영화는 이와 거리를 두고 매우 자유로운 여건에서 제작되었다고 볼 수 있다.

김정일은 북한 최고의 영화 전문가로 평가된다. 그는 젊은 시절에 당 중앙위원회 선전선동부 문화예술지도과에서 일하면서 주로 문화예술 분야에서 자신의 주요 경력을 쌓았다. 특히 영화를 통해 유일사상체계에서 수령, 당, 인민이 일체감을 고취할 수 있는 영화 〈피바다〉(1969), 〈어느 자위단원의 운명〉(1970), 〈꽃 파는 처녀〉(1972) 등을 제작 지도함으로써 김일성으로부터 능력을 인정받는 계기가 되었다. 영화는 김정일에게 부친에 대한 열렬한 충성심을 드러낸 정치적 방편이면서 중앙당에서 자신의 지위를 확보하는 수단이기도 했다.[52] 북한의 영화 문헌고에 보관된 1만 5천 편의 세계 각국 영화들 가운데 그는 7, 8천 편 가량을 섭렵했고,[53] 『주체영화론』이라는 영화이론서를 저술하였을 만큼 철저한 영화 애호가이자 영화정책 지도자였다. 그러한 그가 신상옥에게 주체예술론을 강요하지도 않고 막대한 물적, 인적 지원을 베풀고 파격적인 자유를 보장하면서 기대한 것은 무엇이었을까. 신상옥이 낙후된 북한영화를 부흥시키고, 국제적으로 인정받는 수준으로 끌어올려줄 것이라고 기대했기 때문인 것으로 보인다. 그러나 그의 영화 작업들에 관해서는 북한 내부의 문헌에 기록으로 남기지 않았다. 북한의 신필름이 제작한 영화는 공식적인 북한 예술영화 목록에서 제외되어 있다.[54] 신상옥, 최은희의 증언에 의하면, 사석에서 김정일은 북한의 주체사상에 입각해 만든 예술에 대해 그다지 높게 평가하지 않았다고 한다. 그것은 공화국의 내치內治를 위한 도구적 예술쯤으로 여겼다고 한다.[55] 김정일 자신도 주체예술은 예술이 아니고 정치 프로파간다라고 인정한 것이다. 대외적으로 북한의 예술 수준을 과시할 만한 외교용(대외용) 예술은 신상옥과 같이 외부세계에서 온 전문가가 만들어야 한다고 생각한 것 같다.

북한 체재 기간 동안 신상옥은 사실상 북한의 유일사상체계 바깥에서 대외용 예술창작활동을 했다고 볼 수 있다. 실제 생활에서도 그는 초대소에서 특권 계층의 생활을 했고, 수시로 김정일을 비롯한 고위 당 간부들과 교류, 접촉하면서 유일사상체계 바깥에서 특수한 삶을 살았다. 그의 영화 활동 또한 마찬가지로 북한의 다른 영화 예술가들이 유일사상체계 안에서 주체예술론의 교시대로 영화를 만들어야 했던 것과 달리 파격적인 특혜 속에서 자신의 예술 욕망을 채우며 작품 활동을 했다. 신상옥이 애초부터 북한영화사에서 지워진 존재일 수밖에 없었던 이유가 바로 이러한 점이다.

북한 권력자 김정일의 파격적 특혜와 지원에도 불구하고 신상옥은 북한 탈출을 결심할 수밖에 없었을 것이다. 진정한 자유가 존재하지 않는 북한 유일사상체계 안팎에서 예외적 존재로 혼자만의 특별한 자유를 누리는 것이 예술가에게 무슨 창조의 즐거움을 줄 수 있겠는가. 유일사상체계 바깥에서 권력자에 의해 시혜처럼 주어지는 자유라는 것은 호화생활을 누리며 한줌의 창작의 자유를 얻는, 권력자 손 안의 노리개와 무엇이 다를 바 있을까. 북한 체제가 신상옥에게 시혜처럼 베푼 예술의 자유, 그것은 박정희 정권이 한 편에서는 특혜를 주고 다른 한 편에서 억압적인 영화 검열정책을 사용한 것과 마찬가지로 예술가의 숨통을 죄는 것이었을 뿐이다.

나가며

남북한에서 모두 영화를 만든 영화작가는 신상옥이 유일할 것이다. 따라서 신상옥은 남북한 분단체제의 영화, 더 나아가 남북 분단시대의 예술이 처한 모순적 상황과 현실을 조망하고 판단할 수 있는 바로미터가 될 수 있다. 그러한 점에서 신상옥, 윤이상과 같이 남북한 두 세계를 모두 경험한 예술가들에 관한 탐구는 장차 한반도에서 분단을 극복하고 보다 바람직한 예술 환경을 만들어 가는 데 도움이 될 것이라고 생각한다.

신상옥은 영화작가면서 동시에 제작자, 즉 영화 기업인이었기에 영화예술이 처한 모순적 창작 현실을 정당한 방법으로 해결하기보다는 정치권력과의 타협, 협력을 통해 해결하려 했다는 점에서 많은 한계가 있는 것이 사실이다. 신상옥의 '탈남脫南'과 탈북脫北에는 이러한 개인적 한계도 내재되어 있다. 그럼에도 불구하고 신상옥은 남북한을 모두 포함하여 한국 영화사가 간직한 소중한 존재임에 분명하다. 신상옥은 1950~60년대 한국영화의 황금시대를 이끈 대표적인 영화감독이다. 그리고 그는 1960~70년대에 신필름을 통해 아시아의 거대 영화 시장을 호령하려는 꿈을 가진 영화 기업인이었다. 물론 한국영화산업을 아시아판 할리우드로 만들려던 그의 꿈은 분단체제라는 질곡에 부딪혀 좌초하고 말았다. 여기에는 물론 매우 복합적인 이유가 존재할 것이다. 1970년대 이후 신상옥이 영화작가로서 자신의 역량 한계를 드러내기 시작했다는 점, 지나친 공격적 경영으로 신필름의 부도 사태가 거듭되었던 점, 신필름이 과도하게 신상옥의 1인 독주체제로 독단적으로 운영되었던 점 등도 실패와 좌절의 한 이유가 되었을 것이지만 박정희 개발동원체제가 지닌 폐쇄적이고 억압적인 영화 검열과 통제정책에 더 큰 원인이 있었다고 보는 것이 타당하다.

북한의 납치공작정책을 비난하기에 앞서 우리의 잘못부터 먼저 따지자면 신상옥의 '납북'(혹은 '탈남')은 영화가 인생의 전부였던 한 '영화 미치광이'에게 영화제작의 기반을 송두리째 빼앗아간 남한 정부의 폭력적인 영화정책에 책임이 있다는 점을 먼저 문제 삼아야 할 것이다. 북한의 경우도 마찬가지다. 최고 권력자가 시혜처럼 제공한 특혜와 지원만으로 진정성 있는 예술의 자유를 보장하기 어렵다는 사실을 신상옥의 탈북은 여실히 보여주고 있다. 우리는 신상옥의 분단체제 경험을 통해 분단체제에서 예술가란 진정 무엇으로 사는가 하는 문제에 대해 심각하게 생각해볼 수 있다. 남북한 체제가 진정 예술가에게 진실에 관해 말하고 표현할 수 있는 자유를 주었는지, 분단체제 예술에서 진실은 얼마나 왜곡되고 있었는지, 그리고 그런 의미에서 예술가에게 사상과 표현의 자유란 얼마나 소중한 것인지를 신상옥의 분단체제 경험 이야기는 우리에게 말해준다.

신상옥이 북한에서 만든 영화는 현재 우리 사회의 성숙함으로 미루어 볼 때 충분히 포용할 만한 수준의 영화들이다. 그것은 북한의 전형적인 주체예술들과도 다른 차원을 갖고 있다. 가령, 〈소금〉이나 〈탈출기〉와 같은 영화는 남북한을 초월하여 상당히 뛰어난 예술적 성과를 보여준 작품이라고 생각한다. 식민지 빈궁 현실의 사실적 묘사, 인물의 초점화 방식, 주인공의 변화, 발전적인 성격 창조에서 〈소금〉과 〈탈출기〉는 매우 뛰어난 점을 보여준다. 그러나 신상옥이 북한에서 연출한 영화들은 인간 신상옥과 똑같은 운명처럼 오늘날 북한에서도 남한에서도 지워져버린 영화가 되었다. 그것은 분명 한민족의 삶을 그리고 있고, 한민족 감독에 의해 만들어진 영화임에도 불구하고 남한영화사에도, 북한영화사에도 편입되지 못하고 제3지대를 중음신中陰身처럼 떠도는 영화가 되고 말았다.

이러한 사실은 한국 영화의 분단 현실이 낳은 비극이 아닐 수 없다. 그러한 점에서 말년의 신상옥이 노구를 이끌고 미국에서 한국으로 귀향한 것처럼 그가 북한에서 만든 영화가 이제 한국의 품으로 다시 돌아와 한국 영화의 일원으로 되살아나길 기대한다. 그것이 영화 부문에서나마 분단체제를 극복하는 하나의 작은 소통의 통로가 되지 않을까 생각한다. 북한에서 제작한 신상옥의 영화를 한국영화사의 일원으로 자리매김하는 것은 한국영화사를 '남한영화사'보다 더 크고 더 풍요롭게 만드는 길이 될 것이라고 기대한다. 분단시대의 영화감독 신상옥에 대한 성찰은 단순히 한 영화작가 개인에 관한 성찰에 머물지 않는다. 어쩌면 분단시대의 우리 예술이 처한 모순적 상황에 관한 성찰이 되기도 할 것이다.

1. 극장, 역사를 말하다

김옥균이야기는 극장에서 어떻게 기억되는가

1 「三氏贈職」,『황성신문』, 1910.7.5.

2 「四氏贈謚」,『황성신문』, 1910.7.6., 「이것도 무마 수단인가」,『신한민보』, 1910.8.10.

3 이인직, 〈은세계〉,『한국신소설선집(2)』(권영민 외 편), 서울대출판부, 2003. 38면.

4 『대한계년사』는 정교가 1894년 궁내부 주사로 부임하면서 시작된 관료생활에 서 습득한 경험과 자료를 토대로 쓴 7권8책의 방대한 필사본이며, 현재 이는 규장각에 소장되어 있다. 이 책이 언제 쓰였는지는 확실하지 않은데, 사학계 에서는 1913년 이후에 썼을 것으로 추정하고 있다. [정교,『대한계년사(1)』(조 광 편, 이철성 역주), 소명출판, 2004. 20-24면]

5 정교,『대한계년사(1)』(조광 편, 이철성 역주), 소명출판, 2004. 94면.

6 위의 책, 114면.

7 민태원,『김옥균전기』, 을유문고, 1969. 61-64면.

8 박제홍·김순전, 「일제 말 문학작품에 서사된 김옥균상」,『일본어교육』제40집, 2009. 176면.

9 이야기에 가락을 붙이고 사미센(三味線) 반주에 맞춰 이야기를 읊는 일본전통 예능을 말한다.

10 다케조에 요시미, 서광덕·백지운 역, 『일본과 아시아』, 소명출판, 2004. 234-235면.

11 「충달공 김옥균 선생」, 『개벽』, 1920.8. 41면.

12 김옥균이 상하이로 갈 때 수행하였던 실제 인물로, 실명은 와다 노부지로(和田延次郎)이다.

13 스가이 유키오, 서연호·박영산 역, 『근대일본연극논쟁사』, 연극과 인간, 2003. 144-147면.

14 大笹吉雄, 『日本現代演劇史(大正,昭和初期篇)』, 白水社, 1986. 373면.

15 김진구, 「김옥균 선생의 뱃노리」, 『별건곤』, 1926.11. 104면.

16 김태웅, 「일제 강점기 김진구의 활동과 내선일체론」, 『역사연구』제13호, 2003. 81-82면,
   김민정, 「김진구 야담의 형성배경과 의미」, 고려대 석사논문, 2009.8-9면.

17 김진구, 「印象깊흔 鷄林莊 , 굴머본 이약이」, 『별건곤』, 1930.7. 33면.

18 민태원, 『김옥균전기』, 을유문고, 1969. 137면.

19 Wilson, Sandra, "The Past in the Present", *Being Modern in Japan*, Honolulu: University of Hawaii Press, 2000. 170-171면.

20 가령, 와다(和田)의 한 대사 안에는 30초, 20초간의 긴 침묵이 두 번씩 들어있기도 하다.

21 김진구, 〈대무대의 붕괴〉(1929), 『한국의 현대희곡(1)』(서연호 편), 열음사, 1989. 207면.

22 고균회는 1934년 3월 17일 도쿄시 풍도구 고전본정에서 설립되었고, 고균회관 건립, 40주년 기념출판, 기념강연, 야담회 개최 등을 사업내용으로 삼고 있다. 김진구가 회장을 맡았다. (「金玉均氏 遭難 40年 記念」, 『동아일보』, 1934.3.24.)

23 『國癌切開』自序 (김민정, 앞의 글, 12면에서 재인용)

24 요시미 순야 외, 연구공간 수유+너머 역, 『확장하는 모더니티』, 소명출판,

2007. 37면.

25 「讀者俱樂部」,『별건곤』, 1934.6. 53면.

26 천정환,『근대의 책읽기』, 푸른 역사, 2003. 198면.

27 위의 책, 128면.

28 유성기 음반 〈김옥균전〉(이서구 편/극설명 박창원/음악 김준영/Columbia 44024-44025), 〈유성기로 듣던 무성영화 모음1〉, 신나라레코드, 1996.

29 이영일,『한국영화전사』(개정판), 소도, 2004. 105면.

30 위의 책, 101면.

31 최창호·홍강성,『한국영화사: 나운규와 수난기 영화』, 일월서각, 2003. 161면.

32 나운규,「〈개화당〉의 영화화」,『삼천리』, 1931.11. 53면.

33 도츠카(戶塚)의 오기로 보인다.

34 나운규,「〈개화당〉의 제작자로서」,『삼천리』, 1932.7. 44-45면.

35 그러나 〈개화당이문〉의 흥행성적은 부진했다. 그 이유는 개화파가 갑신정변으로 정권을 전복시킨 장면이 불온하다고 검열 당국에서 삭제하는 바람에 극 후반부가 지지부진해져버렸기 때문이었다. (나운규,「〈부활한 신일선〉觀, 극계와 영화계의 이 일 저 일까지」,『삼천리』, 1933.9. 109면)

36 홍정선 편,『김팔봉문학전집(2)』, 문학과지성사, 1988. 259면.

37 위의 책, 260면.

38 천정환, 앞의 책, 330면.

39 김팔봉,「신문장편소설시감」,『삼천리』, 1934.5. 223면.

40 김기진,『청년 김옥균』, 문학사상사, 1993. 289면.

41 민병욱,『한국연극공연사연표』, 국학자료원, 1997. 27면.

42 김영수,「역사물의 대두」,『조광』, 1940.8. 106-111면.

43 김영수,「연극시평」,『문장』, 1940.7.

44 김기진,「대아세아주의와 김옥균 선생」,『조광』, 1941.11. 66면.

45 조용만, 〈배 안에서(船の中)〉,『친일문학작품선집(2)』(김병걸·김규동 편), 실천문학사, 1986. 93-94면.

46 박영호, 〈김옥균의 사〉,『해방전(1940~1945) 공연희곡집(1)』(이재명 편), 평

민사, 2004. 270면.

47 이경숙, 「박영호의 역사극 연구」, 『한국극예술연구』제27집, 2008. 142면.

48 박영호, 〈김옥균의 사〉, 334-335면.

49 김기진, 앞의 글(1941), 65면.

50 박영호, 〈김옥균의 사〉, 355면.

51 다음의 논문들에서 박영호의 〈김옥균의 사〉에 나타난 내적 균열 양상에 관해
논의한 바 있다.

양근애, 「일제 말기 역사극에 나타난 '친일'의 이중성」, 『한국현대문학연구』제
25호, 2008.

윤민주, 「〈김옥균의 사〉에 나타나는 박영호의 전략과 그 의미」, 『어문논총』제
51호, 2009.

52 나운규, 「〈개화당〉의 영화화」, 『삼천리』, 1931.11. 51면.

53 박영효, 「갑신 당시 개혁운동과 동지, 김옥균·홍영식·서광범 기타 제씨」, 『삼
천리』, 1934.5. 33면.

54 김진구, 「김옥균과 박영효」, 『삼천리』, 1931.5. 41면.

군국주의 극장에 투영된 민족사이야기

1 『매일신보』, 1940.12.23.

2 金永壽, 「演劇時評」, 『文章』, 1940.7.

3 김영수, 「歷史物의 대두」, 『朝光』, 1940.8. 111면.

4 이종대, 「근대의 헤테로토피아, 극장」, 『상허학보』제16집, 2006. 195-198면.

5 가와다케 도시오(河竹登志夫), 최경국 역, 『가부키(歌舞技)』, 창해, 2006. 37면.

6 '이조(李朝)'는 '이씨조선(李氏朝鮮)'의 준말로서 조선(朝鮮)을 격하하고 일본
의 식민 지배를 정당화하기 위해 일본이 사용한 이름이다. 이는 근대 이전 중
국이 지닌 동아시아 제국으로서의 중심성을 부정하기 위해 의도적으로'지나
(支那)'라고 부른 것도 같은 원리라고 할 수 있다. 이 책에서 '이조', '지나'라
고 인용부호를 사용한 것은 이러한 명칭에 내포된 일본의 주관적 의도를 강조
하기 위함이다.

7 현진건, 『무영탑』, 일신서적출판사, 1993. 25면.

8 위의 책, 114면.

9 위의 책, 117-123면.

10 스테판 다나카, 박영재, 함동주 역, 『일본 동양학의 구조』, 문학과지성사, 2004. 18면.

11 위의 책, 64-65면.

12 유치진, 「〈무영탑〉에 대하여」, 『매일신보』, 1940.9.12.

13 춘원, 「고협의 무영탑」, 『매일신보』, 1940.9.15.

14 극단 고협은 경기도 은평면(恩平面)에 약 5천 평 가량의 토지와 8채의 가옥을 지닌 극단 전용의 공동체마을, 이른바 고협촌(高協村)을 건설하여 단원과 그 가족들이 함께 집단생활을 하면서 공연 준비와 연극 훈련을 했다. (심영, 「고협촌 건설기」, 『조광』, 1940.3.)

15 함세덕의 희곡 〈어밀레종〉은 『국민문학』 1943년 1, 2월호에 연재되었으나, 현재 1943년 2월호에 실린 4막만 남아있다. 이 작품의 전모는 현재 두 가지 텍스트 형태로 전해지는데, 건국대 도서관에 소장되어 있는 1943년 4월의 현대극장과 성보악극단 합동공연 대본과 1944년에 발간된 石田耕造 編, 『新半島文學選集』(제1집)에 실린 것이 그것이다.

16 함세덕, 「어밀레종」, 『함세덕문학전집(1)』(노제운 편), 지식산업사, 1996. 552-553면.

17 위의 책. 489-490면.

18 함세덕, 「『동승』을 내놓으며」, 『동승』, 박문출판사, 1947, 207면.

19 이러한 부분에 대해 『국민문학』 주간인 평론가 최재서도 "시무나와 무라사키 공주와의 교섭은 지나치게 개념적이고, 내선일체의 취지에 맞추려 한 의도가 지나치게 노골적이다. 좀 더 깊이 있는 각색이 요망된다."고 지적했을 정도로 함세덕은 두 인물의 관계를 통해 내선일체의 개념화를 시도하였다. (최재서, 노상래 역, 『전환기의 조선문학』, 영남대출판부, 2006. 175면)

20 오정민, 「〈어밀레종〉을 보고」, 『조광』, 1943.6.

21 『함세덕문학전집(1)』, 539-540면.

22 위의 책, 535면.

23 스테판 다나카, 앞의 책, 참조.

24 이태준, 『왕자 호동』, 깊은샘, 1999. 66면.

25 정종현, 「식민지 후반기(1937-1945) 한국문학에 나타난 동양론 연구」, 동국대 박사논문, 2005. 89면.

26 이상우, 「표상으로서의 망국사이야기」, 『한국극예술연구』제25집, 2007. 참조.

27 「越境한 岡田과 杉本, 계획적 入露?」, 『동아일보』, 1938.1.9.

28 大笹吉雄, 『日本現代演劇史-昭和戰中篇1』, 東京: 白水社, 1993. 432면.

29 서석배, 「신뢰할 수 없는 번역」, 『근대성의 역설』(헨리임, 곽준혁 편), 후마니타스, 2009. 61-62면.

30 무라야마의 조선에 대한 각별한 관심은 유치진의 「춘향전의 동경 상연과 그 번안대본의 비평」(『조선일보』, 1938.2.24.) 에서 잘 나타난다.

31 大笹吉雄, 앞의 책, 433-434면.

32 이원조, 「신협극단공연의 춘향전 관극평」, 『조선일보』, 1938.11.3.

33 가금량, 「村山知義와 春香傳」, 『靑色紙』2, 1938.6.

34 이해경, 「신협극단과 춘향전」, 『조선일보』, 1938.2.15.

35 유치진, 「춘향전의 동경 상연과 그 번안대본의 비평」, 『조선일보』, 1938.2.25-2.26.

36 윤형련, 「신협극단 상연의 춘향전을 보고」, 『조선일보』, 1938.4.5.

37 장혁주, 〈춘향전〉, 『해방전(1940-1945) 일문희곡집』, 평민사, 2004. 202-203면.

38 위의 책, 244-245면.

39 유치진, 「춘향전의 동경 상연과 그 번안대본의 비평」, 『조선일보』, 1938.2.26.

40 윤형련, 「신협극단 상연의 춘향전을 보고」, 『조선일보』, 1938.4.5.

41 무라이 오사무, 왕숙영 역, 「멸망의 담론공간」, 『창조된 고전』, 소명출판, 2002. 271면.

42 임선규, 〈동학당〉, 『해방전(1940-1945) 공연희곡집(3)』, 평민사, 2004. 37면.

43 송영, 〈김삿갓〉, 『해방전(1940-1945) 공연희곡집(2)』, 평민사, 2004. 46-

47면.

44 다카기 히로시, 「일본미술사와 조선미술사의 성립」, 『국사의 신화를 넘어서』, 휴머니스트, 2004. 181면.

45 위의 책, 185-187면.

2. 극장, 젠더를 말하다

식민지 여배우와 스캔들

1 金在喆, 『朝鮮演劇史』, 민학사, 1974. 63-66면.

2 戸板康二, 『物語近代日本女優史』, 東京: 中央公論社, 昭和 55년(1980), 8면.

3 菅井幸雄, 『近代日本演劇論爭史』, 東京: 未來社, 1979. 10면.

4 Ayako Kano, *Acting Like a Woman in Modern Japan*, New York: Palgrave, 2002. 15면.

5 김남석의 『조선의 여배우들』(국학자료원, 2006)은 식민지시대 여배우들에 관한 뛰어난 실증적 연구 성과를 보여준 저서이며, 이 책에서 이미 토월회 여배우들에 관한 상세한 검토가 이루어졌다. 이 글은 그러한 실증적 성과에 힘입은 바가 크다는 점을 밝혀둔다. 이외에 이화진 논문 「여배우의 등장: 근대극장의 신체와 섹슈얼리티」(『여성문학 연구』28권, 2012), 김정은 논문 「일제시대 기생과 여배우의 관계: 대표적인 여배우를 중심으로」(숙명여대 교육대학원 석사논문, 2007) 등도 많은 참고가 되었다.

6 波木井皓三, 『新派の藝』, 東京: 東京書籍, 昭和 59년(1984). 36면.

7 위의 책, 44-45면.

8 森田雅子, 『貞奴物語』, 京都: ナカニシヤ出版, 2009. 145-151면.

9 座談會, 「近代演劇史上の女優たち」, 『テアトロ』402号, 1978.2. 124-125면.

10 戸板康二, 『物語近代日本女優史』, 東京: 中央公論社, 昭和 55년. 10면.
이케우치 야스코, 「'여배우'와 일본의 근대성: 주체, 몸, 시선」, 『동아시아의 근대성과 성의 정치학』, 푸른사상, 2002. 308-309면.

11 森律子,『女優生活二十年』, 東京: 實業之日本社, 昭和 5年(1930). 278-279면.

12 오자사 요시오, 명진숙·이혜정·박태규 역,『일본현대연극사(明治, 大正篇)』, 연극과 인간, 2012. 115면.

13 山口正,「島村抱月の死と松井須磨子の自殺」,『自由思想』134号, 2014.8. 18-19면.

14 小林謙三,「松井須磨子の死: 當時の新聞報道から」,『須高』52号, 2001.4. 38면.

15 戸板康二, 앞의 책, 9면.

16 김남석,『조선의 여배우들』, 국학자료원, 2006. 참조.

17 박승희,「토월회이야기」,『춘강박승희문집』, 서문출판사, 1987. 참조

18 이케우치 야스코, 앞의 글, 312-313면.

19 오자사 요시오, 앞의 책, 62면에서 재인용.

20 김기진,「나와 '토월회'시대」,『김팔봉문학전집: Ⅱ. 회고와 기록』, 문학과 지성사, 1988. 425면.

21 박승희,「토월회이야기」,『춘강박승희문집』, 서문출판사, 1987. 11-14면.

22 김남석,『조선의 여배우들』, 국학자료원, 2006. 32면.

23 여기에 대한 김기진의 기억은 조금 다르다. 공연 도중 긴장한 박승희가 대사를 잊어버려서 흐름이 끊겼을 때 이월화가 즉흥대사를 해서 상황을 겨우 모면했다고 김기진은 술회하였다. (김기진,「나와 '토월회'시대」,『김팔봉문학전집: Ⅱ. 회고와 기록』, 문학과 지성사, 1988. 참조)

24 박승희, 앞의 글, 16면.

25 나혜석,「일 년 만에 본 경성의 잡감, 하이카라가 늘어가는 경성」,『개벽』, 1924.7. 89면.

26 안종화,『한국영화측면비사』, 현대미학사, 1988. 86면.

27 녹의동자,「미인박명애사: 비련의 카추샤 이월화」,『삼천리』, 1935.1.

28 녹의동자, 위의 글.

29 「연극으로 계몽한 신여성 복혜숙」,『내가 겪은 20세기』, 경향신문사, 1974. 184-185면.

30 박승희, 앞의 글, 39면.

31 「흐르는 꽃은 결국 화류의 향」, 『매일신보』, 1927.7.4.
「우리들의 카추샤 복혜숙양」, 『삼천리』, 1933.2.

32 「명우와 무대(7): 복혜숙양의 〈카추샤〉」, 『삼천리』, 1933.5.

33 안종화, 앞의 책, 84면.

34 유민영, 『윤심덕, 현해탄에 핀 석죽화』, 안암문화사, 1985. 57면.

35 「성적, 미적, 영적, 육적 예술을 탐하여 배우생활」, 『동아일보』, 1926.2.6.

36 「묘기에 도취한 천여 대중, 동아부인상회 음악회의 성황」, 『매일신보』, 1923.6.28.

37 녹안경, 「윤심덕씨」, 『신여성』, 1923.10. 35면.

38 나혜석, 앞의 글, 87면.

39 「유언비어」, 『개벽』, 1925.2. 49면.

40 박승희, 앞의 글, 45~46면.

41 위의 글, 46면.

42 「토월회에 우풍파」, 『매일신보』, 1926.2.20.

43 「백조회 신극운동의 첫걸음, 초공연은 〈인형의 가〉」, 『조선일보』, 1926.3.31.

44 「윤김 두 사람의 정사사건, 조선인에서 제명하라: C생 투서」, 『동아일보』, 1926.8.9.

45 파랑새, 「무용천재 최승자양」, 『신여성』, 1926.8.

김명순, 연극으로 하위주체를 말하기

1 김명순의 말년과 죽음에 대해서는 전영택의 회고에 의해 그가 1950년대에 도쿄에서 정실질환을 앓다가 비참한 최후를 마쳤다는 사실을 짐작할 수 있다. 전영택, 「내가 아는 김명순」, 『현대문학』, 1963.2. (표언복 편, 『전영택전집』, 목원대출판부, 1994. 676~679면)

2 서정자, 「축출, 배제의 고리와 대항서사」, 『세계한국어문학』 제4집, 2010. 13~52면.

3 김경일, 『여성의 근대, 근대의 여성』, 푸른역사, 2004. 45~47면.

4 김일엽, 「나의 회상기(초)」, 『청춘을 불사르고』, 범우사, 1976. 110~123면.

5 · 김활란은 자신은 1899년 인천에서 출생했지만 부친은 평안도 출신이므로 태생적으로 서북 출신이라고 할 수 있다.

6 Lee, Sang Woo, "To Challenge the Conventions of Colonial Korea: The Case of Actress Yoon Shimdeok", *Journal of Korean Culture*, vol.35, Seoul, 2016. 261~281면.

7 그동안 김명순의 삶과 문학에 대한 연구는 여성, 젠더담론 연구 및 여성문학에 대한 연구가 활발해지기 시작한 2000년대 이후에 상당부분 집적되었다. 서정자, 송명희, 이덕화, 최혜실, 맹문재, 최윤정, 신지연 등에 의해 상당히 의미 있는 자료조사와 연구가 이루어졌다. 때늦은 감이 있지만 맹문재 편『김명순전집』(현대문학사, 2009)을 비롯해서 서정자, 남은혜 공편『김명순문학전집』(푸른사상사, 2010), 송명희 편『김명순 단편집』(지식을 만드는 지식, 2013) 등과 같은 일련의 김명순 작품집 및 전집 출간은 매우 주목되는 학술적 성과라고 할 수 있다.
  그러나 김명순 희곡에 관한 연구는 아직 초보적 수준을 크게 넘어섰다고 보기 어렵다. 1999년에 박명진에 의해 김명순 희곡 자료 발굴과 작품 연구가 이루어져서 매우 중대한 연구의 토대가 마련되었으나 이후의 후속 연구는 여전히 빈약한 상황이다. 이민영과 김옥란의 논문 정도를 제외하고 김명순 희곡에 대한 본격적 연구는 찾아보기 어렵다. 이민영의 연구는 김명순 희곡의 특성을 상징주의 사조의 경향으로 이해했다는 점에서 주목할 만한 특징이 있으나 작가의 생애와 텍스트에 대한 내재적 분석보다는 당대 문예사조 경향과의 연관성에 보다 주목했다. 김옥란의 연구는 1920~30년대 여성작가의 희곡과 수필을 폭넓게 고찰하면서 김명순 희곡을 언급하고 있다는 점에서 김명순 희곡에 대한 독자적 연구로서는 다소 한계를 갖는다.

8 야마시마 영애, 「식민지하 조선의 '신여성'」,『동아시아 국민국가 형성과 젠더』(이은주 역), 소명출판, 2009. 214~215면.

9 Lee, Ibid., 265면.

10 「백화난만의 기미여인군」,『삼천리』1931. 6. 25면.

11 早稻田大學演劇博物館 編,『日本演劇史年表』, 東京: 八木書店, 1998. 235면.

12 1911년 11월 테이코쿠극장에서 분케이교카이 제2회 공연으로 〈인형의 집(人形の家)〉, 〈칸잔지토쿠(寒山拾得)〉, 〈오시치기치사(お七吉三)〉 등이 상연되었다. 그에 앞서 분케이교카이는 같은 해 9월에 연극연구소 시연장(試演場) 완성 기념으로 입센 작, 쓰보치 쇼요 역으로 〈인형의 집(人形の家)〉을 상연하였는데, 이때 마쓰이 스마코가 노라 역을 맡아 호평을 받았다. (早稻田大學 演劇博物館 編, 위의 책, 237면)

13 나혜석, 「인형의 가」, 『매일신보』, 1921.4.3.(이상경 편, 『나혜석전집』, 태학사, 2000. 113~114면)

14 이상경, 『인간으로 살고 싶다: 영원한 신여성 나혜석』, 한길사, 2000. 38면.

15 나혜석, 「신생활에 들면서」, 『삼천리』, 1935.2.(이상경 편, 『나혜석전집』, 태학사, 2000. 437면)

16 이상우, 「여배우와 스캔들」, 고려대 민족문화연구원 HK연구단 심포지엄 '극장, 감각의 제국' 발표논문, 2015.8.

17 유민영, 『윤심덕, 현해탄에 핀 석죽화』, 안암문화사, 1983. 189면.

18 박승희, 「토월회이야기」, 『사상계』, 1963.8. 282~283면.

19 「신극운동 백조회 조직」, 『동아일보』, 1926.2.26.

20 「백조회 공연 금월 중순경에」, 『조선일보』, 1926.3.5.

21 춘원생, 「현상소설선고여언」, 『청춘』 12호, 1918.

22 서정자, 앞의 글, 22면.

23 김명순이 사용한 필명은 김탄실(金彈實) 이외에 망양초(望洋草), 망양초(茫洋草), 망양생(望洋生) 등이 있다.

24 김명순, 「탄실이와 주영이」, 『조선일보』, 1924.6.14.~7.15.(서정자, 남은혜 공편, 『김명순문학전집』, 푸른사상, 2010. 471면)

25 「무제」, 『조선문단』, 1925.7.(맹문재 편, 『김명순전집』, 현대문학, 2009. 112면)

26 「김명순 씨에 대한 공개장」은 「김원주에 씨에 대한 공개장」과 함께 잡지 『신여성』 1924년 11월호에 나란히 게재되어 있다. 1세대 신여성 김명순, 김일엽(김원주)의 사생활과 문학을 싸잡아 공격하려는 태도를 엿볼 수 있다.

27 김기진, 「김명순 씨에 대한 공개장」, 『신여성』, 1924.11. 48면.

28 김기진, 위의 글, 50면.

29 송명희, 「근대소설에 나타난 신여성 모티프」, 『인문사회과학연구』제11권 2호, 2010. 9면.

30 이덕화, 「신여성문학에 나타난 근대체험과 타자의식: 김명순을 중심으로」, 『여성문학연구』제4호, 2000. 23면.

31 김명순, 〈의붓자식〉, 『신천지』, 1923.7.(맹문재 편, 『김명순전집』, 현대문학, 2009. 235면)

32 위의 책, 242면.

33 위의 책, 249면.

34 간노 사토미, 손지연 역, 『근대 일본의 연애론』, 논형, 2014. 53면.

35 창작집 『애인의 선물』(회동서관, 1930년 추정)에 수록된 희곡으로서 창작연대가 명확치 않은 작품이다.

36 김명순, 〈두 애인〉, 『애인의 선물』, 회동서관, 출판연대 미상.(맹문재 편, 『김명순전집』, 현대문학, 2009. 255~256면)

37 위의 책, 263면.

38 간노 사토미, 앞의 책, 112면.

39 위의 책, 122~123면.

40 위의 책, 126~127면.

41 구리야가와 하쿠손, 이승신 역, 『근대일본의 연애관』, 문, 2010. 33면.

42 임종국, 박노준, 『흘러간 성좌(3)』, 국제문화사, 1966. 151면.

3. 극장, 민족주의를 꿈꾸다

릿쿄대학시대의 유치진, 연극으로 정치하기

1 양승국, 『한국근대연극비평사연구』, 태학사, 1996. 451면.

2 양승국, 「1930년대 유치진의 연극비평 연구」, 『한국극예술연구』제3집, 1993.
   윤진현, 「유치진과 아나키즘」, 『민족문학사연구』6호, 1994.

김재석, 「유치진의 초기 희곡과 연극론의 거리」, 『한국어문학』제58호, 1996.

박영정, 『유치진 연극론의 사적 전개』, 태학사, 1997.

김현철, 「유치진과 오사나이 카오루의 연극론 비교 연구」, 『한국연극학』제29호, 2006.

이정숙, 「일제강점기 유치진 희곡 연구: 관객지향성을 중심으로」, 경북대 박사 논문, 2009.

3 이 글에서 다루는 주제와 가장 깊이 관련되는 연구 성과로는 무엇보다도 박 영정과 윤진현의 연구를 꼽을 수 있다. 먼저, 박영정의 저서 『유치진 연극론의 사적 전개』(1997)는 유치진의 연극론을 시기별로 구분하여 그 경향과 특징을 일목요연하게 정리한 학술전문서로서 큰 의미를 갖는다. 특히 이 책에서는 유 치진의 유학 시기에 형성된 연극론을 아나키즘 사상에 의해 영향을 받은 '민 중연극론'이라고 규정하였다. 박영정의 치밀한 실증적 연구에 의해 유학시절 유치진의 연극 활동에 대해 상당히 많은 객관적 사실들이 밝혀졌다. 그는 유 학 시기 유치진의 연극론이 형성되는 데 가장 큰 영향을 끼친 것이 아나키즘 이라는 사실에 동의하지만, 그의 아나키즘 사상은 정치적 무관심에 가까운 것 이며 계급 문제를 회피함으로써 스스로 자신의 연극론의 방향을 모호하게 만 들어버리는 위험을 안고 있었다고 그 사상적 한계를 지적하였다.

윤진현의 논문은 유치진과 아나키즘의 관계에 대해 탐구했다는 점에서 이 글 과 매우 밀접하게 연관된다고 할 수 있다. 그는 유치진의 아나키즘 사상 수용 경로를 상세히 밝히고 그의 초기 희곡과 아나키즘 사상과의 연관성을 분석했 다는 점에서 주목할 만한 성과를 거두었다. 특히 아나키즘의 농민 지향을 근 거로 유치진의 농민극 지향이 아나키즘 사상에서 발원하였음을 밝힌 것은 예 리한 지적이라고 할 수 있다.

양승국은 자신의 논문에서 유치진이 해방극장(解放劇場)을 긍정적으로 소개 하고 있으며, 해방극장의 연출가 이이다 토요지(飯田豊二)의 연극관에 기초하 여 연극론을 전개하고 있고, 이이다 토요지의 〈우리들은 범인이다〉를 노동자 구락부극의 가장 대표적인 작품으로 소개하고 있는 것을 근거로 유치진이 초 기에 지녔던 연극운동의 방향은 '아나키즘 연극운동'이라고 볼 수 있다고 지적하였다. 그리고 유치진이 아나키즘 연극운동의 개념에 입각하여 소극장운동을 비판한 것이라고 보았다. 소극장운동 비판으로 대표되는 1930년대 유치진 연극론이 그의 아나키즘 연극운동에 대한 지향에서 비롯된 것임을 밝혔다는 점에서 연구의 의의가 있다. 김재석의 논문은 유치진의 초기 민중연극론과 같은 시기에 발표된 희곡들 사이에 나타난 괴리를 규명한 것이다. 그는 유치진의 초기 연극론이 지닌 진보성을 인정하면서도 그의 연극론과 희곡작품에 나타난 괴리의 이유가 유치진의 현실인식이 지닌 한계로 인해 진보적 연극의 추진 동력을 상실한 점, 극예술연구회의 속성상 그의 민중연극론이 받아들여지기 어려웠던 점 등에 있다고 지적하였다. 그의 연구는 유치진의 초기 연극론과 희곡작품에 나타난 관계성을 규명하려했다는 점에서 의의가 있다.

선행연구에서 박영정과 윤진현의 연구가 유치진의 예술관, 연극관이 형성되는 릿쿄대학 시기 그의 사상적 경향과 연극 활동에 대해 가장 깊이 탐구한 것이라 볼 수 있다. 여기서는 로맹 롤랑의 『민중예술론』과 아나키즘사상이 유치진에게 끼친 영향, 대학시대 유치진의 일본에서의 연극 활동에 대한 검토가 실증적 연구를 토대로 상당 부분 이루어졌다.

4 통영군사편집위원회, 『통영군사』, 1986. 970면.
  그러나 이 공연의 진위 여부는 아직 구체적으로 확인되지 않는다.
5 유치진, 「내 심금의 현을 울린 작품 ― 로망 롤랑의 민중예술론」(1933), 『조선일보』, 1933.1.24.
6 「토성회 강연 성황」, 『동아일보』, 1926.8.19.
7 曾田秀彦, 『民衆劇場』, 東京: 象山社, 1994. 95-99면.
8 亨潤, 「大杉榮의 追憶」, 『삼천리』, 1933.9. 37면.
9 오스키 사카에, 「새로운 세계를 위한 새로운 예술」, 『일본프롤레타리아문학론』(조진기 편역), 태학사, 1994. 22-23면. (田中保隆 外編, 『日本近代文學大系 58近代評論集Ⅱ』, 東京: 角川書店, 1972. 197-198면)
10 松本克平, 『日本社會主義演劇史』, 東京: 筑摩書房, 1975. 696-697면.
11 유치진, 「자서전」, 『동랑유치진전집(9)』, 서울예대, 1993. 86-87면.
12 장 프레포지에, 이소희 외 역, 『아나키즘의 역사』, 이룸, 2003. 216-306면.

13 이러한 점이 먼 훗날에 쓴 자서전에서 밝힌 사실이라는 점을 감안하더라도 그의 아나키즘에 대한 관심과 이해는 단순한 유행사조에 대한 영합 이상이라는 점을 알 수 있다.

14 오장환, 『한국아나키즘운동사연구』, 국학자료원, 1998. 90-91면.

15 近藤憲二, 『私の見た日本アナキズム運動史』, 1969. 56면. (무정부주의운동사 편찬위원회 편, 『한국아나키즘운동사: 前篇 민족해방투쟁』, 형설출판사, 1978. 158-159면에서 재인용)

16 2004년에 출판된 日本アナキズム運動人名事典編集委員会, 『日本アナキズム運動人名事典』(東京: ぱる出版, 2004)의 인명 색인에 '유치진(柳致眞)'의 이름이 등재되어 있고, '최학주(崔學柱)'의 항목(276-277면)에 유치진이 최학주, 안종호와 더불어 아나키즘 학생단체의 멤버로 활동했다는 사실이 기록되어 있다.

17 무정부주의운동사편찬위원회 편, 『한국아나키즘운동사: 前篇 민족해방투쟁』, 형설출판사, 1978. 426면.

18 위의 책, 280면.

19 메이어홀드(Всеволод Эмильевич Мейерхольд, 1874~1940) 는 외국어표기법에 따르면 러시아어 발음으로 '메이예르홀트'라고 읽는 것이 바람직하지만, 여기서는 영어식 발음인 '메이어홀드'라고 읽는 것으로 통일하고자 한다.

20 유치진, 「자서전」, 『동랑유치진전집(9)』, 서울예대, 1993. 91-92면.

21 유치진, 「나의 극예술연구회」, 『연극평론』, 1971년 가을호.

22 유치진, 「자서전」, 『동랑유치진전집(9)』, 서울예대, 1993. 91면.

23 武田淸, 『新劇とロシア演劇』, 東京: 而立書房, 2012. 9-13면.

24 武田淸, 위의 책, 26면.

25 武田淸, 위의 책, 14면.

26 松本克平, 『八月の乾杯: 松本克平新劇自傳』, 東京: 弘隆社, 1986. 39면.

27 그러나 쓰키지소극장이나 사노 세키(佐野碩) 모두 메이어홀드에 대한 제한적 이해에 머물렀다고 볼 수 있다. 문학으로부터 연극의 완전한 해방을 추구하여

환각주의(幻覺主義)에 토대를 둔 문학적 연극을 거부한 극장주의 연극기법, 사실주의 연극의 낡은 무대술의 전통을 파괴하고 구성주의, 추상파, 상징주의 미술에서 영향을 받은 구성주의적 무대기법, 서커스와 같은 고도의 신체훈련을 통해 연출가가 배우의 몸을 완벽하게 통어하는 연기술인 생체역학(bio-mechanics) 등과 같은 메이어홀드 연극의 새로운 형식 창조에 대해서는 철저하게 이해하지 못했던 것으로 보인다.

28 昇曙夢, 「〈空氣饅頭〉について」, 『築地小劇場』, 1927.10. 13-15면.

29 J. L. 스타이안, 윤광진 역, 『표현주의 연극과 서사극』, 현암사, 1988. 90면.

30 이주영, 『연출가 메이예르홀드』, 연극과 인간, 2005. 155-157면.

31 15개의 문(門)이 달려있는 타원형의 무대 배면, 마지막 장면에서 진짜 감찰관이 등장했을 때 얼어붙은 인물들의 형상을 배우와 등신대(等身大)의 인형(마네킹)을 사용하여 표현한 점 등이 특히 주목을 끈 연출기법이었다.

32 슈프레히콜(Sprechchor)은 독일어로 '말하다'(sprechen)와 '합창'(chor)의 합성어다. 시 형식으로 대본이 구성되어 있는 일종의 '시극(詩劇)'이다. 시의 낭독과 코러스와 연극이 하나로 어우러진 '합창낭독극'이라 할 수 있는 예술형식이다. 슈프레히콜은 코러스 및 배우가 출연하여 시적인 짧은 대사에 일정한 억양이나 음정을 넣어 분창(分唱) 또는 합창(合唱)을 하는 식으로 진행되는 공연을 말한다.

33 松本克平, 『日本社會主義演劇史』, 東京: 筑摩書房, 1975. 744-746면.

34 日本近代文學館 編, 『日本近代文學大事典』, 東京: 講談社, 1984. 73면.

35 浦西和彦, 『日本プロレタリア文學の研究』, 東京: 櫻楓社, 1985. 205-207면.

36 松本克平, 『八月の乾杯: 松本克平新劇自傳』, 東京: 弘隆社, 1986. 37면.

37 이탈리아계 미국 아나키스트 사코와 반제티 사건을 다룬 『보스턴』(1928)은 미국 소설가 겸 사회비평가 업튼 싱클레어(Upton Beall Sinclair)의 작품이다. 유치진이 업튼 싱클레어를 이탈리아 사람으로 착각한 것 같다. 사코와 반제티가 이탈리아계 미국인이어서 싱클레어를 이탈리아인으로 착각한 것인지, 아니면 단순한 착오인지는 정확히 알 수 없다.

38 유치진, 「자서전」, 『동랑유치진전집(9)』, 서울예대, 1993. 91-92면.

39 폴 애브리치, 하승우 역, 『아나키스트의 초상』, 갈무리, 2004. 287-289면.

40 유치진, 「노동자구락부극에 대한 고찰」, 『동아일보』, 1932.3.2-3.5.

41 같은 글.

42 昇曙夢, 『ソ連新劇運動の展開』, 東京: 地平社, 1949. 100-101면.

43 이러한 내용은 マルコプ, 杉本良吉 譯, 『ロシヤ革命と演劇』(東京: 叢文閣, 1929. 198-202면)의 내용을 유치진의 평론 「노동자구락부극에 대한 고찰」 (『동아일보』, 1932.3.2~5)과 비교해보면 알 수 있다.

44 이러한 관심을 보여주는 유치진의 글로는 「산신문연극」(1931), 「연극의 브나로드운동」(1934), 「농민극 제창의 본질적 의의」(1935) 등이 있다.

45 村山知義, 『演劇的自敍傳(2)』, 東京: 東邦出版社, 1971. 326-327면.

46 유치진, 「농민극 제창의 본질적 의의」, 『조선문단』, 1935.2.

47 P.A. 크로포트킨, 홍세화 역, 『청년에게 고함』, 낮은산, 2014. 39면.

48 로맹 롤랑과 오스키 사카에의 사상과 예술론에서 형성된 유치진의 연극론은 향후 그의 극작이나 연극 활동에 어떠한 영향을 미치고 있는지, 그리고 그의 대학 졸업논문에서 연구 대상이 되고 향후 그의 희곡에 상당한 영향력을 끼치는 숀 오케이시에 대한 사숙(私淑)은 로맹 롤랑의 민중예술론이나 오스키 사카에의 아나키즘과 어떤 연관이 있는 것인지에 관한 해명은 이 글에서 아직도 풀리지 않은 채로 남아있다. 이는 언젠가 풀어야 할 또 다른 과제로 남아있다.

오영진, 일본어 글쓰기로 민족주의를 꿈꾸다

1 그 대표적 실례가 유민영과 서연호의 논문에서 잘 드러난다. 유민영은 오영진의 정치관을 '배타적 민족주의'로 규정하였고(유민영, 「정치에 희생된 인텔리 극작가」, 『오영진』, 연극과 인간, 2010. 16면), 서연호는 오영진이 부친과 조만식의 영향을 깊이 받아 일찍부터 '투철한 민족의식'을 지닌 작가라고 말했다. (서연호, 「오영진, 웃음의 미학 혹은 비판적 투시」, 『오영진』, 연극과 인간, 2010. 37면)

2 노상래, 「『淸凉』 소재 이중어 소설에 대한 일고찰」, 『현대문학이론연구』35집, 2008.12. 73면.

신미삼, 「『청량(清京)』 소재 이중어 소설 연구」, 『한민족어문학』53집, 2008.12. 102-103면.

3 「編輯後記」, 『城大文學』2호, 1936.2.

4 소설 〈진상〉과 시나리오 〈한네의 승천〉의 영향관계는 권오만의 논문 「오영진의 삼부작에 대하여 - 구비문학과의 관련을 중심으로」(1972)에서 소략하게나마 처음 밝혀진 바 있다. 그러나 이 글에서 〈한네의 승천〉이 일문 소설 〈진상〉의 스토리를 그대로 채용했을 뿐 아니라 심지어 인물들의 이름까지 똑같이 옮겨 쓰고 있다고 서술한 것은 사실과는 다른 오류라고 할 수 있다. 아마도 〈진상〉 텍스트에 대한 면밀한 검토 없이 서술된 것으로 판단된다. 권오만의 논문 이후 아직까지 두 작품의 상관관계를 명료하게 분석한 논문은 찾아보기 힘들다. 다만 한옥근이 『오영진 연구』에서 "〈진상〉이 일간잡지에서나 발견될 수 있는 통속적인 내용의 현실소재로 쓰인 것이지만 30년 후 시나리오 〈한네의 승천〉으로 재구성될 때에는 이미 설화의 세계로 전환"되었다고 밝힘으로써 두 작품의 영향관계에 대해 언급했지만 이 연구서에서도 역시 〈진상〉 텍스트의 구체적 내용에 대한 설명은 전혀 없다. 이는 이제까지 〈진상〉과 〈한네의 승천〉의 관련성에 대한 기존 연구가 모두 〈진상〉 텍스트에 대한 면밀한 분석 없이 이루어진 단편적 언급이었다는 점에서 한계를 보여준다고 할 수 있다.

5 〈眞相〉, 『城大文學』2號, 1936.2. 10면.

6 위의 글, 5면.

7 위의 글, 4-5면.

8 한옥근, 앞의 책, 같은 곳.

9 지수걸, 「일제의 군국주의 파시즘과 '조선농촌진흥운동'」, 『역사비평』47호, 1999년 여름호, 16-19면.

10 지수걸, 「1932~1935년간의 조선농촌진흥운동」, 『한국사연구』46호, 1984. 131면.

11 윤대석, 『식민지 국민문학론』, 역락, 2006. 109면 참조.

12 지수걸(1999), 앞의 글, 20면.

13 이정숙, 「김사량과 평양의 문학적 거리」, 『국어국문학』145호, 2007. 239면.

김사량, 「김사량 연보」, 『빛 속으로』, 소담출판사, 2001. 참조.

14 한옥근, 『오영진 연구』, 시인사, 1993. 16면.

　 한국극예술학회 편, 「오영진 연보」, 『오영진』, 연극과 인간, 2010. 참조.

15 서정민, 「평안도 지역 기독교사의 개관」, 『한국 기독교와 역사』3호, 1994. 23-
　 24면.

16 오영진, 『하나의 증언』, 중앙문화사, 1952. 8-9면.

17 이정숙, 앞의 글, 241-244면.

18 김사량은 일제 말기 국민문학에의 참여가 더러움에 물들어가는 수치스런 일
　 이라고 생각하여 중국으로의 탈출 기회를 엿보기 위해 '위장 협력'을 감행하
　 기로 한다. 그는 황군(皇軍) 위문단에 합류한 뒤 1945년 5~6월경 중국 연안
　 의 항일지구로 탈출하는 데 성공하였다. (안우식, 신원섭 역, 『김사량 평전』,
　 문학과지성사, 2000. 23-24면)

19 오영진, 「한 점의 검은 구름이」, 『사상계』, 1962.4. 268-275면.

20 오영진, 위의 글, 270-272면.

21 1935년에 도쿄에서 설립되어 활약하다가 1941년에 도호(東宝)영화사에 병합
　 되었다. 시게무네 가즈노부(重宗務), 하타 나오유키(八田尚之), 토요다 시로
　 (豊田四郎), 야기 야스타로(八木保太郎) 등이 영화사의 주역들이었다.

22 황호덕, 「국어와 조선어 사이, 내선어의 존재론」, 『흔들리는 언어들』, 성균관대
　 대동문화연구원, 2008. 460면.

23 황호덕, 「김사량의 〈빛 속으로〉, 일본어로 쓴다는 것」, 『내일을 여는 역사』,
　 2008년 여름호. 144면.

24 김윤식, 「한국근대문학사의 시선에서 본 이중어 글쓰기 공간에서의 글쓰기 유
　 형론」, 『작가세계』, 2004년 겨울호. 355-365면.

25 이준식, 「일제 강점기의 대학 제도와 학문 체계」, 『사회와 역사』제61권, 2002.
　 208면.

26 윤대석, 「경성제대의 교양주의와 일본어」, 『흔들리는 언어들』, 성균관대 대동
　 문화연구원, 2008. 426면.

27 이와 같은 방식은 김사량의 경우도 크게 다르지 않다. 김사량도 자신의 작품

에서 조선어 이름을 가타카나로 그대로 노출하거나, 조선식 후리가나를 붙이거나 조선식 의성어, 의태어를 사용하는 등 일본어에 대한 전유현상을 잘 보여주었다. (윤대석, 『식민지 국민문학론』, 역락, 2006. 113면)

28 한옥근, 앞의 책, 68면.

29 1952년에 오영진이 창간한 문예지 『문학예술』은 『사상계』와 같은 건물(종로 한청빌딩)의 사무실을 사용했다. 오영진은 『사상계』에 「문화정세론」(1953.6), 「소련의 두 영화작가」(1961.11), 「협궤를 달리는 영화산업」(1962.5) 등의 평론과 「한 점의 검은 구름이」(1962.4), 「운명과 기회」(1969.5-6) 등의 자전에세이, 그리고 희곡 〈정직한 사기한〉(1953.9), 〈아빠빠를 입었어요〉(1970.3) 등을 게재한 바 있다.

30 오영진의 일기는 해방 직후부터 사망 직전까지 쓰여졌으며, 필자는 일기 내용의 일부를 김윤미 선생을 통해 확인할 수 있었다. 일기 내용을 확인시켜준 김윤미 선생께 감사드린다. 현재 김윤미의 박사논문 「오영진 극문학에 나타난 '민족' 표상 연구」(연세대, 2010)에 일기 내용의 일부가 인용, 소개되어 있다.

31 오영진, 〈아빠빠를 입었어요〉, 『오영진전집(2)』, 범한서적주식회사, 1989. 17-18면.

32 오영진, 〈동천홍〉, 『오영진전집(2)』, 범한서적주식회사, 1989. 248면.

33 백현미는 오영진의 이러한 작품들이 일본의 신식민주의만 문제 삼는 것이 아니라 한국의 친일 의존성과 역사의식 빈곤도 문제 제기하였으며, 일제와 한국민을 동시에 희화한 것이라고 지적하였다. (백현미, 「탈식민주의적 상상력과 민족주의」, 『한국희곡의 지평』, 연극과 인간, 2003. 150면.)

34 유민영, 「정치에 희생된 인텔리 극작가」, 『오영진』, 연극과 인간, 2010. 19면.

35 김윤미, 「오영진 극문학에 나타난 '민족' 표상 연구」, 연세대 박사논문, 2010. 105-106면.

36 유인경, 「극단 민예극장의 가무극 〈한네의 승천〉 연구」, 『한국극예술연구』 23집, 2006. 163-166면.

37 오영진, 〈한네의 승천〉, 『오영진전집(4)』, 범한서적주식회사, 1989. 145면.

38 〈한네의 승천〉, 182면.

39 김승옥, 「〈한네의 승천〉의 제의구조 연구」, 『오영진』, 연극과 인간, 2010. 72면.

40 식민지 일본어문학 문화연구회, 『제국 일본의 이동과 동아시아 식민지문학 (1)』, 문, 2011. 참조.

41 노상래, 「죽음의 미적 근대성에 대한 일 고찰」, 『제국 일본의 이동과 동아시아 식민지문학(1)』, 문, 2011. 279면.

월경하는 식민지 극장: 다이글로시아와 리터러시

1 「文壇往來」, 『삼천리』, 1942.1.

2 김재용, 「식민주의와 언어」, 『제국일본의 이동과 동아시아 식민지문학』, 문, 2011. 412-413면.

3 총련 지도위원회, 「국어보급운동 요강」, 『조광』, 1942.6.

4 여기서 '조선인 극장'이라고 함은 극장의 소유주를 기준으로 삼은 것이 아니라 다수 관객층의 종족성(種族性, ethnicity)을 기준으로 삼은 것이다. 당시 식민지 조선의 극장들은 대체로 일본인이 소유하고 있었고, 조선인은 일본인 극장주 밑에서 극장 운영을 맡는 것이 일반적이었다.

5 이순진, 『조선인 극장 단성사, 1907-1939』, 한국영상자료원, 2011. 40-42면.

6 마이클, 버스켓, 「映畵人たちの'帝國'-'大東亞映畵圈'の諸相」, 『映畵と大東亞共榮圈』, 東京: 森話社. 2004. 159면.

7 星出壽雄, 「조선연극의 신발족」, 『조선』, 1942.10. (서연호, 『식민지시대의 친일극 연구』, 태학사, 1997. 182면)

8 이화진, 「식민지 조선의 극장과 '소리'의 문화정치」, 연세대 박사논문, 2010. 참조.

9 星出壽雄, 「演劇統制の諸問題」, 『국민문학』, 1942.1. (서연호, 앞의 책, 166면)

10 최인규 감독의 영화 〈수업료〉의 시나리오 작가. 조선영화제작주식회사 중역.

11 오영진, 「べべンイの巫祭」に關するノオト」 『국민문학』, 1942.11. 99-100면.

12 위의 글, 99면.

13 김상훈, 「배뱅이굿 기원고」, 『국어국문학』110호, 1993.12. 32면.

14 김인숙, 김혜리, 『서도소리』, 민속원, 2009. 116-117면.

15 도산 안창호에 대한 오영진의 깊은 애정은 여러 편의 글에 표현되어 있지만, 특히 「도산선생과 영화」(『경향신문』, 1949.3.10), 「도산선생이 주신 말씀」(『문학사상』, 1972.12) 등에 잘 나타난다.

16 오영진, 앞의 글, 100면.

17 김태준의 채록본 「배뱅이굿」은 "평안도민속극"으로 분류되어 잡지 『한글』(1934.4)에 게재되었다.

18 최재서, 「국민문학의 작가들」, 『전환기의 조선문학』, 영남대출판부, 2006. 173면.

19 최재서, 위의 글, 173면.

20 이상우, 「오영진의 글쓰기와 민족주의: 「진상」과 「한네의 승천」의 관계」, 『한국극예술연구』제35집, 2012.3. 127면.

21 윤대석, 「경성제대의 교양주의와 일본어」, 『흔들리는 언어들』, 성균관대 대동문화연구원, 2008. 426-428면.

22 이상우, 앞의 글, 127-128면.

23 金京淑, 「日本植民支配末期の朝鮮と映畵政策-「家なき天使」を中心に」, 『映畵と大東亞共榮圈』, 東京: 森話社. 2004. 226면.

24 「조선영화 신체제 수립을 위해」(『에이가준보(映畵旬報)』, 1941.10)를 비롯한 여러 좌담회에서 〈집 없는 천사〉의 추천 취소에 대해 논급되었다.
김희윤, 「「집 없는 천사」의 일본 개봉과 조선영화의 위치」, 『고려영화협회와 영화신체제』, 한국영상자료원, 2007.
이화진, 「'조선어영화'의 기로 ─ 언어, 민족, 그리고 시장」, 위의 책.
金京淑, 「日本植民支配末期の朝鮮と映畵政策-「家なき天使」を中心に」, 『映畵と大東亞共榮圈』, 東京: 森話社. 2004.

25 나가스 요시오, 「조선영화의 방향 ─ 고려작품 「집 없는 천사」가 던진 문제에 대해」, 『고려영화협회와 영화신체제』, 한국영상자료원, 2007. 148면.

26 1939년 시점을 기준으로, 무성영화 제작비가 편당 약 5천원, 토키영화 제작비

가 편당 약 1만 5천원이었다고 한다. (「영화이면 공개좌담회」, 『조광』, 1939.5.)

27 「조선영화의 전모를 이야기하다」, 『에이가효론』, 1941.7.(『고려영화협회와 영화신체제』, 한국영상자료원, 2007. 277면)

28 위의 글, 276면.

29 「조선영화 신체제 수립을 위해」, 『에이가준보』, 1941.10.(『고려영화협회와 영화신체제』, 한국영상자료원, 2007. 286면)

30 권오만, 「오영진의 삼부작에 대하여」, 『오영진』, 연극과 인간, 2010. 248면.

31 吳泳鎭, 「ベベンイの巫祭」, 『國民文學』, 1942.8. 181-182면. (번역문은 이재명 편, 『해방전(1940-1945) 창작시나리오집』, 평민사, 2004. 96-97면에 의거함)

32 이영재, 『제국 일본의 조선영화』, 현실문화, 2008. 241면.

33 한옥근, 『오영진 연구』, 시인사, 1993. 191면.

34 김윤미, 「영화 「사랑과 맹서」와 오영진의 취재기 「젊은 용의 고향」 비교연구」, 『현대문학의 연구』41호, 2010. 248-249면.

35 김려실, 『투사하는 제국 투영하는 식민지』, 삼인, 2006. 328면.

36 오영진, 「한 점의 검은 구름이」, 『사상계』, 1962.4. 274-275면.

37 이덕기, 「일제하 전시체제기(1938-1945) 조선영화 제작목록의 재구」, 『한국극예술연구』28집, 2008. 164면.

38 「쇼와18년 조선영화 일람」, 『니혼에이가』, 1944.11.(『일본어잡지로 본 조선영화2』, 한국영상자료원, 2011. 247면.)

39 「내일의 조선영화를 말한다」, 『국민문학』, 1942.12.(『좌담회로 읽는 국민문학』, 소명출판, 2010.10. 318면.)

40 오영진, 「한 점의 검은 구름이」, 『사상계』, 1962.4. 272면.

41 당시 조영에 할당된 생필름은 월별로 뉴스영화 1편, 문화영화 6편의 제작 분량에 불과했다. (좌담회 「내일의 조선영화를 말한다」, 『국민문학』, 1942.12. 참조)

4. 영화인의 극장정치

신상옥은 영화 〈꿈〉을 왜 두 번 만들었을까

1 한국영상자료원은 개인 소장가가 보관하던 신상옥의 1955년작 〈꿈〉의 16밀리 필름을 구입하여 디지털로 복원하였으며, 이를 2010년 5~6월에 상암동 시네마테크 KOFA에서 상영하였다. (「故 신상옥의 '꿈' 55년만의 복원」, 『동아일보』, 2010.5.18.)

2 영화 〈꿈〉에 관한 개별적 연구는 거의 찾아보기 어렵고, 신상옥의 사극영화를 다룬 논문에서 부분적으로 언급되는 정도라고 할 수 있다. 박아나의 「1952년에서 1975년까지의 신상옥의 영화제작과 장르(멜로드라마, 사극) 연구」(중앙대 석사논문, 2003)와 같은 경우가 그 대표적 사례라고 할 수 있다.

3 신상옥의 사극영화에 대한 연구는 주로 1960년대에 제작된 작품, 특히 〈성춘향〉과 〈연산군〉, 〈폭군 연산〉 연작 등에 집중되어 있다. 이에 관한 연구로는 다음과 같은 것들이 대표적이다.

백문임, 「역사물과 공포영화」, 『민족문학사연구』20호, 2002.

김호영, 「신상옥의 사극영화 연구: 이미지 텍스트를 중심으로」, 『정신문화연구』, 2003년 겨울호.

안진수, 「역사의 부담과 작인성의 딜레마」, 『대중서사연구』제17호, 2007.

박유희, 「한국 사극영화 장르 관습의 형성에 관한 일고찰: 신필름의 〈연산군〉 연작을 중심으로」, 『문학과 영상』, 2008년 여름호.

최영희, 「1960년대 '춘향' 영화 연구」, 『판소리연구』24집, 2007.

4 이광수의 소설 〈꿈〉이나 오영진의 시나리오 〈꿈〉에 관한 연구 또한 이들 작가의 다른 작품들에 비해 관심이 매우 희소한 편이다. 본래 이광수의 〈꿈〉이 『삼국유사』의 조신설화를 각색한 소설이므로 이 작품에 대한 연구는 대체로 설화의 소설화 양상에 치우쳐 있다.(진영환, 「춘원의 〈꿈〉과 〈조신설화〉와의 대비 연구」, 『대전개방대 논문집』3집, 1985) (안윤선, 「이광수의 〈꿈〉 연구」, 단국대 석사논문, 2001)

또 조신설화 자체가 불교적 사상에서 유래하고 있으므로 〈꿈〉에 나타난 불교

사상에 관한 연구, 그리고 '꿈'의 주제론적 연구가 중요한 비중을 차지하고 있다.(송하춘, 「〈꿈〉의 주제사적 조명」, 『최남선과 이광수의 문학』(김열규, 신동욱 편), 새문사, 1994) (이재선, 『한국문학의 주제론』, 서강대출판부, 1989) 이밖에 분량은 극히 적지만 〈꿈〉의 각색양상에 관한 연구도 있다. (한명환, 「각색영화와의 비교를 통해 본 소설의 의미 재고」, 『현대문학이론연구』24호, 2005) (장주영, 「한국문학의 연쇄적 변용 연구」, 아주대 석사논문, 2007) 이에 비해 오영진의 시나리오 〈꿈〉에 관한 개별 연구는 더더욱 희소하다. 대체로 오영진의 작품론을 검토하면서 민속, 설화 소재 시나리오를 다룰 때 부분적으로 언급되는 것이 대부분을 차지하고 있는 실정이다. (한옥근, 『오영진 연구』, 시인사, 1993) (정선주, 「오영진 시나리오 연구」, 숙명여대 석사논문, 1996) 이렇듯, 이광수, 오영진, 신상옥에게 있어서 〈꿈〉이라는 작품은 각자의 작품세계 안에서 나름대로 의미 있는 맥락을 갖고 있으나 비중있게 다루어지지 못했다.

5 황남은 〈악야〉를 신상옥의 첫 연출작으로 선정한 것은 자신이었다고 증언하였다. (한국영상자료원 편, 『한국영화를 말한다: 1950년대 한국영화』, 이채, 2004. 412면) 그러나 이와 달리 신상옥은 작품을 고르던 중 김광주의 소설 〈악야〉를 발견하고 영화화하기로 작정하였다고 회고하였으며, 작품 선정에 관해 황남에 대한 특별한 언급은 없다. (신상옥, 『난, 영화였다』, 랜덤하우스, 2007. 46면)

6 이상우, 「남북한 분단체제와 신상옥의 영화」, 『한국어문학』제110집, 2010. 279-280면.

7 「35미리 국산영화 〈코리아〉」, 『경향신문』, 1954.4.25.

8 신상옥, 『난, 영화였다』, 랜덤하우스, 2007. 52-53면.

9 한국영상자료원 편, 앞의 책, 414면.

10 최은희, 『최은희의 고백』, 랜덤하우스, 2007. 117면.

11 '자빠뿔소'는 소의 뿔이 뒤로 자빠져 있다고 해서 붙여진 소의 별명이었다.

12 김윤식, 『이광수와 그의 시대(3)』, 한길사, 1986. 1058-1066면.

13 그러나 김동인은 〈꿈〉에서 참회록을 기대했던 당시 다수 독자들은 이광수에 게 크게 속고 말았다고 일갈하였다. (김동인, 「춘원의 〈나〉」, 『김동인전집(6)』, 삼중당, 1976. 262면)

14 일연, 박성규 역, 『완역 삼국유사』, 서정시학, 2009. 295-299면.

15 조신설화와 김만중의 〈구운몽〉, 이광수의 〈꿈〉을 비교 연구한 것으로 안윤선 의 「이광수의 〈꿈〉 연구」(단국대 석사논문, 2001)가 주목할 만하다.

16 이재선, 『한국문학의 주제론』, 서강대출판부, 1989. 123면.

17 이윤석, 「조신설화의 문학적 가치에 관한 소고」, 『한국전통문화연구』제4집, 1988. 177면.

18 이광수, 〈꿈〉, 『이광수전집(5)』, 삼중당, 1971. 참조.

19 로널드 토비아스, 김석만 역, 『인간의 마음을 사로잡는 스무 가지 플롯』, 풀빛, 1997. 74-75면.

20 박인환, 「한국영화의 전환기, 영화 〈코리아〉를 계기로 하여」, 『경향신문』, 1954.5.2.

21 오영진, 「영화의 해외진출」(1953), 『오영진전집(4)』(이근삼, 서연호 편), 범한 서적주식회사, 1989. 344면.

22 「35미리 국산영화 〈코리아〉」, 『경향신문』, 1954.4.25.

23 요모타 이누히코, 박전열 역, 『일본영화의 이해』, 현암사, 2001. 160-162면.

24 한국영상자료원 소장 필름을 텍스트로 삼는다. 이 필름은 35밀리 흑백영화로 1955년 제작되었으며, 2009년 11월 한국영상자료원이 디지털본으로 재제작 한 것이다.

25 이영일, 『한국영화전사(개정증보판)』, 소도, 2004. 242면.

26 박지연, 「1960, 70년대 한국영화정책과 산업」, 『한국영화사공부: 1960-1979』, 이채, 2004. 153면.

27 이길성, 「1960, 70년대 상영관의 변화와 관객문화」, 『한국영화사공부: 1960-1979』, 이채, 2004. 191-193면.

28 「옛 영화의 再作 붐」, 『동아일보』, 1961.9.30.

29 위의 글.

30 신상옥, 앞의 책, 64면.

31 오영진이 높은 작품료를 요구한 것은 "영화계에서는 작품료를 높이 요구해야 좋은 작품을 만든다."는 신념에서 비롯된 것이지 다른 정치적 이유가 있었던 것은 아닌 것으로 보인다. 안병섭은 오영진의 시나리오가 많이 영화화되지 않은 이유가 높은 작품료를 요구하기 때문이라고 회고하였다. (안병섭, 「오영진의 시나리오에 대하여」, 『오영진전집(3)』, 범한서적주식회사, 1989. 433면)

32 「옛 영화의 再作 붐」, 『동아일보』, 1961.9.30.

33 김윤식은 안창호, 이승훈, 방응모, 주요한, 이광수 등으로 연결되는 서북인 특유의 끈끈한 유대의식에 대해 다음과 같이 진술하였다. "춘원이 1933년 8월에 그동안 몸담았던 『동아일보』에서 『조선일보』 부사장으로 갔던 일도 그가 서북 사람임을 단적으로 말해주는 예이다. 『조선일보』는 당시 사장에 서북인(정주인) 방응모, 편집국장에 평양 태생 주요한이었다. 도산은 물론 비범한 인물이어서, 그가 주도한 신민회도 흥사단도 팔도 인물을 편견 없이 기용하려 했고 또 그렇게 실천하였다. 뒤집어 말하면 도산이야말로 이 지방색 콤플렉스에서 벗어나고자 발버둥친 사람이었다." 이러한 진술은 다시 말해 도산과 같은 비범한 인물이 아닌 사람이 지방색 콤플렉스로부터 자유롭기가 얼마나 어려운지를 역설해주는 것이다. (김윤식, 『이광수와 그의 시대(1)』, 한길사, 1986. 252면)

34 김윤식, 『이광수와 그의 시대(3)』, 한길사, 1986. 997-1003면.

35 오영진, 『하나의 증언: 작가의 수기』, 국민사상지도원, 1952. 10면.

36 오영진, 「도산선생과 영화」, 『오영진전집(4)』, 범한서적주식회사, 1989. 276-277면.

37 김윤식, 『이광수와 그의 시대(3)』, 994면.

38 1967년 6월 국도극장에서 개봉한 안양필름의 작품으로서 당시 13만 3381명의 관객을 동원하였다.

39 「영화 〈꿈〉, 세 씬 삭제: 대한 불교 조계종 항의로」, 『신아일보』, 1967.7.8.

40 「사랑의 번뇌 〈꿈〉」, 『동아일보』, 1967.6.17.

41 이광수, 〈꿈〉, 『이광수전집(5)』, 삼중당, 1971. 542면.

42 송하춘, 「〈꿈〉의 주제사적 조명」, 『최남선과 이광수의 문학』(김열규, 신동욱
편), 새문사, 1994. 93면.

43 김윤식, 『이광수와 그의 시대(3)』, 1065면.

44 이광수와 불교의 인연은 어린 시절 춘원과 가까이 지내다가 후에 승려가 된 삼
종제 이학수와의 관계에서 비롯된다. (김윤식, 『이광수와 그의 시대(1)』, 참조)
「불교와 조선문학」(『불교』7호, 1924)은 춘원이 일찍이 불교와 불교사상에 깊
은 관심을 갖고 있었음을 알게 해주는 사례 중의 하나다.

45 1960년대에 들어 신상옥의 영화가 연이어 공보부에 의해 국제영화제 출품작
으로 결정된 점에는 영화의 우수성 이외에 박정희 정권과 밀월관계를 가졌던
영화 외적인 요인도 상당히 작용했다고 볼 수 있다. (조준형, 『영화제국 신필
름』, 한국영상자료원, 2009. 참조)

46 「〈꿈〉, 〈물레방아〉, 베니스영화제 출품키로」, 『동아일보』, 1967.6.27.

47 조준형, 앞의 책, 141면.

남북한 분단체제와 신상옥의 영화

1 최은희, 신상옥, 『조국은 저 하늘 저 멀리』(상), Pacific Palisades: Pacific
Artist Cooperation, 1988. 216-218면.

이 책 이외에도 최은희, 신상옥의 북한 수기로서 같은 해 발간된 『김정일 왕
국』(동아일보사, 1988)이 있는데 내용이 대동소이하다. 『내레 김정일입네다』
(행림출판, 1994)는 『조국은 저 하늘 저 멀리』의 판권을 미국 출판사에서 행
림출판사로 옮겨 재발행한 것이다.

2 이형표, 「한국영화의 선구자」, 『난, 영화였다』, 랜덤하우스, 2007. 183면.

3 이영일, 「신상옥론, 한 영화적 인간의 형성」, 위의 책, 202면.

4 조준형, 『영화제국 신필름』, 한국영상자료원, 2009. 17면.

5 김수남, 「미장센 영화의 대가 신상옥」, 『한국 영화작가 연구』, 예니. 1995.

6 백문임, 「역사물과 공포영화」, 『민족문학사연구』20호, 2002.
박아나, 「1952년에서 1975년까지의 신상옥의 영화제작과 장르(멜로드라마,
사극) 연구」, 중앙대 석사논문, 2003.

김호영, 「신상옥 사극 영화 연구: 이미지 텍스트를 중심으로」, 『정신문화연구』 93호, 2003년 겨울호.

안진수, 「〈성춘향〉: 시대극, 전통과 근대의 담론, 그리고 기혼여성의 법적 지위」, 『한국영화의 미학과 역사적 상상력』, 소도, 2006.

최영희, 「1960년대 '춘향' 영화 연구」, 『판소리 연구』제24집, 2007.

박유희, 「한국 사극영화 장르 관습의 형성에 관한 일고찰: '신필름'의 〈연산군〉 연작을 중심으로」, 『문학과 영상』2008년 여름호.

장혜련, 「북한영화 〈춘향전〉과 〈사랑 사랑 내 사랑〉 비교 연구」, 『문학과 영상』 2008년 여름호.

7 주창규, 「탈식민국가의 민족과 젠더(다시)만들기: 신상옥의 〈쌀〉을 중심으로」, 『영화연구』15호, 2000.

주유신, 「사적 영역과 공적 영역 사이에서 길을 잃은 근대적 여성주체들: 신상옥의 〈그 여자의 죄가 아니다〉와 〈자매의 화원〉을 중심으로」, 『영화연구』20호, 2002.

변재란, 「'노동'을 통한 근대적 여성주체의 구성: 〈쌀〉과 〈또순이〉를 중심으로」, 『한국영화와 근대성』, 소도, 2005.

주유신, 「〈자유부인〉과 〈지옥화〉: 1950년대 근대성과 매혹의 기표로서의 여성 섹슈얼리티」, 『한국영화와 근대성』, 소도, 2005.

박유희, 「1960년대 문예영화에 나타난 매체전환의 구조와 의미: 〈오발탄〉과 〈사랑방 손님과 어머니〉를 중심으로」, 『현대소설연구』32집, 2006.

8 조준형, 『영화제국 신필름』, 한국영상자료원, 2009.

9 신상옥, 『난, 영화였다』, 랜덤하우스, 2007. 28-29면.

10 위의 책, 41면.

11 김수남, 『한국영화감독론1』, 지식산업사, 2002. 227면.

12 김려실, 『투사하는 제국, 투영하는 식민지』, 삼인, 2004. 235면.

13 김소영, 「전통성과 모더니티의 유혹: 신상옥의 작품세계」, 『시네마, 테크노 문화의 푸른 꽃』, 열화당, 1996. 131면.

14 이영일, 『개정증보판 한국영화전사(1969)』, 소도, 2004. 230면.

15 황남의 증언에 따르면,『백민』33인집에 수록된 김광주의 소설 〈악야〉의 영화화를 신상옥에게 권한 것은 신상옥의 오랜 영화 동지 황남이었다고 한다. (한국영상자료원 편,『한국영화를 말한다: 1950년대 한국영화』, 이채, 2004. 412면)

16 위의 책. 371면.

17 신상옥의 사극은 대개 역사소설을 원작으로 삼은 것이 많아서 그의 사극과 문예영화는 중첩되는 경우가 많다. (김남석,『한국 문예영화 이야기』, 살림, 2003. 75면)

18 최은희, 신상옥은 신필름의 첫 작품을 1960년 〈로맨스 빠빠〉라고 기억하고 있으나, 정확하게 '신필름'이라는 이름을 내걸고 만들어진 첫 작품은 1961년 〈사랑방 손님과 어머니〉이다. 1950년대에 신필름의 전신은 '서울영화사', '신상옥 프로덕숀' 등이 있으나 실제 영화사가들은 이 모두를 아울러 신필름이라고 통칭하고 있다. 조준형은 2009년 발간한『영화제국 신필름』에서 신필름 영화사의 명칭변천 계보를 부록에 명확하게 정리해놓았다. (조준형, 앞의 책, 63면)

19 조준형, 앞의 책, 119면.

20 최은희,『최은희의 고백』, 랜덤하우스, 2007. 156면.

21 조준형, 앞의 책, 21면.

22 이영일, 앞의 책, 312면.

23 박지연,「1960, 70년대 한국영화정책과 산업」,『한국영화사 공부: 1960-1979』, 이채, 2004. 146-157면.

24 신상옥, 앞의 책, 79면.
조준형, 앞의 책, 114면.
김수용,『나의 사랑 씨네마』, 씨네21, 2005. 65면.

25 이영일, 앞의 책, 321-323면.

26 최은희, 신상옥, 앞의 책, 55면.

27 박지연, 앞의 글, 176-179면.

28 호현찬,『한국영화 100년』, 문학사상사, 2000. 211-212면.

29 「인터뷰, 한국영화는 시대에 뒤떨어져」, 『조선일보』, 1973.8.14.

30 「신상옥 씨 1억 8천만 원, 고액체납 연예인 밝혀져」, 『조선일보』, 1974.6.27.

31 「외화도피혐의 신상옥 씨 입건」, 『조선일보』, 1974.11.15.

32 「신상옥, 김태수 씨 법정구속」, 『조선일보』, 1975.7.5.

33 당시 우수영화 선정에는 많은 이권이 개입되었기에 영화계 내에서 우수영화의 개념과 기준에 관한 논의가 활발하였다. (「특집, 우수영화의 개념과 우수영화의 기준」, 『월간 영화』, 1975.3 참조)

34 「영화예고편 검열삭제부분 재생상영」, 『조선일보』, 1975.11.27.

35 조희연, 『동원된 근대화』, 후마니타스, 2010. 90-91면.

36 조준형, 앞의 책, 123면.

37 이영일, 앞의 책, 331-332면.

38 신봉승, 「영화예술의 총화적 기능」, 『월간 영화』, 1975.8.

39 최은희, 신상옥, 앞의 책, 51면.

40 최은희, 신상옥, 위의 책, 155-159면.
물론 신상옥, 최은희 부부가 납북된 것이 아니라 자진 월북했다는 주장도 있다. 영화사 신필름이 허가 취소되자 경영상 위기를 모면하기 위해 자진 월북했다는 소문도 세간에 존재하였다. (유영호, 『북한영화, 그리고 거짓말』, 학민사, 2009. 20면)

41 물론 신상옥, 최은희 부부의 수기에 기록된 사실은 개인의 기억에 의존한 것이므로 전적으로 신뢰하기 어려운 점이 있다. 그러나 이들 부부는 탈북 이후를 대비 납북의 증거 자료로 삼기 위해 위험을 무릅쓰고 김정일과의 대화를 녹음, 채록하였는데, 이 대화에서 김정일은 북한이 신상옥, 최은희 부부를 납치했다는 사실을 시인하였다. (최은희, 신상옥, 『조국은 저 하늘 저 멀리』(하), Pacific Palisades: Pacific Artist Cooperation, 1988. 99면)

42 최정길, 「생활의 진실한 방영과 영화적 형상의 탐구: 예술영화 〈탈출기〉를 보고」, 『조선예술』, 1985.3.

43 최은희, 신상옥, 『조국은 저 하늘 저 멀리』(하), 28면.

44 위의 책, 82면.

45 위의 책, 332면.

46 그러나 유영호는 북한 최초의 해외영화제 수상작은 〈돌아오지 않은 밀사〉가 아니라 〈꽃 파는 처녀〉라고 주장한다. 이 영화는 1972년 체코 카를로비 바리 영화제에서 특별상을 받았다. (유영호, 앞의 책, 35-36면)

47 최은희, 신상옥, 『조국은 저 하늘 저 멀리』(상), 327-328면.

48 강진, 『주체 극문학의 새 기원』, 평안북도: 문학예술종합출판사, 1996. 162면.

49 이상우, 「극 양식을 중심으로 본 북한희곡의 양상」, 『근대극의 풍경』, 연극과 인간, 2004. 240면.

50 이에 관한 보다 상세한 논의는 변재란과 주창규의 아래 논문에서 찾아 볼 수 있다.
변재란, 「'노동'을 통한 근대적 여성주체의 구성: 〈쌀〉과 〈또순이〉를 중심으로」, 『한국영화와 근대성』, 소도, 2005.
주창규, 「탈식민국가의 민족과 젠더(다시)만들기: 신상옥의 〈쌀〉을 중심으로」, 『영화연구』15호, 2000.

51 최척호, 『북한예술영화』, 신원문화사, 1989. 36면.
정태수 외, 『남북한 영화사 비교 연구』, 국학자료원, 2007. 255면.

52 서대숙, 『현대 북한의 지도자 김일성과 김정일』, 을유문화사, 2000. 186-188면.
신상옥도 이와 비슷한 증언을 했다. 그는 북한 수기에서 "김일성은 처음 〈피바다〉를 보고 나서 크게 감동, 이때부터 김정일의 능력을 높이 평가하고 신임을 굳혔다고도 한다. 예술적 소양과 능력이 오늘의 김정일을 만들었고 그를 출세 가도에 올려놓은 셈이다."라고 말했다. (『조국은 저 하늘 저 멀리』(하), 58면)

53 최은희, 신상옥, 『조국은 저 하늘 저 멀리』(하), 34-35면.

54 유영호, 앞의 책, 21면.

55 신상옥과의 대화에서 김정일은 김일성 전기영화 〈조선의 별〉을 두고 '그건 역사지 예술이 아니다.'라는 취지의 발언을 했다고 한다. (위의 책, 103면)

참고문헌

1. 자료

김기진, 「나와 '토월회' 시대」, 『김팔봉문학전집: Ⅱ. 회고와 기록』, 문학과 지성사,
　　1988.

김기진, 『청년 김옥균』, 문학사상사, 1993.

김병걸·김규동 편, 『친일문학작품선집(2)』, 실천문학사, 1986.

김옥균, 『甲申日錄』(조일문 역주), 건국대출판부, 1977.

맹문재 편, 『김명순전집』, 현대문학, 2009.

문경연 외, 『좌담회로 읽는 국민문학』, 소명출판, 2010.

박승희, 「토월회 이야기」, 『사상계』, 1963.8.

박승희, 『춘강박승희문집』, 서문출판사, 1987.

서연호 편, 『한국의 현대희곡(1)』, 열음사, 1989.

서정자, 남은혜 공편, 『김명순문학전집』, 푸른사상, 2010.

송명희, 『김명순 단편집』, 지식을 만드는 지식, 2013.

오영진, 「꿈」, 『오영진전집(3)』, 범한서적주식회사, 1989.

유치진, 「자서전」, 『동랑유치진전집(9)』, 서울예대, 1993.

이광수, 「꿈」, 『이광수전집(5)』, 삼중당, 1971.

이근삼, 서연호 편, 『오영진전집』, 범한서적주식회사, 1989.

이상경 편, 『나혜석전집』, 태학사, 2000.

이인직, 「은세계」, 『한국신소설선집(2)』(권영민 외 편), 서울대출판부, 2003.

이재명 편, 『해방전(1940~1945) 공연희곡집(1)』, 평민사, 2004.

일연, 박성규 역, 『완역 삼국유사』, 서정시학, 2009.

정교, 『대한계년사』(조광 편, 이철성 역주), 소명출판, 2004.

표언복 편, 『전영택전집』, 목원대출판부, 1994.

한국영상자료원 한국영화사연구소, 『일본어잡지로 본 조선영화(1-2)』, 한국영상
　　자료원, 2011.

홍정선 편, 『김팔봉문학전집(2)』, 문학과지성사, 1988.

2. 단행본

강진, 『주체 극문학의 새 기원』, 평북: 문학예술종합출판사, 1996.

공임순, 『식민지의 적자들』, 푸른역사, 2005.

권보드래, 『연애의 시대』, 현실문화연구, 2003.

권보드래 외, 『아프레 걸 사상계를 읽다』, 동국대출판부, 2009.

김경일, 『여성의 근대, 근대의 여성』, 푸른역사, 2004.

김기봉, 『팩션시대, 영화와 역사를 중매하다』, 프로네시스, 2006.

김남석, 『한국 문예영화 이야기』, 살림, 2003.

김남석, 『조선의 여배우들』, 국학자료원, 2006.

김남석, 『빛의 유적』, 연극과 인간, 2008.

김려실, 『투사하는 제국 투영하는 식민지』, 삼인, 2006.

김수남, 『한국영화감독론1』, 지식산업사, 2002.

김수용, 『나의 사랑 씨네마』, 씨네21, 2005.

김윤식, 『이광수와 그의 시대(1~3)』, 한길사, 1986.

김인숙, 김혜리, 『서도소리』, 민속원, 2009.

김일엽, 『청춘을 불사르고』, 범우사, 1976.

김재석, 『근대전환기 한국의 극』, 연극과 인간, 2010.

김재철, 『조선연극사』, 민학사, 1974.

노재승, 『북한영화계: 1977~1988』, 영화진흥공사, 1989.

대중서사연구회, 『대중서사장르의 모든 것(2): 역사허구물』, 이론과 실천, 2009.

무정부주의운동사편찬위원회 편, 『한국아나키즘운동사: 前篇 민족해방투쟁』, 형
설출판사, 1978.

민병욱, 『한국연극공연사연표』, 국학자료원, 1997.

민태원, 『김옥균전기』, 을유문고, 1969.

박승희, 『춘강박승희문집』, 서문출판사, 1987.

박영정, 『유치진 연극론의 사적 전개』, 태학사, 1997.

백낙청, 『한반도식 통일, 현재진행형』, 창비, 2006.

서연호, 『식민지시대의 친일극 연구』, 태학사, 1997.

송백헌, 『한국근대역사소설연구』, 삼지원, 1985.

식민지 일본어문학 문화연구회, 『제국 일본의 이동과 동아시아 식민지문학(1)』,
문, 2011.

신상옥, 『난, 영화였다』, 랜덤하우스, 2007.

안종화, 『신극사이야기』, 진문사, 1955.

안종화, 『한국영화측면비사』, 현대미학사, 1988.

양승국, 『한국근대연극비평사연구』, 태학사, 1996.

오영숙, 『1950년대, 한국영화와 문화담론』, 2007.

오영진, 『하나의 증언』, 중앙문화사, 1952.

오장환, 『한국아나키즘운동사연구』, 국학자료원, 1998.

유민영, 『윤심덕, 현해탄에 핀 석죽화』, 안암문화사, 1985.

유영호, 『북한영화, 그리고 거짓말』, 학민사, 2009.

윤대석, 『식민지 국민문학론』, 역락, 2006.

이명자, 『북한영화사』, 커뮤니케이션북스, 2007.

이상경, 『인간으로 살고 싶다: 영원한 신여성 나혜석』, 한길사, 2000.

이순진, 『조선인 극장 단성사, 1907-1939』, 한국영상자료원, 2011.

이영일, 『한국영화전사』(개정판), 소도, 2004.

이영재, 『제국 일본의 조선영화』, 현실문화, 2008.

이재선, 『한국문학의 주제론』, 서강대출판부, 1989.

이주영, 『연출가 메이예르홀드』, 연극과 인간, 2005.

이진아, 『가면의 진실』, 태학사, 2008.

이형식 외, 『문학텍스트에서 영화텍스트로』, 동인, 2004.

임종국, 박노준, 『흘러간 성좌(3)』, 국제문화사, 1966.

전진성, 『역사가 기억을 말하다』, 휴머니스트, 2005.

정태수 외, 『남북한 영화사 비교 연구』, 국학자료원, 2007.

조준형, 『영화제국 신필름』, 한국영상자료원, 2009.

조희연, 『동원된 근대화』, 후마니타스, 2010.

천정환, 『근대의 책읽기』, 푸른 역사, 2003.

최은희, 신상옥, 『조국은 저 하늘 저 멀리』(상, 하), Pacific Palisades: Pacific Artist
    Cooperation, 1988.

최은희, 『최은희의 고백』, 랜덤하우스, 2007.

최창호 · 홍강성, 『한국영화사: 나운규와 수난기 영화』, 일월서각, 2003.

최척호, 『북한예술영화』, 신원문화사, 1989.

최혜실, 『신여성들은 무엇을 꿈꾸었는가』, 생각의 나무, 2000.

통영군사편집위원회, 『통영군사』, 1986.

한국극예술학회 편, 『오영진』, 연극과 인간, 2010.

한국영상자료원 편, 『한국영화사공부: 1960~1979』, 이채, 2004.

한국영상자료원 편, 『한국영화를 말한다: 1950년대 한국영화』, 이채, 2004.

한국영상자료원 편, 『한국영화를 말한다: 한국영화의 르네상스1』, 이채, 2005.

한옥근, 『오영진 연구』, 시인사, 1993.

호현찬, 『한국영화 100년』, 문학사상사, 2000.

황문평, 『삶의 발자국(1~2)』, 선, 2000.

가라타니 고진, 박유하 역, 『일본근대문학의 기원』, 민음사, 1997.

가와다케 도시오(河竹登志夫), 최경국 역, 『가부키(歌舞技)』, 창해, 2006.

간노 사토미, 손지연 역, 『근대 일본의 연애론』, 논형, 2014.

구리야가와 하쿠손, 이승신 역, 『근대일본의 연애관』, 문, 2010.

다케조에 요시미, 서광덕·백지운 역, 『일본과 아시아』, 소명출판, 2004.

로널드 토비아스, 김석만 역, 『인간의 마음을 사로잡는 스무 가지 플롯』, 풀빛, 1997.

미리엄 실버버그, 강진석 외 역, 『에로틱 그로테스크 넌센스』, 현실문화, 2014.

벤 싱어, 이위정 역, 『멜로드라마와 모더니티』, 문학동네, 2009.

스가이 유키오, 서연호·박영산 역, 『근대일본연극논쟁사』, 연극과 인간, 2003.

스테판 다나카, 박영재·함동주 역, 『일본 동양학의 구조』, 문학과지성사, 2004.

신기욱, 이진준 역, 『한국 민족주의의 계보와 정치』, 창비, 2009.

안우식, 신원섭 역, 『김사량 평전』, 문학과지성사, 2000.

알라이다 아스만, 변학수·백설자·채연숙 역, 『기억의 공간』, 경북대출판부, 2003.

오고시 아이코, 전성곤 역, 『근대일본의 젠더이데올로기』, 소명출판, 2009.

오자사 요시오, 명진숙·이혜정·박태규 역, 『일본현대연극사(明治, 大正篇)』, 연극과 인간, 2012.

요모타 이누히코, 박전열 역, 『일본영화의 이해』, 현암사, 2001.

요시미 순야 외, 연구공간 수유+너머 역, 『확장하는 모더니티』, 소명출판, 2007.

장 프레포지에, 이소희 외 역, 『아나키즘의 역사』, 이룸, 2003.

조진기 편역, 『일본프롤레타리아문학론』, 태학사, 1994.

최재서, 노상래 역, 『전환기의 조선문학』, 영남대출판부, 2006.

폴 애브리치, 하승우 역, 『아나키스트의 초상』, 갈무리, 2004.

하야카와 노리요 외, 이은주 역, 『동아시아의 국민국가 형성과 젠더』, 소명출판, 2009.

L. 자네티, 김학용 역, 『영화: 형식과 이해』, 한두실, 1989.

J. L. 스타이안, 윤광진 역, 『표현주의 연극과 서사극』, 현암사, 1988.

P.A. 크로포트킨, 홍세화 역, 『청년에게 고함』, 낮은산, 2014.

大笹吉雄, 『日本現代演劇史: 明治, 大正篇』, 東京: 白水社, 1985.

大笹吉雄, 『日本現代演劇史(大正, 昭和初期篇)』, 東京: 白水社, 1986.

大笹吉雄, 『日本現代演劇史—昭和戰中篇1』, 東京: 白水社, 1993.

戶板康二, 『物語近代日本女優史』, 東京: 中央公論社, 昭和55年.

波木井皓三, 『新派の藝』, 東京: 東京書籍, 昭和59年.

菅井幸雄, 『近代日本演劇論爭史』, 東京: 未來社, 1979.

森田雅子, 『貞奴物語』, 京都:ナカニシヤ出版, 2009.

森律子, 『女優生活二十年』, 東京: 實業之日本社, 昭和5年.

關礼子, 『女性表象の近代—文學, 記憶, 視覺像』, 東京: 翰林書房, 2011.

早稻田大學演劇博物館 編, 『日本演劇史年表』, 東京: 八木書店, 1998.

田中保隆 外編, 『日本近代文學大系58近代評論集Ⅱ』, 東京: 角川書店, 1972.

日本近代文學館 編, 『日本近代文學大事典』, 東京: 講談社, 1984.

日本アナキズム運動人名事典編集委員会, 『日本アナキズム運動人名事典』, 東京: ぱる出版, 2004.

マルコプ, 杉本良吉 譯, 『ロシヤ革命と演劇』, 東京: 叢文閣, 1929.

昇曙夢, 『ソ連新劇運動の展開』, 東京: 地平社, 1949.

村山知義, 『演劇的自敍傳(2)』, 東京: 東邦出版社, 1971.

松本克平, 『日本社會主義演劇史』, 東京: 筑摩書房, 1975.

松本克平, 『八月の乾杯: 松本克平新劇自傳』, 東京: 弘隆社, 1986.

浦西和彦, 『日本プロレタリア文學の研究』, 東京: 櫻楓社, 1985.

曾田秀彦, 『民衆劇場』, 東京: 象山社, 1994.

武田淸, 『新劇とロシア演劇』, 東京: 而立書房, 2012.

Ayako Kano, *Acting Like a Woman in Modern Japan*, New York: Palgrave, 2002.

3. 논문

고은지, 「1930년대 오락물로서의 역사의 소비」, 『대중서사장르의 모든 것(2): 역사허구물』, 이론과 실천, 2009.

곽현자, 「미망인과 양공주: 최은희를 통해 본 한국 근대여성의 꿈과 짐」, 『한국영화와 근대성』, 소도, 2005.

권오만, 「오영진의 삼부작에 대하여―구비문학과의 관련을 중심으로」, 『오영진』, 연극과 인간, 2010.

김남석, 「1920년대 극단 토월회의 연기에 대한 가설적 탐구」, 『한국연극학』제53호, 2014.

김려실, 「조선을 '조센'화 하기」, 『영화연구』34호, 2007.

김미도, 「'갑신정변' 소재 희곡 연구」, 『한국연극학』제8호, 1996.

김민정, 「김진구 야담의 형성배경과 의미」, 고려대 석사논문, 2009.

김상훈, 「배뱅이굿 기원고」, 『국어국문학』110호, 1993.12.

김소영, 「전통성과 모더니티의 유혹: 신상옥의 작품세계」, 『시네마, 테크노 문화의 푸른 꽃』, 열화당, 1996.

김수남, 「미장센 영화의 대가 신상옥」, 『한국 영화작가 연구』, 예니. 1995.

김수남, 「나운규의 민족영화 재고」, 『한국영화감독론1』, 지식산업사, 2002.

김성희, 「한국 역사극의 기원과 정착」, 『드라마연구』제32호, 2010.

김승옥, 「〈한네의 승천〉의 제의구조 연구」, 『오영진』, 연극과 인간, 2010.

김옥란, 「여성작가와 장르의 젠더화: 희곡과 수필을 중심으로」, 『민족문학사연구』제28호, 2005.

김은하, 「박영호론」, 이화여대 석사논문, 1993.

김윤미, 「오영진 극문학에 나타난 '민족' 표상 연구」, 연세대 박사논문, 2011.

김윤미, 「영화 「사랑과 맹서」와 오영진의 취재기 「젊은 용의 고향」 비교연구」, 『현대문학의 연구』41호, 2010.

김윤식, 「한국근대문학사의 시선에서 본 이중어 글쓰기 공간에서의 글쓰기 유형론」, 『작가세계』, 2004년 겨울호.

김재석, 「유치진의 초기 희곡과 연극론의 거리」, 『한국어문학』제58호, 1996.

김재석, 「'토월회'연극의 근대성과 전근대성」, 『한국극예술연구』제34집, 2011.

김재석, 「유치진의 연극입문에 대한 연구」, 『한국극예술연구』제51집, 2016.

김재용, 「식민주의와 언어」, 『제국일본의 이동과 동아시아 식민지문학』, 문, 2011.

김정은, 「일제시대 기생과 여배우의 관계: 대표적인 여배우를 중심으로」, 숙명여대 교육대학원 석사논문, 2007.

김태웅, 「일제 강점기 김옥균 추앙과 위인교육」, 『역사교육』74집, 2000.

김태웅, 「일제 강점기 김진구의 활동과 내선일체론」, 『역사연구』제13호, 2003.

김현철, 「유치진과 오사나이 카오루의 연극론 비교 연구」, 『한국연극학』제29호, 2006.

김호영, 「신상옥 사극 영화 연구: 이미지 텍스트를 중심으로」, 『정신문화연구』93호, 2003년 겨울호.

김희윤, 「『집 없는 천사』의 일본 개봉과 조선영화의 위치」, 『고려영화협회와 영화 신체제』, 한국영상자료원, 2007.

남은혜, 「김명순문학연구」, 서울대 석사논문, 2008.

노상래, 「『淸凉』소재 이중어 소설에 대한 일고찰」, 『현대문학이론연구』35집, 2008.12.

노상래, 「죽음의 미적 근대성에 대한 일고찰」, 『제국 일본의 이동과 동아시아 식민지문학(1)』, 문, 2011.

맹문재, 「김명순 시의 주제 연구」, 『한국언어문학』제53집, 2004.

박명진, 「탄실 김명순 희곡 연구」, 『어문논집』제27집, 1999.

박아나, 「1952년에서 1975년까지의 신상옥의 영화제작과 장르(멜로드라마, 사극) 연구」, 중앙대 석사논문, 2003.

박유희, 「한국 사극영화 장르 관습의 형성에 관한 일고찰: '신필름'의 〈연산군〉 연작을 중심으로」, 『문학과 영상』2008년 여름호.

박유희, 「스펙터클과 독재: 신상옥 영화론」, 『영화연구』49호, 2011.

박제홍·김순전, 「일제 말 문학작품에 서사된 김옥균상」, 『일본어교육』제40집, 2009.

박지연, 「1960, 70년대 한국영화정책과 산업」, 『한국영화사 공부: 1960-1979』, 이채, 2004.

박지연, 「박정희 근대화체제의 영화정책: 영화법 개정과 기업화 정책을 중심으로」, 『한국영화와 근대성』, 소도, 2005.

백문임, 「역사물과 공포영화」, 『민족문학사연구』20호, 2002.

백현미, 「탈식민주의적 상상력과 민족주의」, 『한국희곡의 지평』, 연극과 인간, 2003.

백현미, 「민족적 전통과 동양적 전통: 1930년대 후반 경성과 동경에서의 〈춘향전〉 공연을 중심으로」, 『현대문학이론연구』제23집, 2004.

변재란, 「'노동'을 통한 근대적 여성주체의 구성: 〈쌀〉과 〈또순이〉를 중심으로」, 『한국영화와 근대성』, 소도, 2005.

서석배, 「신뢰할 수 없는 번역」, 『근대성의 역설』(헨리임·곽준혁 편), 후마니타스, 2009.

서연호, 「오영진, 웃음의 미학 혹은 비판적 투시」, 『오영진』, 연극과 인간, 2010.

서정민, 「평안도 지역 기독교사의 개관」, 『한국 기독교와 역사』3호, 1994.

서정자, 「축출, 배제의 고리와 대항서사」, 『세계한국어문학』제4집, 2010.

송경빈, 「팔봉 김기진의 1930년대 소설 연구」, 『충남시문학』2호, 1989.

송명희, 「근대소설에 나타난 신여성 모티프」, 『인문사회과학연구』제11권 2호, 2010.

송하춘, 「「꿈」의 주제사적 조명」, 『최남선과 이광수의 문학』(김열규, 신동욱 편), 새문사, 1994.

신미삼, 「『청량(淸凉)』소재 이중어 소설 연구」, 『한민족어문학』53집, 2008.12.

신지연, 「1920년대 여성담론과 김명순의 글쓰기」, 『어문논집』제48집, 2003.

신혜수, 「김명순 문학연구―작가의식의 변모양상을 중심으로」, 이화여대 석사논문, 2009.

안윤선, 「이광수의 〈꿈〉 연구」, 단국대 석사논문, 2001.

양근애, 「일제 말기 역사극에 나타난 '친일'의 이중성」, 『한국현대문학연구』제25호, 2008.

양승국, 「1930년대 유치진의 연극비평 연구」, 『한국극예술연구』제3집, 1993.

유민영, 「정치에 희생된 인텔리 극작가」, 『오영진』, 연극과 인간, 2010.

유인경, 「극단 민예극장의 가무극 〈한네의 승천〉 연구」, 『한국극예술연구』23집, 2006.

유현주, 「미디어 『삼천리』와 여배우 '문예봉'」, 『한국극예술연구』제33집, 2011.

윤대석, 「경성제대의 교양주의와 일본어」, 『흔들리는 언어들』, 성균관대 대동문화 연구원, 2008.

윤민주, 「〈김옥균의 사〉에 나타나는 박영호의 전략과 그 의미」, 『어문논총』제51호, 2009.

윤석진, 「전시 총동원 체제기의 역사극 고찰」, 『어문연구』제46집, 어문연구학회, 2004.12.

윤진현, 「유치진과 아나키즘」, 『민족문학사연구』6호, 1994.

이경숙, 「박영호의 역사극 연구」, 『한국극예술연구』제27집, 2008.

이길성, 「1960, 70년대 상영관의 변화와 관객문화」, 『한국영화사공부: 1960-1979』, 이채, 2004.

이덕기, 「일제하 전시체제기(1938-1945) 조선영화 제작목록의 재구」, 『한국극예술연구』28집, 2008.

이덕화, 「신여성문학에 나타난 근대체험과 타자의식: 김명순을 중심으로」, 『여성문학연구』제4호, 2000.

이민영, 「김명순 희곡의 상징주의적 경향 연구」, 『어문학』제103집, 2009.

이상우, 「극 양식을 중심으로 본 북한희곡의 양상」, 『근대극의 풍경』, 연극과 인간, 2004.

이상우, 「표상으로서의 망국사이야기」, 『한국극예술연구』제25집, 2007.

이상우, 「남북한 분단체제와 신상옥의 영화」, 『한국어문학』제110집, 2010.

이상우, 「오영진의 글쓰기와 민족주의: 「진상」과 「한네의 승천」의 관계」, 『한국극예술연구』제35집, 2012.

이윤석, 「조신설화의 문학적 가치에 관한 소고」, 『한국전통문화연구』제4집, 1988.

이종대, 「근대의 헤테로토피아, 극장」, 『상허학보』제16집, 2006.

이정숙, 「김사량과 평양의 문학적 거리」, 『국어국문학』145호, 2007.

이정숙, 「일제강점기유치진희곡연구」, 경북대 박사논문, 2009.

이준식, 「일제 강점기의 대학 제도와 학문 체계」, 『사회와 역사』제61권, 2002.

이향진, 「통일시대의 북한영화읽기」, 『창작과 비평』, 2000년 겨울호.

이화진, 「'조선어영화'의 기로―언어, 민족, 그리고 시장」, 『고려영화협회와 영화
    신체제』, 한국영상자료원, 2007.

이화진, 「식민지 조선의 극장과 '소리'의 문화정치」, 연세대 박사논문, 2010.

이화진, 「여배우의 등장」, 『월경하는 극장들』, 소명출판, 2013.

이희환, 「동아시아에 떠도는 김옥균 서사」, 『한국문화』제44집, 2008.

정선주, 「오영진 시나리오 연구」, 숙명여대 석사논문, 1996.

정종현, 「식민지 후반기(1937-1945) 한국문학에 나타난 동양론 연구」, 동국대
    박사논문, 2005.

조재곤, 「김옥균―혁명가인가 친일파인가」, 『역사비평』, 1993년 가을호.

주유신, 「사적 영역과 공적 영역 사이에서 길을 잃은 근대적 여성주체들: 신상옥
    의 〈그 여자의 죄가 아니다〉와 〈자매의 화원〉을 중심으로」, 『영화연구』20호,
    2002.

주창규, 「탈식민국가의 민족과 젠더(다시)만들기: 신상옥의 〈쌀〉을 중심으로」,
    『영화연구』15호, 2000.

지수걸, 「1932~1935년간의 조선농촌진흥운동」, 『한국사연구』46호, 1984.

지수걸, 「일제의 군국주의 파시즘과 '조선농촌진흥운동'」, 『역사비평』47호,
    1999년 여름호.

진영환, 「춘원의 〈꿈〉과 〈조신설화〉와의 대비연구」, 『대전개방대 논문집』3집,
    1985. 387~394면.

최윤정, 「김명순문학연구」, 『한국문학이론과 비평』제60집, 2013. 487~511면.

최정길, 「생활의 진실한 방영과 영화적 형상의 탐구: 예술영화 〈탈출기〉를 보고」,
    『조선예술』, 1985.3.

카와세 키누, 「尹心悳 '情死' 攷」, 『한국연극학』제11호, 1998.

한철호, 「개화, 일제강점기 김옥균에 대한 역사적 평가」, 『호서사학』제38집,

홍창수, 「송영의 역사 풍자와 표랑의식」, 『역사와 실존』, 연극과 인간, 2006.

황호덕, 「국어와 조선어 사이, 내선어의 존재론」, 『흔들리는 언어들』, 성균관대 대
동문화연구원, 2008.

황호덕, 「김사량의 〈빛 속으로〉, 일본어로 쓴다는 것」, 『내일을 여는 역사』, 2008년
여름호.

다카기 히로시, 「일본미술사와 조선미술사의 성립」, 『국사의 신화를 넘어서』, 휴
머니스트, 2004.

무라이 오사무, 왕숙영 역, 「멸망의 담론공간」, 『창조된 고전』, 소명출판, 2002.

야마시마 영애, 「식민지하 조선의 '신여성'」, 『동아시아 국민국가 형성과 젠더』(이
은주 역), 소명출판, 2009.

이케우치 야스코, 「'여배우'와 일본의 근대성: 주체, 몸, 시선」, 『동아시아의 근대
성과 성의 정치학』, 푸른사상, 2002.

小林謙三, 「松井須磨子の死: 當時の新聞報道から」, 『須高』52号, 2001.4.

山口正, 「島村抱月の死と松井須磨子の自殺」, 『自由思想』134号, 2014.8.

金京淑, 「日本植民支配末期の朝鮮と映畫政策─「家なき天使」を中心に」, 『映畫と
大東亞共榮圈』, 東京: 森話社. 2004.

マイケル・バスケット, 「映畫人たちの'帝國'─'大東亞映畫圈'の諸相」, 『映畫と大
東亞共榮圈』, 東京: 森話社. 2004.

座談會, 「近代演劇史上の女優たち」, 『テアトロ』402号, 1978.2.

Lee, Sang Woo, "To Challenge the Conventions of Colonial Korea:
The Case of Actress Yoon Shimdeok", *Journal of Korean Culture*,
vol.35, Seoul, 2016.

Wilson, Sandra, "The Past in the Present", *Being Modern in Japan*,
Honolulu: University of Hawaii Press, 2000.

극장, 정치를 꿈꾸다
식민지, 전쟁, 분단시대의 극장예술

초판 1쇄 발행 2018년 1월 11일
초판 2쇄 발행 2019년 1월 11일

지은이 이상우
발행편집 유지희
디자인 박진범, 이정아

펴낸곳 테오리아
출판등록 2013년 6월 28일 제25100-2015-000033호
주소 120-836 서울특별시 서대문구 연희로 30, 405호
전화 02-3144-7827
팩스 0303-3444-7827
전자우편 theoriabooks@gmail.com

ISBN 979-11-87789-13-0 (93680)

ⓒ 이상우, 2018

이 도서의 국립중앙도서관 출판예정도서목록(CIP)은 서지정보유통지원시스템 홈페이지(http://seoji.nl.go.kr)와
국가자료공동목록시스템(http://www.nl.go.kr/kolisnet)에서 이용하실 수 있습니다. (CIP제어번호: CIP2017032252)